한일관계 2천년
보이는 역사, 보이지 않는 역사

고중세

한일관계 2천년

보이는 역사, 보이지 않는 역사 　-고중세-

초판1쇄 인쇄 • 2006년 5월 15일
초판1쇄 발행 • 2006년 5월 22일

편　　자 • 한일관계사학회
펴 낸 이 • 한정희
펴 낸 곳 • 경인문화사

편　　집 • 신학태 권성순 장호희 김소라 김경주
영　　업 • 이화표
관　　리 • 하재일 박인선

주　　소 • 서울시 마포구 마포동 324-3
전　　화 • 02)718-4831~2
팩　　스 • 02)703-9711
등　　록 • 제10-18호(1973.11.8)

이 메 일 • kyunginp@chol.com
홈페이지 • 한국학서적.kr / www.kyunginp.co.kr

ISBN • 89-499-0397-0 04910
　　　　89-499-0396-2 04910(세트)

값 • 16,000원

한일관계 2천년

보이는 역사, 보이지 않는 역사

고중세

한일관계사학회 편

景仁文化社

역사적으로 한일관계를 되돌아보면 대립과 갈등, 경계와 긴장, 침략과 저항, 멸시와 증오, 분노와 원한과 같은 용어들이 먼저 떠오른다. 한일관계를 '가깝고도 먼나라'로 보는 인식은 이러한 기억들이 잠재되어 있기 때문이다. 우호와 선린의 시대로 인식하고 있는 고대의 백제와 일본, 조선통신사가 왕래하던 조선과 에도 막부의 관계도 그 이면에는 인식의 굴절과 왜곡이 있었던 게 사실이다.

역사인식의 문제야말로 현대를 사는 양국민의 갈등을 부추기는 주범이며 미래지향적 한일관계를 추구해 나가는 데 장애물이다. 평화와 공존을 지향해야 할 21세기 글로벌시대에도 편협한 역사인식은 끊임없는 갈등과 충돌을 불러일으키고 있다.

대립하는 역사인식, 그 원인은 어디에 있는가. 가장 큰 요인은 지배계층의 정치적 이해관계, 자국의 국가적 이익과 맞물려 상대를 배려하지 않는 자기중심적 역사관에 기인한다. 2천년의 역사적 흐름 속에서 한국민의 대일 인식은 한국문화의 일본 전파와 전수에 대한 시혜적 의식, 상대적으로 전통시대의 일본을 미개와 야만으로 보는 문화적 우월감이 내재되어 있다. 그럼에도 불구하고 한국민에게는 침략과 지배라는 고통의 역사에 대한 기억과 경험이 계승되어 증오와 원한의 숲을 품게 되었다.

이에 대해 일본 측은 자국의 침략의 역사를 정당한 행위로서 지배층을 규제하고, 한국에 대한 우월감, 멸시감으로 전개된다. 게다가 침략을 자국의 영광이라 하고 지배는 상대국의 발전에 토대가 되었음을 강조하는 인식이다. 자국의 입장에서의 은혜가 오히려 원한을 사는 부정적, 대립적 역사인식이 병립한다는 것이다.

이러한 역사인식을 타파하자는 것이 본서가 추구하는 도달점이다. 포용과 이해, 관용과 용서, 반성과 위로, 화해와 협력을 위한 노력이 필요하다. 한일관계가 악화되어가는 현상은 양국 서로에게 도움이 되지 않으며 평화와 공존의 공동체를 지향해야 할 21세기의 국제사회에서는 타파돼야 할 일이다.

한일관계사학회에서는 작금의 양국관계의 파행적 모습을 우려하면서 올바른 역사인식을 함양하는 데 도움이 되고자 한일 양국이 함께 걸어 온 2천 년의 역사를 정리해 보기로 하였다. 고대부터 현대에 이르기까지 쟁점이 되고 있는 사안, 교류의 실태를 알려주는 주제 98개를 선정해서 3권으로 편집하였다. 현재 벌어지고 있는 산적한 한일간의 문제는 역사적 산물이다. 역사적 이해를 깊게 하는 일이야말로 문제의 소재가 어디에 있는지 그 역사적 연원은 무엇인지를 확인할 수 있다고 본다.

여기에 참여한 필진은 해당 분야의 전문가로서 학계의 일선에서 활약하고 있는 54명의 연구자들로 구성되어 있다. 관계사의 서술에서 나타날 수 있는 주관과 감정을 배제하고 객관성, 공정성을 유지하려고 노력하였다. 이를 위해 시대별, 주제별로 몇 차례의 윤독회를 가져 사실관계의 정확성에 만전을 기울였다.

  우리는 우리 역사 나아가 한일관계에 대해 얼마나 알고 정확한
지식을 갖고 있는지 또 자기성찰은 필요하지 않은지 되돌아볼 수
있는 기회가 되었으면 한다. 끝으로 집필에 참여해 주신 선생님들
과 출판을 흔쾌히 수락해 주신 경인문화사 관계자 여러분께 감사
드린다.

2006년 5월
한일관계사학회 회장 **연민수**

Contents

3부   한일교류와 인물

근세 목차

3부　부산 왜인촌과 대마도

4부　사상과 문화의 교류

근현대 목차

3부　역사인식 진실인가, 왜곡인가

4부　끝나지 않은 한일 쟁점

1부
교역과 문화전파

일본의 야요이 문화는 어떻게 생겨났나

윤 명 철(동국대학교)

○ 야요이彌生 문화는 일본문화의 시작이다

지금으로부터 약 1만 년 전, 아시아 땅에 일본 열도가 생겨났다. 48만 년 전만 하더라도 동해는 거대한 호수였기 때문에 한반도와 육지로 이어져 있었다. 20만 년 전에는 동해가 더욱 커지고 오키나와 제도가 생겼다. 그러면서 물이 계속 차 올라 남해가 생겼다. 그러나 아직은 가늘고 좁은 육교의 형태로 양 지역은 이어져 있었다. 그러다 약 1만 전 전쯤에 홍적세가 끝나고 빙하가 녹으면서 약 수면이 200m 정도 상승해 대한해협이 생겼고 비로소 일본열도는 아시아 대륙에서 떨어져 나가 큰 섬이 되었다.

한반도와 일본열도의 사람들이 처음에 어떻게 오갔는지는 알 수 없다. 그러나 약 7,000년 전부터 양 지역 간의 사람들이 바다를 건너서 왕래했을 것으로 추측된다. 그 흔적이 대마도에서 불과 53km 떨어진 부산 부두 옆의 동삼동·조도朝島 패총과 울산의 서

생포 등에서 발견되는 일본의 조몽繩文토기 조각과 흑요석 등이다. 또한 한반도에서 흔히 발견되는 융기문 토기나 빗살무늬토기, 결합식 낚시바늘 등이 대마도나 쿠슈 북부와 서부 지역에서 발견된다. 특히 소바타식曾畑式 토기는 한반도의 빗살무늬 토기의 영향을 강하게 받은 것이다.

그렇게 수천 년이 흘렀다. 항해술도 발달하지 못했고, 조선술은 더더욱 원시적이었을 터이니 사람들의 왕래가 그리 많았을 리 없다. 그런데 기원전 3세기에 이르러 한반도의 남쪽에서 사람들이 무리를 지어 배와 뗏목을 타고 바다를 건너갔다.

농사짓는 고급 기술을 가진 그들은 볍씨를 단지에 담아 농사도구, 토기 등과 함께 배를 타고 일본으로 건너갔다. 그들이 오늘날 일본문화와 일본인종, 일본국가의 토대를 이룬 사람들이다. 이 야요이인彌生人들이 이룩한 고대 일본문화를 야요이 문화라고 한다. 야요이란 이름이 붙은 것은 그 시대의 전형적인 토기가 도쿄도東京都 분쿄구文京區에 있는 야요이 마을彌生町에서 발견되었기 때문이다. 일반적으로 야요이 문화는 기원전 3세기에서 서기 3세기에 이르는 약 600년간 존재했던 문화로서 고대 일본문화의 근간을 이룬다. 이 시기의 한반도는 철기문화에 해당한다.

야요이 문화가 어떻게 성립하고, 야요이인이 어디서 기원하였는가에 관해서는 여러 가지 학설이 있다. 물론 그 앞의 조몬 시대와 어느 정도 연관은 있으나, 대부분은 다른 문화 형태를 띠고 있다. 처음으로 벼농사가 시작되었고, 조몬 토기와 형태나 강도가 다른 야요이 토기가 제작되었으며, 처음으로 금속기를 사용하였다. 그로 인하여 일본문화의 토대가 형성되었으며, 일본국가의 원형이라고 믿는 야마다이국邪馬臺國 같은 소국들이 생겨났다. 특히 인종적인 면에서 조몬인과 다른 문화집단이 대량으로 유입되었는데, 한반도와 밀접한 관련을 맺고 있다. 따라서 이 시대를 특징짓는 벼농사 문화와 금속기를 전파해 준 집단은 누구이며, 그 집단의 문화적 특징은 무엇인가가 야요이 문화를 연구하는 데 가장 중요한 문제이며, 동시에 우리와 일본 사이에 미묘한 문제가 발생하는 부분이기도 하다.

◦ 벼농사와 장례법은 한반도에서 전래되었다

일본의 벼농사는 조몬시대부터 야생벼가 있었다는 이른바 '자생설'이 있지만, 벼농사는 볍씨와 특수한 재배기술이 필요하기 때문에 '전파설'이 더 유력하다. 동아시아지역에서 벼농사가 시작되어 전파된 경로에 대해서는 여러 가지 학설이 있다.

첫째, 중국의 화남지방에서 타이완, 오키나와를 거쳐 큐슈의 남부와 서북부에 도착했다는 설이 있다. 물론 1년 내내 동북상 하는 쿠로시오黑潮나 남서계절풍을 이용하면 항해가 가능하다. 그러나 대규모의 인원이 지속적으로 이동해 와서 정착하기에는 너무 멀고 험한 바닷길이다. 더구나 일본의 벼농사는 큐슈 남부가 아닌 북부에서 시작되었다.

둘째, 화중지방인 양쯔강 유역에서 출발하여 동중국해를 건너 큐슈 북부로 상륙했다는 주장도 있다. 자연조건과 당시의 항해능력으로 볼 때 약간의 타당성은 있으나, 농사문화가 한반도 남부를 경유하지 않고 큐슈로 도착하기에는 역시 무리가 있다.

셋째, 화북지방에서 산둥반도를 출발하여 황해로 직항한 후, 한반도 중부해안을 거쳐 남부에 정착하였다가 다시 일본열도에 도착하는 경로가 제시되고 있다. 그리고 넷째는 화북에서 만주의 랴오둥을 거쳐 한반도 북부와 남부지방에 정착한 다음, 다시 바다를 건너 일본열도로 내려오는 경로이다. 셋째와 넷째의 경로는 시간이 많이 걸리기는 하지만, 당시의 교통능력으로 보아 가장 안전하고 편안한 길로, 문화의 전파 경로상 반드시 한반도를 경유해야 한다.

흔히 볍씨의 종자는 볍씨의 형태에 따라 단립미短粒米(자포니카)와 장립미長粒米(인디카)로 나뉜다. 야요이 시대의 유적지인 후쿠오카현의 우키쿤뎅宇木汲田 패총이나 이타츠케板付의 수전水田 유적지에서는 탄화된 단립미가 발견되었다. 그리고 한반도 남부, 초기 철기시대의 유적지인 경남 김해 패총, 경기도 여주의 흔암리欣岩里, 충남 부여의 송국리松菊里 등에서도 같은 종류의 탄화된 단립미가 발견되었다. 이처럼 볍씨가 동일할 뿐만 아니라 벼농사가 큐슈 북부에서 시작되었다는 사실은 그 출발지가 한반도 남부임을 알려준다. 결국 일본에 벼농사가 전파된 경로는 화남지방을 출발해서 해상을 통해 직접 일본에 도착하는 길 외에는 모두 한반도를 경유해야 한다.

또한 야요이인들은 여러 가지 농기구나 토기 등을 사용하였는데, 그것 역시 한반도 남부지역의 것과 일치한다. 예를 들면 후쿠오카현의 이타츠케 유적지에서는 벼농사의 흔적과 함께 탄화미, 호미, 괭이 등이 발견되었다. 또 북서부 쪽의 사가현佐賀縣의 나바타케菜畑, 우키쿤뎅 유적지에서는 한반도 남부의 특징적인 무문토기들이 함께 출토되었다. 그 외에 농기구의 모양이 한반도의 것과 같고, 농사 관련 언어도 유사하다. 이러한 사실들로 미루어 볼 때 벼농사가 한반도에서 건너간 것은 확실하다.

한편, 야요이 문화가 한반도와 관련이 있다는 것은 장례의 풍습에서도 나타난다. 묘제와 장송의례의 관습은 그 집단의 역사적인 경험과 문화적인 특성에 바탕을 두고 있으므로 쉽게 변하지 않는다. 당시 일본열도에서는 한반도와 동일한 형식의 지석묘, 상자식 석관묘, 옹관묘, 마제석기, 붉은 간그릇丹塗磨研土器 등이 쌀과 함께 큐슈 북부 지역을 중심으로 출현하기 시작했다.

최근에 발견된 사가현 간자키神崎 마을의 요시노가리吉野の里 유적은 대표적인 야요이 시대의 것이다. 들판 가운데 약간 솟은 구릉 위에서 반혈거식의 집, 창고, 조망대, 해자가 설치된 방어시설 등을 갖춘 넓은 집단거주지와 함께 바로 그 옆에서 약 2,300여 개의 옹관묘군이 발견되었다. 이 옹관묘에서는 전사자들의 시신과 함께 자루식동검, 세형동검, 유리로 만든 관옥, 청동거울 등이 출토되었다. 물론 이 옹관묘들은 한반도계 양식이며, 특히 유리로 만든 관옥은 충남 부여의 합송리合松里나 전남 함평의 초포리草浦里 등 서해안에서 출토된 것들과 연결된다.

한편, 북부의 이토시마糸島 반도의 마루야마丸山 유적 등에는 100여 기가 밀집되어 있는 대규모 고인돌군이 있는데, 이것들도 모두 한반도에서 발견되는 고인돌과 같은 계열이다.

◦ 철을 사간 왜인들

야요이시대의 중요한 특징 중의 하나는 금속기의 사용이다.

야요이시대의 중기에는 한반도에서 만들어진 세문경이나 세형동검, 세형동모 등 가는 몸체를 가진 실용무기가 집단 이주민들에 의해 사용된다. 특히 세형동검은 우리나라에서만 볼 수 있는 독특한 것인데, 요시노가리의 동검은 경남 김해의 다호리에서 출토된 동검과 같은 계통으로 큐슈의 우키쿤뎅 유적지 등 여러 지역에서 도 발견된다.

당시 청동거울은 정치적으로나 신앙적으로 대단히 큰 의미를 가졌다. 지배자들은 이 거울을 통해서 자신들의 정치적인 권위를 확립시키고자 했다. 처음에는 한반도에서 수입했으나 나중에는 중국 것을 간접적으로 수입했고, 나중에는 모방을 한 방제경을 만들기 시작했다.

무엇보다 야요이시대에 들어와서의 가장 큰 변화는 철이 사용되기 시작했다는 것이다. 그리고 초기에 사용한 철은 전적으로 한반도에서 전해준 것이었다. 『삼국지』「위지 동이전」의 '변진조'에는 "나라에서 철을 생산하니 한·예·왜가 모두 와서 취한다"라고 기록되어 있으며, 또한 『통전』「진한전」에도 "진한에는 철이 생산되어 한·예·왜가 모두 와서 취해 간다"라고 기록되어 있다.

이처럼 이 시대에 일본은 철제품으로 한반도의 주조품을 직접 수입해 갔다. 그러나 중기 이후가 되면 제련은 한반도에서, 조형 가공은 일본 열도에서 하는 단조품鍛造品이 많아졌다. 일본은 철을 얻기 위하여 처음에는 철부(쇠도끼)를 수입했으나, 점차 철정(덩이쇠)을 수입하였으며, 후에는 철을 직접 생산하고 만들기 시작하였다. 1세기 무렵 한반도의 동해안에서 건너간 신라인계 집단은 먼저 터를 잡은 해인족海人族을 쫓아내고, 다시 2세기 무렵부터 동쪽으로 이동하여 이즈모出雲의 사철지대를 점령하였다(이곳에는 간도천神門川, 히이천斐伊川 등을 중심으로 사철이 분포되어 있었다).

철을 중시하고 신을 모시는 문화가 한반도와 깊은 관련이 있다는 사실은 일본의 초기 신화에 많이 나타난다. 천신인 아마테라스오카미天照大神의 동생인 스사노노미코도素盞鳴尊는 신라계인데, 이

신은 『고사기古事記』에 따르면, 이즈모 최대의 철산지인 도리가미의 땅에 하강하였다. 즉, 그는 신라계이면서 동시에 철신鐵神이었음을 알 수 있다. 그는 어쩌면 제철업에 종사했던 이주민 집단의 우두머리였을 것이다. 지금의 포항·울산 등 동해 남부에서 배를 타면 조류와 해풍을 타고 가장 자연스럽게 도착하는 지역이 바로 이즈모가 있는 현재의 마쓰에松江지역이다. 그래서인지 이곳은 이후에도 신라와 깊은 관련을 맺게 된다.

한편, 철제 금속기를 사용하는 일은 본격적인 무기의 발달을 촉진시켰다. 이 시대에 들어와 파괴력과 살상력이 강한 다양한 무기들이 수입되고 만들어졌다. 예를 들면 후쿠오카, 이즈모, 히로시마 등지에서 발견된 쇠칼·반달칼·쇠도끼 등은 한반도의 영향을 받은 것들이다. 그리고 이러한 금속기 문화는 초기 고대국가 형성의 근간이 되는 소국가 형성에 결정적인 계기를 마련하였다.

이러한 사실들을 볼 때, 한반도에서 집단적으로 이주해 간 사람들이 조몬 문화를 흡수하여 발전한 야요이 문화가 오늘날 일본문화 형성과 직접적인 관련이 있음을 알 수 있다.

야요이 문화는 한반도에서 농경과 금속기 및 토기 제작 기술을 습득한 주민들에 의해 이식된 것으로서, 기원전 3세기 큐슈 북부 지역에서 시작하여 점차 빠른 속도로 동진하였다. 기원전 1세기 말에 기비吉備 지방을 거쳐 간토關東평야에까지 다다랐고, 서기 3세기 무렵에는 홋카이도 지방을 제외한 일본 열도 전역에 분포되었다. 그리고 다음에 올 고분문화의 토대가 되어 일본문화의 기층을 형성하였다.

———————— 참고문헌 ————————

『한국사론』 16, 고대한일관계사 국사편찬위원회, 1986.

『한국사』 2, 국사편찬위원회, 1984.

김원룡, 「신석기문화」『한국사』 1, 국사편찬위원회, 1984.

김석형, 『고대 한일 관계사』 한마당, 1988.

김석형, 『초기 조일관계사』 하, 사회과학출판사, 1988.

조희승, 『초기 조일관계사』 상, 사회과학출판사, 1988.

동북아세아 연구회 편, 『일본문화 원류로서의 비교 한국문화』, 삼성출판
          사, 1981.

윤명철, 『동아지중해와 고대일본』, 청노루, 1996.

윤명철, 『한국해양사』, 학연문화사, 2003.

연민수, 『고대한일 교류사』, 혜안, 2003.

이노우에 기요시(井上 淸), 서동만 역, 『일본의 역사』, 이론과 실천, 1989.

『彌生文化』, 大阪府立彌生文化博物館, 1991.

齊藤 忠, 손대준 역, 『고대 한국문화와 일본』, 원광대 출판국, 1981.

齊藤 忠, 『日本と大陸文化』, 日本書籍, 1983.

泊勝美, 『古代九州と朝鮮』, 新人物往來社, 1973.

井上秀雄, 『古代朝鮮』, 일본 방송출판 협회, 1979.

門脇禎二, 『出雲の古代史』, 일본 방송출판 협회, 1986.

왜국에 수출된 가야의 철

이 영 식(인제대학교)

○ 철이 나는 나라

나라國에서 철鐵이 생산되어 한韓과 예濊, 그리고 왜倭까지 수출되었다. 여러 시장에서 사는 데 모두 철을 사용하여 중국에서 화폐를 쓰는 것과 같았다. 또한 이군二郡에도 공급되었다.

『삼국지』 위서 한·변진조가 전하는 그 유명한 철 생산과 유통에 관한 기록이다. 이 기록이 보여주는 철 생산과 유통의 시기가 언제인가는 명확하지 않다. 다만 편찬자인 진수가 297년에 사망하였던 점, 관련 기술 중에 기원 전후 변진의 고고자료와 일치하는 것이 많다는 점 등을 고려한다면, 기원 전후에서 3세기 말 변진사회의 철 생산과 유통에 관련한 전문들이 서북한의 낙랑군과 대방군을 거쳐, 서진의 낙양까지 전해졌고, 진수에 의해 채록되었던 것으로 보는 것이 좋을 것이다.

기원 전후부터 3세기 무렵까지의 변진은 전기가야였고, 『삼국지』의 변진12국은『일본서기』등에 12개국으로 보이는 가야의 여러 나라였다. 변한과 가야를 다른 역사로 보려는 생각도 있다. 그러나 지배집단과 인민, 그리고 문화적 계통과 내용에서 혁명적 교체가 인정되지 않는 한, 위의 사실은 전기가야의 역사적 사실이 변한의 기록으로 남게 되었던 것으로 봄이 타당하다. 다만 철 생산과 유통의 주체에 대해 '변진, 변한, 변진12국'이 아니라, '나라'라고만 표기되고 있어, 전기가야-변진12국 모두에 공통되는 내용으로 생각하기는 어렵다.

전기가야의 여러 나라들이 동래, 김해, 창원, 마산, 함안, 고성, 사천, 진주, 하동 등의 남해안 지역에서 철 생산과 해상교역을 바탕으로 고대왕국으로 발전해 가고 있던 사실은 일반적으로 인정된다. 그러나 '나라'라고만 표기된『삼국지』의 기술은 12국 중에서 특히 철 생산으로 유명했고, 철의 유통을 주관하고 있었던 특정의 '나라'에 관한 전문이 기록된 것이었다. 이 '나라'의 후보로는 우선 국명의 특징으로 보면 경상남도의 고성과 김해가 유력하다.

고성의 소가야란 국명은 또 다른 이름으로 전하는 철성鐵城이나 고성의 표기와 뜻을 생각할 때, 쇠鐵가야의 잘못된 전승일 것이다. 고성읍의 중심에 위치하여 출현기 소국의 면모를 보여주는 동외동패총에서 검출된 넓이 3×1.5m, 두께 2~5㎜의 야철지도 이러한 추정을 뒷받침하고 있다.

반면에 김해에서는 보다 적극적인 문자 기록과 고고자료가 확인되고 있다. 김해의 '쇠金 바다海'는 철의 왕국과 해상 왕국의 면모를 함께 갖추었던 가야국-가락국駕洛國의 특징을 잘 나타내는 지명이다. 신라는 법흥왕 19년(532)에 가락국을 통합하여 금관군으로 편성하였고, 문무왕 20년(680)에 금관소경으로 승격시켰다. 군과 소경의 이름인 금관金官은 금金=쇠=철鐵을 관장한다는' 뜻에서 붙인 것으로, 김해의 가락국을 철의 생산지로 간주하고 있던 신라인의 인식을 잘 보여주고 있다.

『일본서기』는 김해의 가야국을 수나라須那羅 또는 소나라素那羅 로도 표기하는데, 이는 고대부터 현대까지 일본어에서 모두 '쇠나 라'로 발음되고 있다. 이러한 용례는 김해에서 쇠鐵를 수입해가던 왜인들이 부르던 명칭에서 비롯된 것으로, 철의 생산과 유통을 주 관하던 역사를 반영하고 있다.

◦ 우수한 철기 생산

이러한 사실은 김해와 경주에서 출토되는 철기의 비교에서도 확인된다. 1970년대 중반부터 활발하게 전개되고 있는 김해와 경 주 지역의 발굴조사에서는 다량의 철기가 출토되었다. 대개 3세 기 단계의 철기는 질과 양에 있어 김해가 우월함을 보이고 있다. 출토량은 상론할 필요가 없지만, 철기의 질이란 강철 사용의 빈도 이다. 무기와 농공구 같은 철제이기鐵製利器의 날에 구사된 강鋼은 제철과 야철의 기술 수준을 보여주는 척도이며, 철의 수요와 유통 을 결정하는 요소였다. 3~4세기까지 김해의 가야철기에 경주의 그것보다 우수한 강鋼이 구사되었던 것은 첨단의 금속공학적 분 석에서도 증명되고 있다. 용광로에서 생산된 철을 일정 규격으로 정형화한 것으로, 이른 시기의 판상철부와 늦은 시기의 철정이 있 다. 판상철부와 철정은 덩이쇠(iron ingot)라고도 불리는데, 철기 제 작의 소재이면서, 『삼국지』에 기술된 바와 같이 화폐처럼 사용되 기도 하였다. 가야지역에서 출토되는 덩이쇠는 대개 장방형이지만, 늦은 시기의 철정은 네 모서리가 바깥으로 돌출된 특별한 모양을 하고 있다. 바로 이러한 특별한 모습에 가야의 철이 인근의 나라들에게 환영 받았던 이유가 있다.

장방형 덩이쇠의 네 모서리를 잡아 늘여 돌출시킨 것은 표면적을 늘려 효과적 침탄처리가 가능하도록 한 것이었다. 효과적인 침탄처리란 고품질의 강鋼을 만드는 공정을 보장하는 것으로, 철정의 돌출된 네 모서리 부분은 양질의 강철로 처리되어 있었다. 이러한 덩이쇠를 구입해 간 나라에서는 별도의 제강기술과 처리과정 없이 철제이기를 손쉽게 제작할 수 있었다. 덩이쇠의 가로와 세로의 중간을 잘라 4등분하고, 강으로 된 부분을 날로 하여 달구고 두드리면 4개의 무기나 농공구가 제작되는 것이다. 따라서 이러한 가야의 덩이쇠는 그 높은 효용도에서 폭발적 수요를 창출하였을 것이다.

3세기경 동아시아에서 가야만이 철을 생산했던 것은 아니다. 철의 제국 한漢이 있었고, 백제나 신라에서도 철은 생산되고 있었다. 더구나 4세기 후반이 되면 백제가 왜에 덩이쇠 40매를 보냈다는 것이 『일본서기』에서 확인되고 있다. 신라에서도 경주 황성동 유적과 같은 대규모 생산시설이 확인되고 있다. 그럼에도 불구하고 3세기경까지 가야의 철은 인근 한韓의 여러 나라는 물론, 바다 건너 일본열도와 한군현까지 수출되었다.

또한 2~5세기경 가야의 덩이쇠는 대한해협을 건너 일본열도의 각지에서 출토되고 있으며, 『일본서기』의 가야 관련 기사처럼 8세기까지도 고대 일본의 지배층은 가야를 철 수입의 창구로 인식하고 있었다. 반대로 조선시대의 『세종실록지리』 등에 따르면, 김해 상동광산의 철 생산량은 울산의 달천광산이나 양산의 물금광산에는 미치지 못하였다. 따라서 인접의 다른 나라에 비해 결코

생산량이 월등했다고 만은 할 수 없다. 그럼에도 불구하고 가야의
철이 주변제국에서 환영 받았던 이유 중 하나는 이러한 우수한
철 생산 기술이 있었기 때문이었다. 가야 철 생산의 하이테크가
서북한의 낙랑·대방군 지역과 대한해협 건너 왜국까지라는 광역
의 유통 범위를 결정하게 되었던 것이다.

◦ 봉황대의 송풍관

현재 김해를 비롯한 가야지역에서 철이 생산되는 곳은 없다. 그
러나 1950년대까지 조업했던 김해 대동면 상동광산에서 조선왕실
에 많은 양의 철을 공납하였던 것이 『세종실록지리지』에 전하고,
김해 생림면 생철리生鐵里(철이 나는 마을)에서는 1970년대까지 쇠부
리製鐵업을 했다는 증언도 채록되어 있다. 더구나 낙동강 건너 양
산의 물금광산이 일정한 시기까지 가락국의 영향력 하에 있었을
가능성도 크다.

그러나 더욱 중요한 것은 가야시대의 제철 유적이 어떻게 확인
되는가 하는 것이다. 창원 시내의 성산패총에서 야철－단야에 사
용되었을 것으로 보이는 흔적이 확인된 것은 이미 오래 되었고,
근년에는 김해 시내의 봉황대유적에서 다량의 송풍구 파편과 슬
래그가 출토되었다. 송풍구送風口는 용광로에 바람을 불어넣는 토
관으로, 강한 불에 까맣게 그을린 모습으로 확인되었다. 쇠똥이라
고도 불리는 슬래그(slag)는 제철할 때 나오는 쇳물찌꺼기가 굳은
것이다. 이제 가야지역에서도 야철의 흔적뿐 아니라, 제철의 흔적
까지 발견되기 시작하였다.

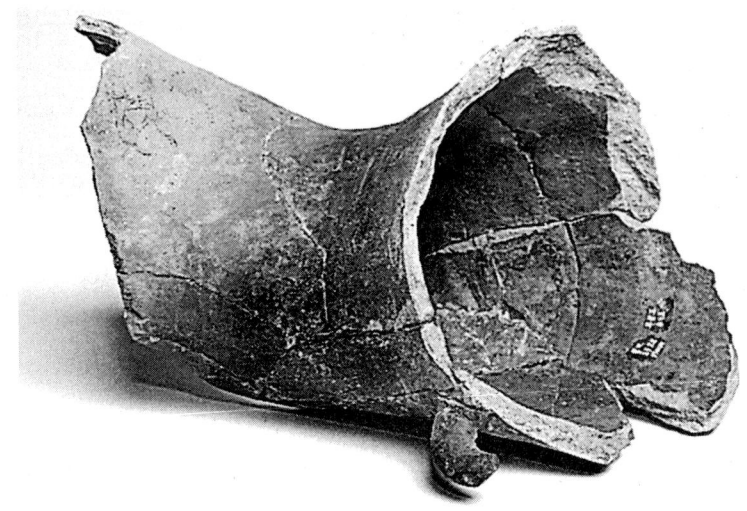

△ 송풍관, 김해 봉황대유적 출토

◦ 철, 국가형성의 원동력

가야지역에서 철이 생산되고 원거리 교역품으로 등장하게 되었던 것이 철기시대 초기부터의 일은 아니었다. 삼한의 철기시대를 수입품에 의존하던 '철기문화 Ⅰ기'와 생산시스템을 갖추는 '철기문화 Ⅱ기'로 구분하려는 연구가 있다. 김해 가락국의 철기에 관련된 문헌 및 고고자료는 이러한 구분과 사회발전단계의 모델에 그대로 적용될 수 있다. 그 대강의 내용을 정리하면 아래와 같은데, 가야의 철 생산과 유통의 발전이 가야의 국가 형성 및 사회발전단계의 진전과 직접적으로 연동되어 있음이 확인된다.

◦ 가야철기 Ⅰ기, 소국小國

우선 가락국을 세운 수로왕은 철기문화인이었다. 수로왕은 스스로 대장장이를 천명했던 탈해의 도전을 물리쳤다. 철기 다루는 능력으로 제4대 신라왕에 올랐던 탈해를 물리친 수로왕은 보다 발달된 철기문화인이었다. 철기문화의 수로왕은 토착 청동기문화의 구간九干사회를 통합하여 가락국을 세웠다. 소국 가야국의 출발이었다. 1934년 발굴되었던 김해 회현리패총 D구에는 청동기문화의 고인돌 위에 철기가 섞인 조가비 층이 쌓여 있어, 김해지역에서 청동기와 철기문화가 순차적으로 교체되던 양상을 보여주었다. 이 시기는 B.C 2~1세기이다. 구간사회의 청동기문화 위에 가락국의 철기문화가 새롭게 전개되기 시작한 것이 가락국의 성립이며, 가야사의 시작이었다. 이 단계를 '가야철기Ⅰ기'로 설정할 수 있는데, 김해 시내 구지로 12호분, 주촌면 양동 427호분, 장유면 내덕리 19호분 등에서 확인되는 철기문화가 바로 그것이었다. 다만 판상철부나 철정과 같이 본격적인 철 생산을 보여주는 철소재의 본격적인 출토는 조금 더 시간을 기다려야 했고, 서북한과 같은 선진지역에서의 수입품에 의존하던 단계였다.

◦ 가야철기 Ⅱ기, 대국大國

김해지역에서 출토되던 판상철부는 2세기 후반 양동 162호분 40점, 3세기 후반 대성동 29호분 43점 등과 같이 획기적인 증가를 보인다. 김해지역에서 독자적인 철 생산시스템의 구축이 추정되

는 시기이다. 다만, 2세기 후반 양동고분군에서 획기적인 철 생산
의 결과가 확인된다 해서, 이때부터 대국으로 간주할 수는 없다.
왜냐하면 같은 시기 인접의 시내 대성동고분군에 또 다른 중심이
인정되기 때문이다.

　그러나 3세기 후반의 대성동 29호분의 단계가 되면 양동고분군
은 더 이상 견줄 수 없게 되고, 김해지역의 부와 권력은 대성동고
분군으로 집중된다. 따라서 3세기 중반까지 가락국은『삼국지』에
'비록 국읍에 주수가 있으나, 읍락이 잡거하여 잘 제어하지 못하'는
상황이었고, 3세기 후반부터 대국으로서의 가락국으로 이해하는
것이 옳다. 이처럼 대국으로 성장하는 데 가장 중요한 기반이 되었
던 것이 철 생산 시스템의 구축이었다.『삼국지』의 철 생산과 유통
에 관련된 기술도 바로 이러한 시기의 가야를 기록한 것이었다.

△ 판상철부. 김해 양동 162호분 출토

'철의 왕국, 가야'란 바로 이 시기의 상황과 위상이었고, 김해의 양동 162·200·235호분 출토의 판상철부, 대성동 23·29호분의 판상철부, 대성동 2호분 출토의 철정과 같은 대량의 철 소재들은 규격화된 생산시스템에서 제작되었던 물품이었다. 신라와 일본의 고분에서 출토되고 있는 가야의 철제품에는 이 때 가락국에서 수출되었던 물품들도 포함되어 있다.

◦ 철을 수입하던 나라

가야의 철기문화는 일본열도에 전파되어 야요이 문화彌生文化의 꽃을 피웠고, 고대국가의 형성에 기여하였다. 일본열도의 왜인이 처음으로 금속기문화를 알게 된 것도 이때였고, 가야에서 수입된 철기문화는 일본열도의 큐슈에서 서일본의 각 지역에 최초의 권력을 탄생시켰다. 이것이 『삼국지』 왜인전이 기록한 100여 개의 왜국이었다.

이른 시기의 철 자원을 비롯한 가야의 선진문물은 각각의 왜국에서 권력을 유지할 수 있는 가장 중요한 열쇠였다. 가야에서 수입된 선진문물에는 4세기 초까지 서북한에 있었던 낙랑·대방군의 화천, 칠기, 청동제 의기 등도 포함되어 있었다. 가야의 철과 한漢 계통 선진 문물의 수입을 독점하기 위한 다툼의 하나가 '왜국대란'이기도 하였다. 6세기 중반까지 가야와 왜의 교류는 계속되지만, 4세기 전기 가야의 시기에 가장 큰 비중을 차지했던 것이 가야의 철이었다. 가야의 철을 비롯한 선진 문물의 수입권 독점 여부는 일본열도 정치적 패권의 향방을 결정하는 가장 중요한 요소의 하나가 되었다.

물론 양 지역 또는 정치체 간의 교류가 가야에서 왜로 일방통행적으로 이루어진 것은 아니었을 것이다. 가야의 철에 대한 반대급부로 왜의 쌀, 소금, 해산물, 왜제 청동기, 하지키[土師器], 장신구 등이 들어왔을 것으로 추정된다. 쌀은 『삼국지』에 "쓰시마의 왜인이 남북으로 쌀을 거래했다"라는 기술에서, 소금은 같은 시기 서일본에서 많은 제염 토기가 확인되지만 남해안에서는 전혀 출토되지 않는다는 사실에서, 왜제 청동기, 하지키, 장신구 등은 가야 고분에서 출토되는 왜계통 문물에서, 각각 그 가능성이 점쳐진다. 또한 이른 시기의 생구生口나 늦은 시기의 용병과 같은 인력이나 군사력도 철에 대한 반대급부로서 중요한 비중을 차지하고 있었을 것이다.

◦ 왜, 외교 노선의 변경

그러나 6세기 중기가 되면 일본열도에서도 철이 생산되기 시작하고, 백제의 적극적인 대왜 교섭이 전개되기 시작한다. 6세기를 경계로 왜국은 가야보다 백제와의 교섭을 중시하기 시작했다. 이러한 외교 전략과 문물 교류의 전환은 왜의 권력이 가야의 철을 비롯한 재래적 문물보다, 불교·유교·조세수취·호적작성 등과 같은 백제의 선진 문물에 눈 돌리게 되었던 결과였다. 6세기 전반까지 가장 밀접하고 거의 유일한 외교 상대였던 가야제국이 신라와 백제의 침략으로 멸망 위기에 직면해 있었음에도 불구하고, 왜의 지원이 유야무야했던 까닭이 바로 여기에 있었다.

6세기 백제는『일본서기』의 표현대로 '북적北敵'이며 '강적'인 고구려의 군사적 압력을 어떻게 극복할 수 있을까에 국운이 걸려 있었다. 배후세력으로서 왜를 확보하는 것이 백제의 급선무였다. 백제는 가야의 철을 분명히 능가할 수 있는 불교·유교·조세수취·호적작성과 같은 고차원의 선진 문물을 대대적으로 공여하기 시작하였다. 마침 일본열도에서도 철 생산이 시작되었고, 왜왕 무武의 상표문(479년)에서 보이는 것과 같이, 서일본 통합의 정치 군사적 활동이 적극적으로 추진되고 있었다. 가야의 철 자원보다 백제의 유교와 불교 같은 통합 이데올로기, 조세수취 및 호적작성과 같은 통치 기술, 의醫박사에서 와瓦박사에 이르는 각종 박사, 조불공造佛工과 조사공造寺工 등 각종 전문기술 인력 등은 5세기 후반에서 6세기 중반 서일본 통합의 고대국가를 지향하는 왜정권에게 필수불가결한 선진 문물이었다. 이들의 획득을 위해 왜정권은 외교 교섭 및 교류의 주된 상대를 가야에서 백제로 바꾸지 않을 수 없었던 것이다.

◦ 가야와 왜의 교류

가야와 왜의 교류는 가야사의 전개와 연동되었다. 가야사는 남쪽 해안 지역에서 시작되어, 북쪽 내륙 지역으로 전개되었다. 전자가 전기가야, 후자가 후기가야이다. 일본열도에서 출토되는 관련 유물과 유적의 시기별 분포에서도 같은 흐름이 확인되고 있다. 일본열도에서 확인되는 가야계 문물은 3~4세기의 이른 시기에는 전기가야의 가락국(김해)과 거칠산국(동래) 등의 문물이 주를 이루

다가, 5~6세기의 늦은 시기에는 후기가야의 대가야(고령)와 다라
국(합천) 등의 문물이 중심을 이루게 된다. 가야제국과 왜국 사이
의 외교 교섭과 교류의 주된 상대가 전기의 가락국에서 후기의
대가야로 교체되어 갔음을 보여주는 것이다. 4세기 말~5세기 초
무렵이 전화의 경계가 되었다. 가야와 왜의 교류로 추정되는 철제
품의 출토 예를 시대 순으로 정리하면 아래와 같다.

◦ 4세기 이전

4세기까지의 예를 대해 정리해 보면 다음과 같다.

① 쿄토京都 츠바이오오츠카야마 고분, 후쿠오카 니시진마치 유적, 오카
   야마 비젠 쿠루마즈카 고분 등에서 출토되는 판상철부는 탁순국 또는
   탁기탄국의 옛 터로 추정되는 창원의 다호리 1호분 출토품에서 그 계
   보를 찾을 수 있다. 또한 3세기 2/4분기 또는 3세기 후반으로 편년되
   는 김해 양동 162호분(40매), 대성동 29호분(43매 – 추정100매 이상)에
   도 같은 계통으로 생각되는 대량의 판상철부를 부장하고 있다. 가락
   국(김해)을 비롯한 남부가야와의 교섭을 통해 들어왔던 것으로 생각
   된다.
② 효고 교자즈카 출토 대형 철정은 3세기 후반으로 편년되는 동래 복천
   동 38호분 출토품을 원형으로 하면서, 여기서 발전되었던 복천동 46
   호분 출토품과 유사하다.
③ 나라 야마토 6호분 출토 철정은 동래 복천동 21·22호분 출토품과 유
   사하다.

아울러 일본 출토의 철제 갑옷과 투구 중에 가야와 관련성이 인
정되는 것이 적지 않다. ① 야마나시 다이마루야마 고분, 오사카 시

킨잔 고분 출토 종장판혁철판판갑은 김해 대성동고분군과 동래 복천동고분군에서 출토되는 철제 갑옷에서 그 계보를 구하고 있다.

② 시가 아즈치효단잔 고분, 나라 카미도노 고분, 와카야마 니이자와센즈카 500호분에서 출토된 방형판혁철판갑은 동래 복천동 64호분 출토품과 유사하며, 그 계보를 김해와 동래에서 구할 수 있다.

4세기 무렵까지 가야의 철정과 철제품이 일본열도에 남게 된 상황은 1~3세기 경『삼국지』의 철 수출 관련 기사, 현재까지 나라 이소노카미신궁石上神宮에 전해지는 '칠지도'의 명문과『일본서기』신공기 등의 기술에서 짐작할 수 있다. '칠지도'는 4세기 중후반 백제와 왜의 정치적 교섭의 시작을 보여주는 문자 기록인 동시에 물적 증거이다.

가야지역에서 가장 이른 철소재가 창원 다호리 1호분에서 출토되었던 판상철부(B.C 1세기)이며, 창원지역의 가야유적에서 적지 않은 왜 계통의 문물이 확인되고 있는 사실은 이른 시기 가야의 철이 일본열도에 유통되고 있었음을 추정케하는 중요한 배경이 되고 있다. 이외에도 삼천포 늑도유적에서 출토된 B.C 1세기 무렵의 판상철부와 왜 계통의 문물, 김해 양동 162호분 등에서 출토된 A.D 2세기 무렵의 판상철부와 왜 계통의 문물 역시 이른 시기 가야의 철 생산과 일본열도로의 유통을 보여주는 중요한 근거가 될 것이다.

∘ 5∼6세기

늦은 시기 일본열도에서 출토되는 가야 계통의 철정과 철제품들은 다음과 같다.

① 오카야마 쏘자시 오기야쿠시 유적은 5세기 전반부터 7세기 전반까지 약 200년 간이나 사용되던 대규모의 철기 제작 공방 유적이다. 5세기 전반 대에는 단야 관련 유물이 출토하는 수혈식 주거 2채가 확인되고 있다. 그 중 1채에는 가장 오래된 시기의 부뚜막이 설치되어 있었고, 그 부뚜막 안에 1매의 철정이 놓여 있었다.

고대일본 부뚜막의 시작이 가야지역의 그것과 밀접하게 관련되고 있음은 잘 알려진 사실이며, 가야고분에 철정이 재생의 의미에서 부장되는 것과도 통하고 있다. 더구나 이 수혈식 주거에서는 동래 복천동 21·22호분을 비롯한 가야지역에서 출토되는 철 화살촉과 슬래그가 함께 출토되었다. 철기 제작의 초기 단계에서 가야의 단야 기술을 가지고 지역의 철기 생산을 담당하던 가야계 도래인의 거주가 상정되고 있다.

② 5세기 후쿠오카 하나소개 2호분에서 출토된 2매의 판상철부형 철정은 김해 양동고분군과 대성동고분군에서 출토되고 있는 그것과 통하는 유물이다.

또한 일본에서 출토되는 철제 무기·무구·갑주 중에도 가야와 관련이 인정되는 것이 적지 않다.

③ 후쿠오카 츠키노오카고분, 치바 우치우라즈카 출토 산 모양의 화살통(A류)은 일본열도에서 처음 출현하는 5세기 전반 무렵의 것으로서, 동래 복천동 21·22호분 출토된 것과 동일한 집단에 의

해 제작되었을 것으로 생각되고 있다. 반면에 5세기 후반이 되면 와카야마 오타니 고분, 오사카 시치노츠보 고분과 호렌지 40호분 출토품과 같은 둥근 띠 모양의 화살통(B류)로 바뀌어가는데, 이러한 제품과 변화상은 합천 옥전 M4호분의 출토 예부터 대가야계의 문물 또는 그 영향이 확인되고 있다.

◦ 가야 철기문화인의 이주

가야 칠기문화의 전파는 가야인 들의 직접적인 이주를 통해서도 진행되었다. 가야 철기문화인의 이주 흔적이 가장 뚜렷하게 남은 것 중 하나가 고대일본의 지명전승이다. 『풍토기』와 같은 고대 일본의 인문 지리서와 현재까지 남아 있는 지명 등에서 그 뚜렷한 족적을 찾을 수 있다. 그 중 몇 가지 현저한 예를 나열하면 아래와 같다.

효고 일대의 하리마 지역은 가야인의 이주 흔적이 가장 현저한 곳 중 하나이다. 아야베노사토는 아야히토漢人가 이주 정착하였던 것에서 비롯된 지명으로, 데카리가오카은 카라히토韓人가 여기에서 처음으로 철제 낫을 사용하였던 것에서 비롯된 지명이다. 아야漢가 중국이 아니라 함안지역의 가야국 아야阿耶, 安邪에서 비롯되었고, 카라韓가 가야의 가라加羅에서 비롯되었다는 것은 주지의 사실이다. 지금의 효고 지역에 이주 정착하여 철기문화를 전파하던 가야인의 모습을 상상해 볼 수 있다.

후쿠오카의 가야산加耶山, 카라韓良, 카라고韓良鄕, 타다라천多多羅川, 타다라촌多田羅村, 사가의 카라츠唐津, 야마구치의 아나穴, 타라多

羅, 타다라산多多良山, 오카야마의 가야군賀陽郡, 카가와香川의 아야군, 나라 아스카의 가야나루미신사, 치바의 타다라太太良 등과 같은 가야인들의 이주 전승 속에서 제철 및 철기 제작과 관련한 지명전승을 확인할 수 있다.

특히 타다라鞴는 제철 과정에서 사용하는 풀무로 제철 자체를 가리키는 말이기도 하다. 풀무鞴는 용광로에 바람을 불어넣기 위해 가죽 주머니의 위아래를 나무 판으로 대고 밟아 사용하는 기구이다. 일본어에서 풀무를 뜻하는 타다라는 고대에서 현대에 이르는 일본의 제철 관련 용어 또는 제철 자체를 가리키는 말로 통하고 있다. 『고사기』와 『일본서기』에서 보이기 시작하여, 현대의 신일본 제철에서도 똑같이 통용되는 말이다.

더구나 『고사기』와 『일본서기』에서는 타다라에 대한 표기가 풀무와 가야의 국명 다라국 또는 지명 다다라로 함께 사용되고 있다. 풀무가 곧 가야의 국명이며 지명인 것이다. 제철 기술의 고향인 가야의 국명 또는 지명에서 풀무 또는 제철의 용어가 비롯되었음을 알 수 있다. 가야의 국명과 지명으로서의 타다라에 대해서는 부산의 다대포로 보기도 하였으나, 근년 합천 옥전고분군의 발굴 성과에 따라 고분군이 위치한 다라리多羅里 일원으로 보려는 생각이 일반화되고 있다.

『일본서기』에 보이는 가야제국의 하나인 다라국多羅國을 옥전고분군에 대한 발굴 성과와 가야금 12국명의 해석 등에 의거하여 합천군 쌍책면 다라리 일대로 비정하려는 생각이 확산되고 있는 것이다. 결국 다라국과 같은 제철 기술을 보유한 가야인들이 일본열도에 이주 정착하였던 것에서부터, 고대일본의 철기 제작 및 제철이 시작되었고, 이러한 흔적으로 남은 것이 큐슈 및 서일본의 광범위한 지역에 걸쳐 분포하고 있는 타다라 관련 지명 및 지명

전승인 것이다. 문헌기록으로는『일본서기』웅략기에서 흠명기까지 보이는 한단야韓鍛冶 집단에 관련되는 기록과 통한다. 특히 한단야는 야마토단야倭鍛冶와 구별되는 명칭으로, 야마토단야가 야요이시대 이래 토착 단야집단이었다면, 한단야는 가야의 철기문화에서 비롯되어, 백제 또는 신라계로 추가되는 한 계통의 철기문화인들이었다.

───────────── 참고문헌 ─────────────

국립청주박물관,『철의 역사』, 1997.

부산경남역사연구소,『시민을 위한 가야사』, 집문당, 1996.

인제대학교가야문화연구소,『가야제국의 철』, 신서원, 1995.

이영식,「문헌으로 본 가락국사」『가야각국사의 재구성』, 혜안, 2000.

이영식,「대가야의 대외관계」『대가야의 유적과 유물』, 대가야박물관, 2004.

이영식,「아라국과 왜국의 교류사 연구」『사학연구』74, 2004.

영산강 유역 전방후원분의 비밀을 밝힌다

박 천 수(경북대학교)

○ 영산강 유역 전방후원분을 둘러싼 논의

종래 일본열도에만 분포하는 독특한 묘제로 생각되어 온 전방
후원분은 1980년대 전반 이래 한반도 남부의 영산강 유역을 중심
으로 발견되어 현재 모두 13기가 확인되었다. 전방후원분은 야요
이시대 분구묘에서 자체 진화하여 3세기 중반 일본열도에서 출현
한다. 한편, 영산강 유역 전방후원분은 6세기 전반에 한정되어 조
영된 점에서 그 기원이 일본열도에 있음은 재고의 여지가 없다.

그런데 영산강 유역 전방후원분의 존재는 주지하는 바와 같이
이른바 '임나일본부'의 예하에 있었던 지역으로 인식되어 왔기 때
문에, 특히 일본 연구자들에게 지대한 관심을 불러 일으켰다.

고대 한일관계사의 쟁점으로 부상된 영산강 유역 전방후원분
피장자에 대해서는 재지수장설과 왜인설로 양분되고 후자는 다시
일본열도로부터의 이주자설과 왜계백제관료설로 분류된다.

이미 밝힌 바와 같이 재지수장설은 영산강 유역의 전방후원분이 종래 수장묘가 조영되지 않던 지역에 재지 기반을 가지지 않고 돌연 출현하는 과정으로 볼 때 받아들이기 어렵다. 이와 병행하여 전방후원분의 인접 지역에서 재지의 전통적인 묘제인 옹관을 내부 주체로 하는 수장묘가 고분 계열을 유지하면서 조영된 점에서도 그러하다.

왜인설은 영산강 유역을 송서宋書 왜국전에만 보이는 모한慕韓 지역으로 보고 있으나 그 실체에도 의문이 있고, 영산강 유역에 왜인 집단이 대거 이주한 흔적이 보이지 않는다.

영산강 유역 재지 세력이 5세기 후반까지 백제의 배후에서 왜와 연계하여 독립적으로 할거하였다는 해석과 왜인이 독자적으로 이주하였다는 주장은, 오히려 이른바 임나일본부설과 결부될 가능성이 있어 주의가 필요하다.

영산강 유역의 전방후원분은 6세기 전반의 1세대에 한정되어 조영된 점, 왜계 고분이 집중하는 '임나일본부'라는 중심지를 형성하지 못한 점 등으로 볼 때 4세기 후반 이후 한반도 남부를 지배하였다고 하는 『일본서기』의 이른바 '임나일본부'와 어떠한 관련도 상정되지 않는다. 왜냐하면 '임나일본부'가 성립하고 전개되었다는 4세기 후반부터 5세기 대에는 영산강 유역에 전방후원분이 조영되지 않고 오히려 소멸되는 시기에 해당 지역에서 돌연 출현하기 때문이다.

영산강 유역의 전방후원분은 해당 지역의 지역사 뿐만 아니라 한일관계사와 한반도와 일본열도의 정치사의 연구에도 중요한 단서를 제공할 수 있다. 즉, 영산강 유역에서 전방후원분을 조영한 큐슈九州세력과 왜왕권 그리고 백제왕권의 관계를 통하여 일본열도의 정치사에 대한 접근이 가능하기 때문이다.

◦ 영산강 유역 전방후원분의 출현 과정과
피장자의 원향原鄕

　최북단에 위치하는 전북 고창군 칠암리 전방후원분은 줄포만으로 흘러드는 주진천 수계에 위치한 아산 지역의 봉덕리고분군과 산지를 넘어 수계를 달리하여 전남 영광군 법성포에 인접한 곳에서 출현한다. 칠암리 전방후원분은 재지 세력의 중심지인 아산지역에서 떨어진 교통의 요충인 법성포에 면한 구암천수계에서 단독으로 돌연히 출현한다.

　영광군 월계 전방후원분은 칠암리 전방후원분과 직선거리로 4km 정도 떨어져 있으나 분지와 수계를 달리하여 대산천 유역에 위치하고 법성포의 남측 항에 면한 점에서 양자는 권역을 달리한다. 월계 전방후원분도 재지의 고분이 집중하는 와탄천수계의 본류와 불갑천수계와는 떨어져서 독립적으로 위치한다.

　함평군 신덕 전방후원분은 주변에 대규모로 조영된 만가촌고분군과 인접하고 있으나, 이 고분군의 축조 시기가 3~4세기에 한정되고 5세기 대에는 고분이 조영되지 않은 점에서 양자의 계통은 연속적인 것으로 볼 수 없다.

　함평군 장년리 장고산고분이 입지하는 함평만 일대에는 대형의 방분인 미출고분과 중량고분이 입지한다. 그런데 미출고분의 매장주체부가 횡혈식 석실로 추정되고 일본열도의 분구에서 보이는 즙석이 확인되는 점과 중량고분에서 하니와埴輪가 출토된 점 등에서 양자는 장고산고분의 조영을 계기로 그 주변에 축조된 것으로 추정된다.

　함평군 마산리 표산 전방후원분은 13기로 구성된 고분군을 형성하고 있다. 그런데 주변의 원분들은 전방후원분을 중심으로 배치되어 있고, 6호분과 주구를 공유하고 있어 배총과 같은 성격의 고분으로 추정된다.

영산강 상류역의 광주시 명화동고분·월계동고분, 장성군 영천리고분, 담양군 성월리고분은 종래 고분이 조영되지 않던 지역에서 돌연히 출현한다.

영산강 하류역의 영암군 자라봉고분은 구지형도를 살펴보면 영산강 유역의 중심지인 (고)남해만에 하구를 형성하는 삼포강수계의 반남지역과 떨어져 남방의 (고)도포만연안에서 단독으로 돌연히 출현한다.

해남반도 서북방의 용두리고분은 삼산천 하구 우안의 옹관을 매장주체로 하는 원진리 농암고분군과 좌안의 봉학리 신금고분이 밀집하는 해창만에서 떨어져 내륙으로 들어온 지점에 돌연히 단독으로 출현한다.

서남방의 조산고분은 초기 철기시대의 거점취락과 고분군이 존재하는 백포만 주변의 군곡리일대와 일평리토성 등 거점취락이 밀집 분포하는 이 지역의 중심지였던 현산천 유역에서 떨어진 구산천 유역에서 돌연히 출현한다.

△ 해남 장고산 전방후원분과 횡혈식석실

동남방의 방산리 장고산고분이 위치하는 북일면 일대는 다수의 유적이 확인되어 원삼국시대 이래 존재한 재지의 유력 세력이 전방후원분라는 분형을 채용한 것으로 추정되어 왔다. 그러나 이러한 유적은 대부분 장고산고분의 출현 이후 형성된 점에서 그와 관련된 것으로 파악된다.

이와 같이 영산강 유역의 전방후원분은 영암군 시종, 나주시 반남, 고창군 아산과 같이 계기적으로 고분이 조영된 지역에서는 출현하지 않고, 6세기 제1/4분기에서 6세기 제2/4분기 전반까지 재지적인 고분 계열과 관계 없이 돌연히 성립된다는 점으로 볼 때 재지수장묘로 인정할 수 없다.

영산강 유역 전방후원분은 매장주체부로서 횡혈식 석실을 단독으로 후원부에 설치하는 점이 특징이다. 이는 재지의 대수장묘인 나주시 신촌리 9호분과 같이 옹관을 매장 주체로 하는 고분뿐만 아니라 횡혈식 석실을 매장 주체로 하는 나주시 복암리 3호분에서도 하나의 분구에 복수의 매장 주체를 조영하는 것과 구분된다. 양 묘제는 가족묘와 개인묘로서 그 매장 원리에 근본적인 차가 뚜렷하다.

영산강 유역 전방후원분의 횡혈식 석실은 평면 방형에 궁륭상천정을 가지는 백제의 송산리형 석실과 달리, 평면 장방형에 평천정을 가지며 문주석과 요석을 세우고 석실을 적색 안료로 장식하는 특징을 가진 것으로 북부 큐슈지역에서 그 계통을 찾을 수 있다.

영산강 유역의 왜계 횡혈식 석실은 대부분 북부 큐슈형이나 장성군 영천리고분의 매장주체부는 에타후나야마 고분 등 백제산 문물이 분포하는 구마모토현熊本縣에 집중 조영된 히고肥後형 석실인 점이 주목된다.

해남군 조산고분에서 확인된 코호우라라는 류큐열도 산 조개를 특수하게 가공한 패천은 큐슈지역에서 주로 사용되는 특수한 장신구이다. 이 팔찌는 세키쿄마루 고분, 오쯔카 고분의 주변에 위치하는 하제야마 고분과 에타후나야마 고분에 인접한 덴사야마 고분 등에서 출토되는 것으로 이러한 여러 지역 가운데 한 집단에 의해 반입되었을 가능성이 매우 높다.

이 시기 영산강 유역산 토기는 나가사키현, 후쿠오카현, 사가현 등 쓰시마와 북부 큐슈, 그리고 아리아케카이 연안에 집중 분포한다. 또 영산강 유역 왜계 고분에 보이는 횡혈식 석실의 계통과 연결되는 반츠카 고분·우메바야시 고분·오쯔카 고분에서는 영산강 유역산 토기가 석실 내에서 부장되어 흥미롭다. 일본열도의 전방후원분에서 영산강 유역산 토기가 부장된 것은 이 세 가지 예에 불과하고 반츠카 고분·우메바야시 고분에서는 토기를 부장하는 매장의례가, 반츠카 고분에서는 목관의 사용이 확인된다. 영산강 유역산 토기의 입수와 당시 일본열도에서 일반적으로 볼 수 없는 토기와 목관을 사용하는 매장 의례의 도입은 이 지역 피장자들이 영산강 유역 전방후원분 피장자와 밀접한 관계맺고 있음을 보여준다.

영산강 유역 전방후원분의 피장자의 원 고향은 석실의 유형, 코호우라 조개팔찌, 에타후나야마고분의 부장품과 같은 백제산 문물의 분포, 영산강 유역산 토기의 분포 등으로 볼 때, 스오나타 연안, 사가 평야동부, 온가천 유역, 무로미천 유역, 키쿠지카와 유역 등으로 상정된다.

◦ 영산강 유역의 전방후원분 피장자의 성격

전방후원분인 함평군 신덕고분에서 출토된 금박유리옥 등으로 구성된 목걸이와 은피철정과 환좌금구가 사용된 장식 목관, 마구와 같은 위신재威信材는 백제 왕실에서 하사한 것이다. 광주시 월계동고분에서도 은피철정과 환좌금구가 사용된 장식 목관이 확인되며, 이는 재지 수장묘인 신촌리 9호분과 복암리 3호분에서 옹관을 사용하는 것과 아주 대조적인 것이다.

최근 조사된 공주시 단지리 횡혈묘군은 삼국시대의 묘제 가운데서는 계통을 찾을 수 없고 큐슈의 스오나타 연안과 온가카와 유역의 횡혈묘와 유사하며, 스에키 또는 이를 모방한 토기를 부장한 점에서 피장자는 북부 큐슈지역의 왜인으로 파악된다. 이러한 횡혈묘의 피장자는 조영 시기와 출자가 영산강 유역의 전방후원분과 같은 북부 큐슈인 점, 그 주변에 산성이 존재한다는 점에서 백제 왕도의 방어와 관련된 집단으로 생각된다.

단지리와 공주시 안영리 새터 유적, 일제강점기 때 확인된 부여군 능산리의 횡혈묘는 백제 왕도에도 왜인이 거주했음을 시사하며, 이는 킨키 지역을 비롯한 일본열도의 전역에서 한반도에서 건너간 수많은 이주민이 정착한 것을 고려한다면 지극히 자연스러운 현상이라 할 수 있다. 백제에 신라·고구려·왜·중국인이 혼재한다는 수서隋書 동이전 백제조의 기록은 이를 시사하는 것이다. 공주시 단지리 횡혈묘군은 영산강 유역의 전방후원분 피장자와 강한 상관관계를 보이는 점에서 이 지역 전방후원분 피장자의 출자와 백제왕권의 상관관계를 웅변한다.

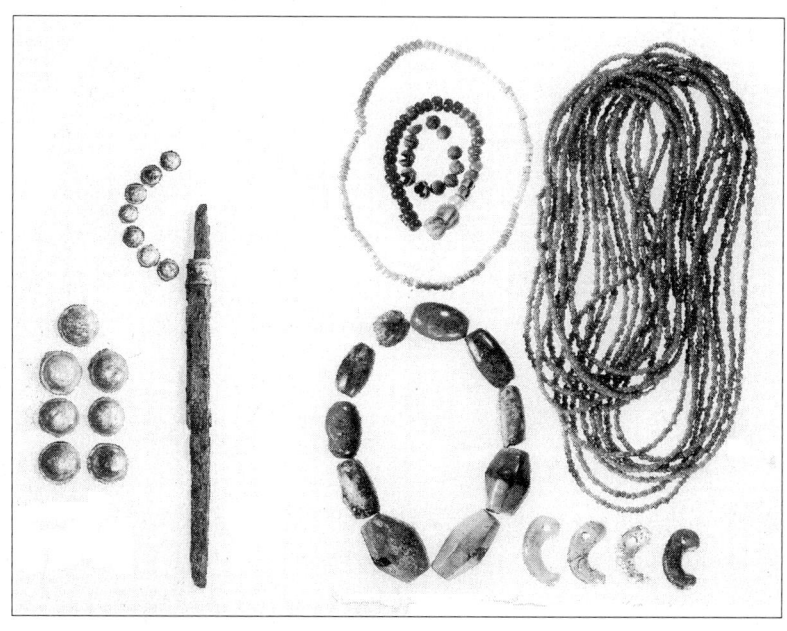

△ 전남 함평 신덕 전방후원분과 출토 유물

『일본서기』 479년(웅략 23)에는 삼근왕이 돌아간 후 동성왕의 귀국을 축자국 군사 500인이 호위하는 기록이 보인다. 이 기록은 영산강 유역 전방후원분의 석실 구조가 북부 큐슈계인 것과 이 지역에 백제산 위신재와 영산강 유역산 토기가 집중하는 고고자료와 부합한다. 백제에 의해 영산강 유역에 파견된 왜인은 신덕고분에 보이는 복수의 대도와 갑주, 해남군 장고산고분에 인접한 배총인 외도 석관묘에 부장된 삼각판혁결판갑, 용일리 즙석원분의 대도, 장성군 만무리고분의 횡장판정결판갑 등 왜계 고분에서 무기·무구의 부장이 탁월한 것에서 전사단일 가능성이 높다.

전방후원분의 분포를 보면 영산강 하류역의 함평군 표산 전방후원분과 영암군 자라봉 전방후원분 등의 고분이 나주시 반남지역을 삼면으로 둘러싸듯이 배치되어 있다.

노령산맥을 넘은 최북단의 고창군 칠암리 전방후원분과 영광군 월계 전방후원분은 5세기대의 줄포만을 무대로 활동한 전라북도 남부 재지세력의 최대 중심지인 아산지역을 서방에서 제압하고 영산강 유역과 이 지역의 교통을 차단하듯이 배치되어 있다.

영산강 유역 광주시 월계동 1·2호분, 광주시 명화동고분, 담양군 성월리고분, 담양군 고성리고분은 섬진강 수계로 향하는 교통로상에 입지하는데, 대가야와 영산강 하류역의 반남세력의 육로 교통을 차단하면서 주로 대가야를 압박하려는 백제의 전략이 엿보인다.

해남반도의 용두리고분, 조산고분, 방산리 장고산고분의 피장자는 서해와 남해를 연결하는 해상 교통의 요충지를 확보함과 동시에 대가야의 남해안의 요충인 임나4현인 여수반도와 대사인 하동지역을 장악하려는 백제의 전략 하에 배치된 것으로 추정된다. 이러한 점에서 볼 때 이 지역의 왜인은 영산강 유역뿐만 아니라

6세기 전반 섬진강 하구의 이른바 임나4현과 금강 상류역·섬진
강 중상류역의 기문 지역, 섬진강 하류역의 항구인 대사의 영유와
같은 백제의 대가야 공략에 참여한 것으로 추정된다.

이러한 전방후원분의 배치에는 백제의 지방 지배와 관련이 있
을 것으로 상정된다. 왕후제에 나타나는 지명 가운데 면중面中은
광주지역으로 추정되는데, 『삼국사기』 백제본기 동성왕 20년(498)
조에 보이는 광주로 추정되는 무진주 순행 기사는 주목된다. 그
이유는 양 사료에 나타나는 광주지역에는 전방후원분이 집중하기
때문이다. 이와 같이 문헌에서도 영산강 유역의 전방후원분 피장
자는 독립적으로 할거한 세력으로 볼 수는 없고 백제왕권에 예속
된 것으로 나타난다.

웅진기 영산강 유역을 중심으로 왜인이 파견된 것은 재지 기반
이 없는 외부 세력을 사민시켜 기존의 질서를 무너뜨리는 방식으
로 고구려의 낙랑·대방에 대한 지배 방식과 유사하며, 백제의 간
접 지배에서 직접 지배로 가는 과도기적인 지배 방식으로 볼 수
있다. 즉, 백제는 이 지역 최대 토착세력의 거점인 나주시 반남지
역은 재지수장을 통하여 간접적으로 지배하고, 그 주변은 외곽에
서 포위하듯이 전방후원분 피장자와 같은 왜계 백제세력을 이식
하여 재지 호족 세력을 견제하는 양면적인 정책을 취하였다.

더욱이 전방후원분 등 왜계 고분이 분산되게 배치되고 매장주
체부인 횡혈식 석실의 계통이 다른 것은, 파견된 왜인이 상호 연
계하는 것을 막기 위해 백제가 의도적으로 출자를 달리하는 집단
을 분산 고립적으로 배치하였을 가능성이 높다.

◦ 영산강 유역 전방후원분 출현의 역사적 배경

영산강 유역의 전방후원분이 웅진기에 한하여 조영된 것은, 역시 한성 함락에 의해 일시적으로 통치 기구가 와해된 백제가 웅진으로 천도한 후, 곧바로 자력으로 남방을 통치할 수 있는 역량이 부족하여 한시적으로 왜인을 대신 파견하였기 때문이다.

백제가 영산강 유역과 가야지역에 본격적으로 진출하는 6세기 전반부 일본열도에는 종래부터 지속되던 가야지역의 문물 이입이 급격히 줄어들고 백제지역의 문물이 본격적으로 유입된다. 웅진기 영산강 유역에서 전방후원분이 돌연히 출현하는 것에서 이와 같은 변화와 양자 간의 강한 상관관계가 인정된다.

6세기 전반 일본열도와 지리적으로 가까운 가야지역의 문물 대신에 백제의 문물이 유입된다. 이는 백제 문물의 선진성과 대가야의 남해안 교통의 요충인 임나사현과 교역항인 대사진의 탈취를 배경으로 한다. 또 이와 함께 백제가 이제까지 독자적으로 극복하지 못했던 상대적인 교통의 불리를 원양 항해자인 아리아게해 연안, 현해탄 연안과 같은 북부 큐슈지역 출신의 호족 세력, 즉 영산강 유역의 전방후원분 피장자를 매개로 극복한 결과로 본다. 큐슈지역 그 중에서도 아리아게해 연안 히고肥後나 치쿠고筑後는 조수 간만의 차이가 일본열도에서 가장 심한 지역으로, 이 지역 호족 세력은 영산강 유역과 남해안의 조수 간만의 차에 대처할 수 있는 항해술을 지니고 있었다.

이러한 점에서 한성기의 일시적인 멸망에서 웅진기의 동성왕, 무령왕, 성왕대에 걸친 정국 안정, 이른바 임나4현과 기문·대사의 영유에서 확인되는 대가야 전의 승리, 고구려 전에의 복귀와 같은 부흥은 당시의 복잡한 국제 관계를 잘 활용한 백제 외교의 승리라 할 수 있다.

영산강 유역의 전방후원분인 신덕고분, 월계동 1호분뿐만 아니라 그 출신 지역에도 일본열도의 다른 곳에 비해 백제산 문물의 부장이 탁월한 것은, 영산강 유역의 전방후원분 피장자의 활동이 백제와 긴밀한 관계 하에 이루어졌음을 시사하는 것이다.

영산강 유역 전방후원분의 피장자는 백제왕권에 신속하면서 배세왕권과 왜왕권 간의 외교에 활약한 『일본서기』 흠명기에 보이는 왜계 백제 관료의 원형으로 파악된다. 에타후나야마 고분의 백제계 장신구와 명문대도銘文大刀, 그 후 흠명기에 보이는 왜계 백제 관료의 양태로 볼 때 영산강 유역의 전방후원분 피장자인 북부 큐슈에서 아리아게해 연안에 걸친 복수의 유력 호족이 왜 왕권과 함께 백제 왕권에 양속兩屬하였음을 시사하는 것이다.

5세기 후반에서 6세기 전반 북부 큐슈 세력이 흥기하는 배경은 이제까지 설명되지 못하였으나, 역시 영산강 유역의 전방후원분 피장자와 그 모 집단인 북부 큐슈의 호족 세력이 백제의 선진 문물을 도입하고 일족의 군사력을 제공받는 창구 역할을 했기 때문으로 판단된다. 백제의 문물과 영산강 유역산 토기가 쓰시마, 북부 큐슈, 사가평야에 집중하는 것은 이 지역의 전방후원분 피장자가 원향의 집단과 왕래를 빈번하게 했음을 보여주는 것이다.

한편, 527년 발생한 이와이磐井의 전쟁으로 상징되는 북부 큐슈 호족세력과 왜 왕권의 전쟁은 이제까지 주로 신라와의 결탁에 의한 것으로만 해석되어 왔다. 그러나 앞에서 살펴본 바와 같이 영산강 유역 전방후원분의 피장자를 포함한 북부 큐슈에서 아리아게해 연안에 걸쳐 존재한 복수의 유력 호족의 대외적 활동과 이를 기반으로 한 일본열도 내의 영향력이 왜 왕권을 위협할 정점에 달하였기 때문에 발생한 것으로 본다.

영산강 유역의 전방후원분은 538년 백제의 사비 천도에 따른 이 지역의 직접 지배와 6세기 전반의 이른바 임나사현과 기문·대사 의 영유와 같은 대가야 공략이 일단락된 가운데 소멸된다.

참고문헌 ————

東潮,「榮山江流域と慕韓」『考古學研究會40周年記念論文集－展望 考古學－』, 考古學研究會, 1995

林永珍,「光州月桂洞의 長鼓墳2基」『韓國考古學報』31, 韓國考古學 會, 1994.

朱甫暾,「百濟의 榮山江流域 支配方式과 前方後圓墳 被葬者의 性格」 『韓國의 前方後圓墳』, 忠南大學校出版部, 2000.

박순발,「백제의 남천과 영산강류역 정치체의 재편」『한국의 전방후원분』, 충남대학교출판부, 2000.

朴天秀,「榮山江流域における前方後圓墳の被葬者の出自と性格」『考古 學研究』49-2, 考古學研究會, 2002.

朴天秀,「榮山江流域における前方後圓墳の出現の歷史的背景」『東 アジアの古代文化』117, 大和書房, 2003.

田中俊明,「榮山江流域 前方後圓形古墳의 性格」『榮山江流域 古代社 會의 새로운 照明』, 歷史文化學會·木浦大學校博物館, 2000.

山尾幸久,「五,六世紀の日朝關係－韓國の前方後圓墳の一解釋－」『朝鮮 學報』179, 朝鮮學會, 2001.

왜국에 전해진 한반도계 유물은 무엇인가

박 천 수(경북대학교)

◦ 일본열도 출토 한반도산 문물을 둘러싼 논의

일본열도 고분시대에 출현하는 화려한 금동제 장신구·마구와, 토기, 철제 무기·무구·농구·공구는 대부분 한반도 남부지역에서 제작 이입된 것이다. 이와 함께 제철, 토목, 토기 제작 등의 첨단 기술을 가진 공인들이 이주하였다. 이러한 문물과 공인의 도입을 통한 왜의 문명화의 배경을 일본 연구자들은 왜 왕권에 의한 이른바 임나일본부任那日本府를 통한 식민지 수탈 혹은 한반도 침략에서 찾았다.

현재 왜 왕권의 임나지배라는 전제가 이미 부정되었음에도 이제까지 문헌에 의거하여온 일본 고고학연구자들은 아직도 일제강점기 이래의 침략사관을 통하여 고고자료를 해석하고 있다. 즉, 지금도 일본 고고학계에서는 한반도에서의 군사적 활동을 기반으로 선진 문물과 필수 물자의 도입 루트를 왜 왕권이 독점적으로

장악함으로써 일본열도를 통일하고 고대 국가가 출현한 것으로
보고 있다.

광개토왕비 등으로 볼 때 왜 왕권의 군사적 활동은 그 자체를
부정할 수는 없으나, 그 활동이 일본 학계에서 일반적으로 인식되
고 있는 것처럼 독자적인 것으로 볼 수 없을 뿐 아니라 왜 왕권이
선진 문물과 필수 물자를 독점한 것으로 볼 수도 없다. 따라서 3
세기 이래 왜 왕권이 통일국가 체제를 갖추고 한반도를 침략하였
다는 일본 연구자들의 논리의 전제에 대한 근본적인 검토가 가능
하다.

한편, 양지역 간 문물과 사람의 이동을 한반도에서 일본열도로
의 일방적인 흐름으로만 상정하는 한국학계의 접근 방법도 역시
많은 문제를 안고 있다. 김해시 대성동고분군의 일본열도계 문물
과 영산강 유역의 전방후원분의 존재는 문물과 사람의 이동이 일
방통행으로 볼 수 없고 어느 정도 상호적임을 나타낸다.

여기에서는 일본열도에 출현하는 한반도 문물과 이주민의 계통
을 분석 종합하여 시기별 교류 주체와 그 변화를 통하여 3~6세
기 한일 교류에 대해 접근하고자 한다. 이러한 문물이 군사적 활
동이 아닌 정치적인 교섭에 의해 이입된 것을 분명히 하고, 왜 왕
권과 각지의 호족 세력의 관계에 대해서도 살펴보고자 한다.

◦ 3~4세기 한반도와 일본열도의 교류

선사시대 이래 김해지역은 한반도와 일본 열도의 교류에서 관
문 역할을 담당해왔다. 변한의 중심국이었던 구야국의 왕묘역인 2

세기를 중심으로 하는 양동리 고분군에서는 북부 큐슈산 광형동
모와 방제경이 출토되었다.

3~4세기 가야 전기 중심국인 금관가야의 왕묘역인 대성동고분
군에서는 파형동기가 부착된 방패, 벽옥제석제품, 옥장 등 키나이
畿內계 문물이 출토되었다.

이는 구야국이 선사시대 이래 오랫동안 일본열도 측 창구의 역
할을 담당한 큐슈지역과 교섭하여 왔으나, 그 후 금관가야가 일본
열도 중심부인 키나이지역과 교섭을 본격적으로 개시한 것을 상
징하는 것이다.

일본열도에서는 6세기가 되어서야 본격적인 제철이 이루어지
며, 그 이전에는 위서 동이전에 보이는 바와 같이 변진지역에서
철을 수입하였다. 당시의 철은 철 소재인 덩이쇠로 수입하여 각종
농공구, 무기, 무구 등의 도구로 가공되었다. 3~4세기 일본열도
에 이입된 철소재인 철정과 일본열도의 고분에서 출토된 긴 철판
을 가죽으로 엮은 갑옷은, 김해 대성동고분군과 부산 복천동고분
군에서 집중 출토되어 그 계통은 금관가야에서 찾을 수 있다.

이 시기 금관가야와 교섭을 적극적으로 전개한 것은 나라奈良분
지 북부와 오사카 남부의 카와치 세력이었다. 가와치 세력은 당시
필수 물자이었던 철 소재를 대량으로 입수하여 유통을 장악함으
로써, 키나이 중앙정권 내부에서 종래 낙랑을 통하여 중국과 교섭
하였던 나라분지 동남부 세력을 대신하여 주도권을 획득하였다. 4
세기 키나이 중앙정권 내부에서 카와찌왕조로 권력이 교체되는
과정에서 한반도 남부 세력과의 교섭이 중요한 역할을 한 것으로
추정된다.

금관가야제 통형동기와 갑옷, 일본열도산 파형동기가 부착된
방패, 벽옥제석촉을 넣은 화살통은 금관가야와 키나이의 수장층

이 지위와 동맹관계를 표징하고 결속을 확인하는 증여품이다.

이 시기 금관가야는 대외적으로는 고구려·신라와 대치하고 있었고, 또 가야지역 내에서는 남강 수계와 낙동강 중상류역, 남해안 일대에 일정한 관계망을 형성하고 있던 아라가야와 경쟁하고 있었다.

김해지역과 킨키近畿지역의 이러한 고고자료는 광개토왕릉비 경자년조(400)에 신라성을 침범한 왜가 고구려군에 패한 후 김해지역인 임나가라로 도망하였다는 기사와 관련하여 주목된다. 이는 일본열도의 금관가야산 덩이쇠, 철제갑주, 마구, 통형동기와 대성동고분군의 킨키계 문물과 같은 고고자료와 함께 일본의 연구자가 주장하는 왜군의 독자적인 출병이 아니라 어디까지나 직접적으로는 금관가야와 관련된 것임을 시사하는 것이다. 금관가야는 대외적으로는 고구려·신라의 남진정책에 대항하고, 대내적으로는 아라가야 세력을 견제하기 위해 왜와의 동맹관계를 이용한 것으로 추정된다. 한편, 왜의 신흥세력으로 등장한 오사카의 카와치河內 세력은 금관가야와 제휴를 통하여 군사력을 제공하고, 대신 위세품과 철 등의 필수물자를 확보함으로써 키나이의 중추부 내에서 주도권을 획득한 것이다.

이 시기 일본열도 내에서 킨키 세력이 한반도 교류의 결정적인 우위를 차지하였음을 보여주는 것이다. 그러나 후쿠오카현 니시신마치 유적과 같은 국제교류 항이 킨키지역에서 확인되지 않고, 같은 시기의 동래패총에도 북부 큐슈산, 산인산, 호쿠리쿠산 하지키가 확인되나 킨키지역산이 보이지 않는 점이 주목된다. 왜 왕권이 북부 큐슈 세력을 장악하여 이를 매개로 한 것은 충분히 고려할 수 있으나, 선진 문물과 필수 물자의 도입 루트를 왜 왕권이 북부 큐슈와 산인 세력을 배제하고 독점적으로 장악하였다고 보기는 어렵다.

더욱이 일본열도에서 킨키 외에 토카이東海지방 등에서도 한반
도 문물의 출토 빈도가 높고, 여러 세대에 걸쳐 지속적으로 김해
지역에서 이입된 점으로 볼 때, 이러한 한반도산 문물은 왜 왕권
을 거치지 않고 이 지방의 수장이 독자적으로 금관가야와 교섭하
는 가운데 안정적으로 입수하였을 가능성이 높다.

3~4세기의 한일 교류로 볼 때 이제까지 상정되어온 바와 같이
한반도에서의 군사적 활동을 통하여 선진 문물과 필수 물자의 도
입 루트를 왜 왕권이 독점적으로 장악한 것으로 볼 수는 없다. 즉,
한반도의 금관가야를 중심으로 한 왜 왕권과 중심지 간 교류와
함께 일본열도 각지와 금관가야와 개별적인 교섭이 병행한 것으
로 파악된다.

그런데 이 시기 일본열도에서는 칠지도를 제외하고는 백제산
문물을 찾아볼 수 없고, 백제지역에서 가야지역에 일상적으로 반
입되는 일본열도산 문물의 존재를 찾아보기 어렵다는 점에서, 당
시 양자간 교류의 주체가 어디까지나 가야지역임을 알 수 있다.

광개토왕 남정을 계기로 4세기 무렵 금관가야의 왕묘역인 대성
동 고분군의 조영이 정지되고 이제까지 김해 지역과 동맹관계였
던 동래 복천동고분군에 신라 문물이 급격하게 출현한다. 이로써
선사시대 이래 일본열도로의 관문으로서 이 지역의 역할이 종언
을 맞이한다.

∘ 5세기 한반도와 일본열도의 교류

5세기에는 종래의 철과 관련된 이주민 외에 토기 생산 공인이 대거 출현하는 것이 특징이다. 더욱이 말 사육과 같은 특수한 기능을 가진 공인 집단이 출현하는 것과 이제까지 큐슈지역 등 특정지역에만 한정되던 이주민이 동 일본을 비롯한 일본열도 전역에 이주하는 점도 주목된다.

5세기 초에는 김해, 부산 지역의 공인 파견에 의해 조업을 개시한, 일본열도에서 확인된 가장 이른 스에키須惠器가마터인 오사카 오바테라 유적에 이어 시코쿠四國지방과 큐슈지방에서 초기 스에키의 조업이 시작된다.

시코쿠지방의 카가와현 미야야마 요, 미타니사부로이케 요 공인의 계통은, 같은 시코쿠의 에히메현 사루카타니 2호분과 후나카타니 유적에서 아라가야 양식 토기가 출토되어 함안지역 공인일 가능성이 높다. 큐슈지방의 후쿠오카현의 코테라 고분군, 이케노우에 고분군 삼각투창고배와 함께 수평구연호, 고배형기대, 유공광구소호는 소가야 양식 토기로 파악되나 세부 형태가 달라 후쿠오카현 아사쿠라 요산으로 판단된다. 이러한 초기 스에키는 당시 큐슈지역과 밀접한 관계가 있는 소가야지역 공인에 의해 제작된 것으로 판단된다.

여기에서 주목되는 것은 4세기 말에서 5세기 초 일본열도에서 초기 스에키의 생산이 다원적으로 개시되었고 더욱이 각 지역마다 다른 곳의 공인을 초빙하여 생산한 점이다. 이는 금관가야권역에서 주로 공인을 초빙한 왜 왕권과 달리, 독자적으로 각 지역의 호족, 즉 큐슈지방의 호족은 소가야와, 시코쿠 지방의 호족은 아라가야와 교섭하여 초기 스에키의 공인을 도입한 것이다. 따라서 5세기 전반까지도 왜 왕권은 각 지역의 호족 세력들의 독자적인 교섭 활동을 통제하지 못한 것으로 파악된다.

5세기 초 광개토왕 남정으로 인한 금관가야의 몰락으로 이를 중심으로 하는 교류가 쇠퇴하고 이 시기에는 아라가야와 소가야 및 신라와 낙동강 이동 지역과 왜 왕권을 비롯한 일본열도 각지의 지역간 다원적인 교류가 성행한다. 그 후 5세기 중반 이후 대가야가 가야의 중심국으로 대두함과 동시에 그 이전 시기의 다원화된 교류가 쇠퇴하고, 4세기대 금관가야와 일본열도의 교섭과 같은 왜왕권과 중심지간의 교류와 함께 일본열도 각지와 대가야의 개별적인 교섭이 병행하기 시작한다.

가야 후기에 중심국으로 성장한 대가야는 고령을 거점으로 성장하여, 5세기 후반에 이르러는 황강 수계의 합천·거창·함양·남원아영·운봉, 섬진강 수계의 남원분지·곡성·순창·구례·하동·광양·순천·여수, 금강 수계의 장수·진안지역에 걸친 넓은 권역을 형성하였다.

대가야는 남강 상류역 교통의 결절점인 남원지역을 확보하고, 종래의 아라가야나 소가야가 남강 수계를 통해 행하였던 백제지역과의 교역과 교섭을 차단하고 그 관계망을 장악하였다.

고령 세력이 남강 상류역으로 진출한 5세기 중반 이후 대가야 양식의 장신구, 마구, 무기, 무구가 일본열도에 출현하고, 대가야 양식의 토기가 일본열도 전역에서 유통되는 것이 주목된다.

△ 대가야계 금동관과 후쿠이현 니혼마츠야마고분

특히 이 시기의 큐슈, 키나이, 호쿠리쿠, 간토지역의 유력 호족
의 무덤인 구마모토현 에타후나야마, 와카야마현 오타니 고분, 후
쿠이현 니혼마츠야마 고분, 사이타마현 이나리야마 고분 등에서
대가야 위세품이 부장된다. 이러한 정황으로 보아 왜의 대수장 가
운데 그때까지 금관가야와의 교역 등을 포함한 교섭에 의존하였
던 세력의 쇠퇴에 동반하여, 새롭게 대두한 대가야 세력과 결합한
각지의 신흥 유력 호족의 존재를 상정할 수 있다.

한편, 이 시기 산간 분지에 위치한 대가야권에는 종래 해안에
집중되고 내륙에 이입되지 않던 일본열도산 문물이 반입된다. 대
가야의 왕묘역인 지산동고분군에 왜계 문물이 다수 나타나고, 그
가운데 대가야의 왕릉인 지산동 44호분에서 출토된 야광패夜光貝
제국자는 류큐열도 주변에서 이입된 것으로 대가야의 원격지 교
역과 일본열도와의 교류의 밀접함을 상징한다.

대가야는 남강 상류역을 통해 백제와의 교역로를 개설함과 동
시에 남원분지로 남하하여 구례지역을 거쳐 남해안 교통의 요충
인 여수, 순천, 광양지역과 섬진강 하구의 교역 항인 하동지역을
확보함으로써 금관가야가 행하였던 왜와의 교섭을 주도할 수 있
게 되었다. 대가야는 백제와 왜의 교섭을 주도함으로써 금관가야,
아라가야, 소가야를 제압하고 가야의 중심국으로 군림할 수 있게
되었다.

5세기 후반 대가야와 왜의 교섭은 동일본의 사이타마켄이나리
야마 고분과 킨키지역의 와카야마켄 오타니 고분의 피장자와 같
이 왜 왕권을 매개로 한 경우도 상정되나, 금공품의 입수 과정으
로 볼 때 와카사만 연안과 아리아케해 연안과 같이 지역 호족 세
력의 대가야와의 직접 교섭도 성행한 것으로 파악된다.

△ 대가야산 마주馬冑와 와카야마현 오타니 고분

왜냐하면 이러한 지역에는 킨키에서 확인되지 않는 금동관을 비롯한 대가야계 금동제품의 조합을 이루어 출토되고, 금제 수식 부이식이 집중되고 있어 양 지역의 호족 세력이 대가야와 직접 교섭에 통하여 반입한 것으로 파악되기 때문이다. 이 시기에도 선진 문물과 필수 물자의 도입 루트를 왜 왕권이 독점적으로 장악한 것으로 볼 수는 없으며, 일본열도 각지와 대가야와 개별적인 교섭이 병행한 것으로 파악된다.

◦ 6세기 한반도와 일본열도의 교류

백제가 영산강 유역과 가야지역에 본격적으로 진출하는 6세기 전반부 일본열도에는 종래부터 지속된 가야지역의 문물 이입이 줄어들고 백제지역 문물이 급격하게 유입된다. 이 시기 큐슈지역 대호족의 무덤인 에타후나야마 고분에서는 선대의 장례에 동반한 대가야 문물이 사라지고, 추가장에는 백제 문물만이 부장되어 이를 상징적으로 보여준다. 이와 함께 무령왕릉의 목관재인 일본열도산 금송金松은 선사시대 이래의 전통적인 가야지역과 일본열도의 일상적인 교역관계를 넘어 백제가 대왜 교역의 주도권을 장악하게 된 것을 상징하는 것이다.

6세기 초 백제는 섬진강 유역 교통의 결절점인 기문과 교역 항인 대사의 패권을 둘러싸고 대가야와 각축하였다. 문헌에 보이는 당시의 오경박사 등의 파견은 이와 같은 상황 하에 이루어진 것이다. 백제의 문물은 가야지역에서 도입되던 철과 같은 필수 물자 및 생산 공인과 차원이 다른 고등종교인 불교와 같은 선진 문물로서 당시 왜가 갈망하던 국가 정비에 필요 불가결한 것이었다. 이로써 일본열도와 교류의 창구로서 가야지역의 역할은 종언을 맞이하며, 이는 562년 대가야가 멸망에 이르는 하나의 요인으로 작용하였다.

백제와 왜의 본격적인 교역은 계체조 출현 전후에 시작되고 있어 이 새로운 왕조의 출현에는 백제와의 관계가 주목된다. 케타이 세력은 종래 카와치 세력과 전통적으로 밀접한 교류관계에 있었던 가야 세력을 배제하고 백제를 교섭 창구로 하여 선진 문물을 도입하여 카와치 세력과 차별화를 시도함으로써 키나이에서 우위를 확보한 것으로 파악된다.

6세기는 영산강 유역에 전방후원분이 조영되고 백제 왕도에도 공주 단지리 횡혈묘의 피장자와 같은 왜인이 거주한 것에서 전대의 대가야와의 교류와 전혀 다른 질적 차이를 보인다. 이 시기에는 대가야와 일본열도의 교류가 쇠퇴하고 백제를 중심으로 백제와 왜 왕권 그리고 백제와 영산강 유역 전방후원분을 조영한 큐슈지방 호족간의 이중적인 교류가 행해진다.

6세기 후반이 되면 대수장묘인 군마현 와타누키칸논야마 고분, 나라현 후지노키 고분과 국가 제사장인 후쿠오카현 오키노시마 유적에서 화려한 신라계의 마구가 출현한다.

6세기 후반 가야 멸망을 전후하여 백제와 교류가 지속되는 가운데, 이제까지 교류의 전면에 나서지 않았던 신라와 왜의 교류가 일시적으로 활발해진다. 이는 남부 가야제국을 지배 하에 넣고 가야 북부 지역의 병합을 꾀하던 시기에 신라는 왜와 백제의 군사 동맹관계를 단절시킬 필요가 있었으며, 왜는 신라에 의해 차단된 가야 남부 해안을 경유하여 백제와 통하는 교통로를 회복할 필요성이 절박했기 때문일 것이다.

일본열도에 동아시아에서 가장 장식성이 뛰어난 후지노키 고분의 마구가 출현하는 것은 결코 우연이라 할 수 없으며, 역시 가야 멸망 전후의 정치적인 동향을 민감히 반영하는 것이다.

◦ 허구로 드러난 한반도 지배론

이제까지 일본인 연구자들은 한반도로부터의 문물 도입을 왜 왕권에 의한 임나경영, 혹은 한반도 침략에서 배경을 찾아왔다. 그런데 앞에서 살펴 본 바와 같이 일본열도에 이입된 문물과 공 인은 대부분 당시 왜의 전쟁 상대였던 신라나 고구려가 아닌, 왜 와 동맹관계에 있었던 가야와 백제지역에서 주로 이입된 것으로 파악된다. 일본열도의 5세기 중반 이입계 문물의 계통이 금관가 야권에서 대가야권으로 전환하고 동시에 왜계 문물이 금관가야권 에서 대가야권으로 이동하는 것은, 가야지역을 대표하며 왜와의 교역과 교섭을 장악한 중심지가 김해에서 고령으로 이동하는 정 치적 변화와 연동하는 것으로 판단한다. 그리고 6세기 초를 전후 하여 일본열도에 도입된 문물의 선적지가 대가야에서 백제로 전 환되고 왜계 문물이 낙동강 유역에서 백제와 관계가 깊은 영산강 유역에 집중하게 된다. 이는 일본열도의 한반도산 이입 문물과 한 반도의 일본열도산 이입 문물이 일본 연구자들이 주장하는 바와 같이 침략에 의한 것이 아니고 양 지역간의 정치적인 교섭과 교 역에 의해 이입된 것임을 웅변하는 것이다. 더욱이 6세기 후반 후 지노키 고분 출토 신라계의 화려한 마구가 문헌에 보이는 신라와 왜의 일시적인 정치적인 교섭을 반영하는 점에서도 그러하다.

그리고 일본열도 출토 한반도산 문물의 이입과 유통 과정을 통

해 볼 때 왜 왕권이 6세기 전반까지도 각 지역 호족 세력들의 독
자적인 교섭 활동을 통제하지 못한 것으로 파악되어, 일본열도 정
치사의 새로운 해석이 기대된다.

──────────────── 참고문헌 ────────────────

金恩淑,「6世紀 後半 新羅와 倭國의 國交成立過程」『新羅文化財學術
　　　發表會論文集』 15, 新羅文化宣揚會, 1994.
朴天秀,「일본 속의 가야문화」『가야사의 새로운 이해』, 한국고대사연구
　　　회, 1996.
朴天秀,「4～5世紀における韓日交渉の考古學的檢討－考古學からみ
　　　た古代の韓日交渉」『青丘學術論集』 12, 青丘學術財團, 1998.
朴天秀,「三國・古墳時代における韓・日交渉」『渡來文化の波－2001秋
　　　季特別展圖錄』, 和歌山市立博物館, 2001.
朴天秀,「考古資料를 통해본 古代 韓半島와 日本列島의 相互作用」『韓
　　　國古代史研究』 27, 한국고대사학회, 2002.
朴天秀,「大加耶と倭」『國立歷史民俗博物館研究報告110－古代東ア
　　　ジアにおける倭と加耶の交流』, 國立歷史民俗博物館, 2004.
洪潽植,「金官加耶と倭」『國立歷史民俗博物館研究報告110－古代東
　　　アジアにおける倭と加耶の交流』, 國立歷史民俗博物館, 2004.
高田貫太,「5, 6世紀 洛東江以東地域과 日本列島의 交渉에 관한 豫察」
　　　『考古學報』 50, 한국고고학회, 2003.
吉井秀夫,「일본속의 백제」『백제－특별전도록』, 국립중앙박물관, 1999.

무령왕릉의 목관에 숨겨진 한일외교의 실체

이 근 우(부경대학교)

○ 획기적 고고학적 발굴

무령왕릉의 발굴은 우리나라 고고학사의 한 페이지를 장식하는 획기적인 일이었다. 백제 고분이 처녀분으로 발굴된 예도 흔치 않고, 고분의 피장자를 분명하게 확인할 수 있는 보기 드문 경우이기도 하였다. 무령왕의 이름을 사마斯摩라고 기록한 삼국사기의 사료적인 가치를 증명하는 발굴이기도 하였다. 그뿐만 아니라 일본서기의 무령왕에 대한 기록도 새로이 평가하는 기회가 되었다. 우선 일본서기에서는 무령왕의 이름을 사마斯麻라고 하여 무령왕릉의 묘지석과 완전히 일치하고 있다. 또한 사마라는 이름이 무령왕의 어머니가 왜로 건너가는 도중에 섬에서 태어났기 때문에 붙여진 이름이라는 기록도 그 출생연도를 확인할 수 있게 되면서 실제 있었던 사실을 반영하는 것으로 생각하게 되었다. 기록의 문제에 그치지 않고, 무령왕릉에 사용된 관재도 주목을 끌었다.

◦ 무령왕릉의 목관은 금송으로 만들었다

무령왕릉에서는 다양한 유물이 출토되었으며, 거기서 출토된 유물만을 전시하기 위해서 공주국립박물관이 세워졌다고 해도 과언이 아니다. 그 중에서도 무령왕릉의 관재는 백제의 문화적 다양성, 무령왕의 국제성을 보여주는 다시없이 귀중한 자료라고 할 수 있다.

무령왕릉의 관재를 조사한 결과 그 수종은 세계적으로 대단히 희귀한 금송속金松屬(Sciodopitys)에 속하는 수종으로 판명되었다. 금송속의 수종은 일본 특산의 상록침엽수로서 세계적으로 1과 1속 1종만으로 구성되는 금송뿐이다. 현재의 분포는 일본열도의 혼슈 저위도 지방, 시코쿠, 큐슈 등의 주로 일본 남부지방이다. 이 목재는 변재가 백색 내지 황색에 가깝고 심재는 담황색 또는 담황갈색이며, 내구성·내연성이 특히 강하고, 약간의 향기도 가지고 있어서 관재로서는 최고급재에 속한다.

왕의 시신을 안치하기 위한 관재로 쓰기 위해서는 잘 자란 나무를 선택하여 벌채하였을 것이므로, 금송이 상당한 면적의 숲을 이루고 있어야 한다. 당시 열악한 목재 가공 기술로 보아 두께 5~6cm, 너비 19~49cm, 길이 240~260cm의 목재판을 수십 개씩 제작하기 위해서는 수많은 목재 중에서 곧고 잘 자란 큰 나무를 선택·벌채하였을 것이며 적어도 금송이 상당한 면적의 산림을 구성하고 있지 않았다면 불가능하다. 따라서 당시 한반도에 금송이 자라고 있었다면 비교적 큰 면적에 걸쳐 흔히 자라고 있었다고 보아야 한다. 이와 같이 넓은 면적에 걸쳐 산림을 구성하는 굵은 교목이 1500여 년 사이에 빙하기와 같은 극단적인 기후 변동

없이 흔적도 없이 사라져 버린다는 것은 상상하기 어렵다. 그러므로 무령왕릉이 축조되던 시기에 금송이 한반도에 대량으로 분포하였다는 증거는 찾을 수 없다.

또 화분은 수천 년 동안 썩지 않고 보존되므로 과거의 식물생태를 추정하는 수단으로 널리 쓰이고 있다. 그러나 무령왕릉이 축조되던 시기에 금송 화분이 발견되었다는 보고는 없다. 한반도 전체를 시대별로 소사하시 않고서 확정하기는 어려우나 넓은 면적에 걸쳐서 분포하였다면 금송 화분은 발견되어야 한다.

그리고 『삼국사기』·『삼국유사』·『동국통감』 등 역사 기록에서도 조경식물로서 금송은 전혀 그 이름이 보이지 않는다. 금송은 수형이 아름다워 히말리아시다 및 남양삼나무와 함께 세계 3대 미수美樹로 현재에도 고급 정원수로 쓰이고 있으므로, 역사적 기록에서 조경식물의 종류를 찾아보는 것도 의의가 있다고 하겠다. 역사책에 등장하는 조경식물을 조사한 결과를 보면 소나무, 잣나무 등의 침엽수가 자주 나타난다. 만약 당시에 이 수종이 한반도에 널리 분포하였다면 아름다운 수형을 가지고 있어서 조경수로서 아주 적합한 금송이 기록에 전혀 남지 않을 수 없다.

이처럼 무령왕릉의 관재는 세계적으로 일본 남부에만 분포하는 금송으로 만들었으므로, 왜에서 벌목하여 직경 130cm, 길이 3m, 무게 3.6ton, 수령 300년 이상인 원목 상태로 초벌 가공하여 현해탄을 건너 금강을 따라 물길로 운반된 것으로 추정된다. 이때 관재로 쓸 수 있는 국산 수종이 상당히 있었음에도 불구하고 굳이 일본에서 금송을 가져다 쓴 것은 백제와 왜의 외교사에 중요한 의미가 있었던 것으로 생각된다.

무령왕릉에 사용된 관재는 일본열도의 전방후원분과 연결시켜 생각할 여지도 있다. 3세기 중반에 성립된 일본열도의 전방후원분 체제는 종래의 동탁문화권과 동모문화권 등 청동제 의기를 표상으로 하는 일본열도의 여러 문화권이 통합되면서, 외형적으로는 전방후원분을, 내부적으로는 삼각연신수경과 같은 동경을 표상으로 하는 단일한 문화권의 모습을 보인다. 나아가서 전방후원분은 단일한 문화권 속에 포섭된 과거의 다양한 문화권의 문화요소를 반영하고 있다. 관으로 사용된 석재는 아소산 지역에서, 특수형 기대는 세토나이카이 지역에서 가져오는 등 이와 같은 식으로 여러 지역의 문화 요소를 통합하여 공동의 심벌을 만든 것으로 생각된다. 이처럼 일본열도에서 수장이 죽고 나서 고분을 만드는 시점이 되면 여러 지역의 수장이 각각 그 지역에서 산출되는 재료나 물품을 보내어 장례의례에 동참하였다. 무령왕의 경우에도 백제의 왕이 죽자 일본열도의 수장이 장례의례에 동참하기 위해서 최고급 관재를 보낸 것으로 생각할 수 있다. 그렇다면 무령왕은 일본열도와 어떤 관련을 가지고 있었던 것일까를 생각해 보지 않을 수 없다.

◦ 무령왕의 출생에 대한 『일본서기』의 기록

무령왕에 대한 일본서기의 기록은 삼국사기와 사뭇 다르거나 새로운 내용이 적지 않다. 이제 그 내용을 살펴보자.

> 웅략기 5년(461) 여름 4월, 백제의 가수리군加須利君(개로왕)이 지진원을 태워 죽였다는 것을 전하여 듣고(적계여랑이다), 상의하여 말하기를 "과거에 여인을 바쳐서 채녀采女로 삼았는데 이미 무례를 범하여 우리나라의 이름을 떨어뜨렸다. 지금부터는 여인을 바치지 마라"라고

하였다. 이에 그 아우(군군軍君, 곤지琨支이다)에게 이르기를 "너는 마땅히 일본에 가서 천황을 섬겨야 할 것이다"라고 하였다. 군군이 대답하기를, "임금의 명은 받들어 어길 수가 없습니다만, 원컨대 임금의 부인을 주신다면, 명을 받들겠습니다"라고 하였다. 가수리군은 곧 임신한 부인을 군군의 처로 삼게 하고, "내 처는 아이를 가져서 곧 산월이 닥친다. 만일 가는 길에 아이를 낳게 되면, 배에 태워서 어디서든지 속히 본국으로 돌려 보내라"라고 하였다. 드디어 서로 작별인사를 나누고 (왜) 조정에 파견되었다.

6월에 임신한 부인은 과연 가수리군의 말내토 축사筑紫의 각리도各羅嶋에서 아이를 낳았다. 그래서 그 아이의 이름을 도군嶋君이라 하였다. 이에 군군은 배 한 척을 내어 도군을 본국으로 보냈다. 이가 곧 무령왕이다. 백제인은 이 섬을 주도主嶋라 하였다.

가을 7월, 군군이 경京에 들어왔다. 드디어 다섯 아들을 두었다(「백제신찬」에서는, "신축년에, 개로왕이 아우 곤지군을 보내어 대왜大倭에 가서 천황을 섬겨서, 형왕의 우호를 다지도록 하였다"라고 하였다).

무열기 4년, 이 해에 백제의 말다왕末多王(동성왕)이 무도하여 백성에게 포악하므로, 국인이 드디어 제거하고 도왕嶋王을 세우니 이가 무령왕이다. (『백제신찬』에서는 "말다왕이 무도하여, 백성에게 포악하므로, 국인이 함께 제거하니, 무령왕이 섰다. 이름은 사마왕斯麻王이며, 곤지왕자의 아들이니, 곧 말다왕의 배다른 형이다. 곤지가 왜로 가던 중, 축자도에 이르러 사마왕을 낳았다. 섬에서 돌려보냈으므로, 왕경에 오지 못하였다. 섬에서 태어났으므로, 사람들이 (도왕嶋王이라고) 이름 지었다"라고 했다. 지금 각라해 중에 주도가 있다. 왕이 태어난 섬이므로, 백제인들이 주도라고 하였다. 지금 생각하건대, 도왕은 개로왕의 아들이고, 말다왕은 곤지왕의 아들인데, 이를 이모형제異母兄弟라고 한 것은 자세히 알지 못하겠다.

위의 『일본서기』의 기사를 통하여, 무령왕은 (본래 개로왕의 부인이 임신하였으므로 개로왕의 아들인데) 개로왕의 동생인 곤지가 왜로 파견되면서 (개로왕의) 임신한 부인을 데리고 가던 도중 섬에서 태어났으며, 그러므로 이름을 사마(섬)라고 하였음을 알 수 있다. 개로왕대에도 왕제王弟인 곤지를 왜에 파견할 정도로 백제와 왜는 긴밀한 관계를 유지하고 있었던 셈이다. 또 곤지는 즉시 귀국하지 않고 동성왕을 비롯하여 다섯 아들을 두었다고 하며, 『신찬성씨록』에는 그를 시조로 하는 씨족들도 기록되어 있다.

일본서기의 이러한 기록은 우리 학계에서 크게 주목받지 못했다고 해도 과언이 아니다. 왜냐하면 삼국사기는 무령왕의 계보에 대해서 전혀 다르게 기록하고 있었기 때문이다.

○ 삼국사기의 무령왕

『삼국사기』에 의하면 고구려 장수왕이 475년 9월 3일 백제의 수도 한성을 공격했을 때 개로왕이 아들 문주에 대하여 난을 피하여 왕통을 잇도록 하라고 부탁하므로, 문주는 목협만치·조미걸취 등과 남하한다. 웅진까지 내려간 문주는 476년 8월에 해구를 병관좌평으로 임명하고 다음해 4월 동생인 곤지를 내신좌평으로 등용했으나 7월에 사망한 것으로 되어있다. 그리고 문주왕은 478년 9월 해구가 보낸 자객에 의해 살해되고 말았다. 그래서 문주왕의 아들인 삼근왕이 13세에 즉위했으나 다음 동성왕 시기까지 권력싸움이 계속된다. 즉, 동성왕은 501년 위사좌평 백가에게 살해되고 뒤를 이어 즉위한 무령왕이다. 그리고 무령왕은 동성왕의 아들이라고 기록하고 있다.

그런데 무령왕릉이 발견되고 무령왕이 태어난 것이 일본서기의 기록대로 461년경이라는 사실이 확인되면서 상황은 달라졌다. 종래에는 무령왕의 나이를 구체적으로 알 수 있는 자료가 없었기

때문에 일본서기의 기록은 황당무계한 것으로 이해하였다. 그러
나 묘지석의 이름과 일본서기에 보이는 이름이 정확히 일치할 뿐
만 아니라, 출생연도도 일본서기의 기록이 정확한 것으로 밝혀지
면서, 무령왕의 출생에 대한 일본서기의 기록이 새로이 주목을 받
게 된다.

◦ 무령왕의 계보

삼국사기의 기록대로라면, 개로왕은 무령왕의 증조부에 해당한
다. 개로왕은 당시 나이를 정확하게 알 수는 없지만, 천수를 누리
지 못하고 475년에 고구려군에 의해서 살해되었다. 그렇다면 무
령왕이 출생한 461년 단계에는 아직 장년의 나이였을 가능성이
크다. 그런 나이에 벌써 증손자가 태어났고, 475년 단계에는 이미
15세였다고 하는 것은 믿기 어렵다. 그밖에도 곤지가 다른 사료에
보이는 여곤이며 그가 좌현왕이었다는 사실을 통해서 개로왕의
아들이 아니라 아우였음을 알 수 있다. 삼국사기는 불분명하거나
의심이 가는 계승 관계는 부자 관계로 처리한 경우가 적지 않다.
이는 중국 사료에서 나타나는 특징이기도 하다. 개로왕에서 무령
왕에 이른 계보가 그러한 대표적인 예라고 할 수 있을 것이다.

〈『삼국사기』의 무령왕 계보〉

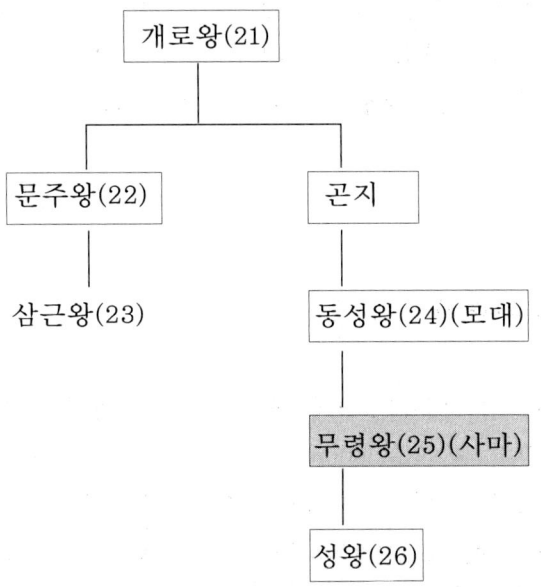

〈『일본서기』의 무령왕 계보〉

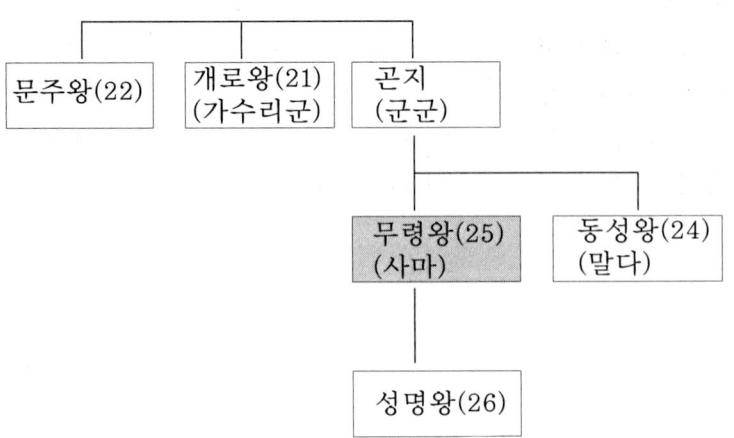

『백제신찬』에서 곤지의 아들로 나타나는 무령왕이,『일본서기』의 교본 단계에서 채용된 것으로 보이는『일본서기』의 본문에서는 형식적으로는 곤지의 아들이지만 실제로는 개로왕의 혈통을 잇고 있다고 하였다. 즉, 사료의 성립 순서를 따지자면, 원래 곤지의 아들이었던 무령왕이『일본서기』본문의 과도기적인 과정을 거쳐서, 8세기 초에는 개로왕의 아들로 인식되기에 이른 것이다.

즉, 무령왕의 혈연권계에 대한 전승은 단시일에 성립된 것이 아니라, 시간의 경과와 더불어 서서히 이루어졌을 가능성이 있다. 그렇다면 이처럼 무령왕의 계보를 변경해야 할 필요성은 어디에 있었던 것일까?

우선 생각할 수 있는 것은 웅진에 새로이 도읍한 백제의 정통성을 강조하기 위하여, 한성백제의 마지막 왕 개로의 혈통을 잇는 인물이 바로 무령왕이라는 합리화가 필요했기 때문에 개로왕의 아들인 것처럼 계보를 수정하였고, 그러한 전승이『일본서기』본문에 채택되었다고 볼 수 있다. 그리고 이러한 합리화가 필요하였던 배경에는 이복동생이던 말다왕이 백가가 보낸 자객에게 살해당하는 등, 웅진백제 왕실의 권위에 대한 도전이 있었기 때문으로 해석할 수도 있겠다.

왕권에 대한 위협은 한성백제 시대부터 진씨·해씨 등의 전통적인 씨족과 웅진에 천도한 이후에 두각을 나타내기 시작한 사씨·백씨·연씨 등의 대립과도 관련이 있었을 것이다. 특히 동성왕은 진씨·해씨 등 전통적인 씨족에 대하여 억압적이었고, 신진세력을 적극적으로 등용하는 정책을 추진한 것으로 생각된다. 그러나 동성왕이 위사좌평 백가가 보낸 자객에 의하여 살해됨으로써, 동성왕은 자신이 추진해 온 정책 때문에 희생된 셈이다. 동성왕의 뒤를 이어 즉위한 무령왕은 백가를 필두로 하는 신진세력과

진씨·해씨 등의 기존세력의 위상을 재조정할 필요가 있었을 것
이다. 이는 무령왕이 다시 진씨·해씨 등 기존세력을 적극적으로
활용하는 방향으로 나아가고자 하였음을 말해주는 것이다.

무령왕의 혈통에 대하여, 『삼국사기』의 동성왕의 아들이라고
한 기록과 달리 『일본서기』에는 곤지의 아들이라는 기록과 개로
왕의 아들이라는 다른 기록이 전하는 것은, 이상에서 언급한 바와
같은 무령왕의 정치적 입지와 관련지어 파악할 수도 있을 것으로
생각된다.

한편, 개로왕의 혈통을 이은 정당한 왕위계승자로서의 지위를
확보하면서 아울러 한성백제 시대 이래의 전통적인 씨족들과 유
대를 굳히기 위하여, 곤지 및 동성왕과의 혈연관계를 부정하고,
한성백제의 마지막 왕인 개로왕의 후예였음을 자처하였을 가능성
이 있다.

또 하나는 무령왕의 출신 자체에 문제점이 있었기 때문이라고
가정해 볼 수 있다. 무령왕이 이복동생인 동성왕의 뒤를 이어 즉위
한 사정으로 미루어, 동성왕은 곤지의 적출이었고, 무령왕의 혈통
은 동성왕에 미치지 못하였을 가능성이 있다. 즉, 무령왕의 어머니
의 신분에 문제가 있었다고 볼 수 있는 것이다. 그런데 무령왕 이
후는 성왕을 시작으로 무령왕의 직계가 백제의 왕위를 계승하였기
때문에 무령왕은 그 이후의 백제 왕실에 있어서는 중시조의 성격
을 갖는다고 볼 수 있다. 따라서 무령왕의 혈통에 문제가 있었다고
한다면, 자연히 무령왕의 혈통을 미화하려는 요구가 백제 왕실 내
에 있었을 것이다. 『일본서기』 본문과 같이 무령왕의 모계를 개로
왕의 부인으로 연결시킨 전승은, 무령왕의 혈통상의 문제를 해결
하고자 한 백제 왕실의 의도에서 비롯된 것일 가능성이 있다.

◦ 무령왕과 우전팔번화상경隅田八幡畵象鏡

만약 무령왕의 혈연관계에 대한 『일본서기』의 기록이 없었다면, 그는 『삼국사기』에 기록된 대로, 자기의 동생인 동성왕의 둘째 아들로만 전해졌을 것이다. 무령왕의 출생 과정에 대한 기록이 『일본서기』에 남게 된 것은, 이 시기의 백제와 왜가 밀접한 관계를 유지하였기 때문이다. 특히 무령왕은 백제의 어떤 왕보다 왜와 긴밀한 사이였다는 사실을 다른 자료를 통해서도 알 수 있다. 그것은 다름 아닌 일본 와카야마현 하시모토시에 있는 우전팔번궁隅田八幡宮에 전해오는 인물화상경(인물그림이 그려진 거울이라는 뜻)이다.

거울에는 테두리를 따라서 다음과 같은 48자의 명문이 있다. 글자의 해독에는 다른 견해도 있지만, 대체로 다음과 같은 내용을 읽을 수 있다.

癸未年八月, 日, 十大王年, 男弟王, 在意柴沙加宮時, 斯麻, 念長壽, 遣開中費直 穢人今州利二人等, 取(所)白上同二百旱, 作此鏡.

명문을 대강 해석해 보면, "계미년 팔월, 십대왕十大王의 재위시에, 남제왕이 의시사가궁에 있을 때, 사마가 장수를 기념하여 개중비직開中費直과 예인穢人인 금주리의 2인을 파견하였습니다. 희고 좋은 구리 2백 관으로 이 거울을 만들었습니다"가 된다. 계미년을 어느 해로 볼 것인가에 대해서도, 383년, 443년, 503년, 623년으로 보는 설이 있으며, 고고학적으로는 중국 거울의 양식과 비교하여 383년으로 보는 설과, 거울에 들어있는 여러 가지 그림들의 원본으로 생각되는 중국 거울이 일본 고분에 부장된 시기를 근거로 443년으로 보는 설 등이 제시되고 있다.

또 일십대왕의 의미는 분명하지 않으나, 남제왕은 계천이천황으로 사마는 무령왕의 이름인 사마로 볼 수 있다면, 그 제작된 시기는 503년이 된다. 아직 동성왕이 재위하고 있는 동안 사마 즉 후일의 무령왕은 남제왕(남대적왕男大迹王이라고도 함)의 장수를 기념하는 사신으로 두 사람을 당시 케이타이가 있었던 오시사카궁意柴沙加宮에 파견하여 희고 좋은 동으로 만든 이 거울을 바쳤다는 내용으로 해석할 수 있다. 다만 501년 12월에 동성왕은 백가에게 살해된 것으로 기록되어 있다.

그래서 이 화상경의 명문은 동성왕 재위 기간에 있었던 일을 전해주는 것으로, 즉 동성왕의 재위하고 있는 시기에 사마와 남제왕 사이에 긴밀한 연락과 교섭이 있었던 것으로 보인다. 그리고 무령왕이 즉위하는 과정에서 그는 왜의 남제왕과의 친분을 충분히 활용하였던 것으로 추측할 수 있다.

한편, 일본에서 구리가 본격적으로 생산되기 시작한 것은 708년이었다고 『속일본기』는 전하고 있는데, 즉 무장국武藏國에서 구리을 헌상하였기 때문에 화동和銅으로 개원한 것이 708년 정월의 일이므로, 일본에서 본격적으로 구리의 생산이 시작된 것은 화상경이 제작된 503년부터 약 200년 후의 일이다. 그때까지 일본은 구리를 주로 백제에서 공급받고 있었던 것이다.

인물화상경의 명문에 대한 해석은 아직 확정적인 것이 아니지만, 명문 속의 사마斯麻가 무령왕이라고 한다면 이 또한 백제와 왜의 관계를 전해주는 흥미 있는 동시대의 자료라고 할 수 있으며, 화상경 자체도 무령왕대에 만들어진 백제의 우수한 금속공예품 중의 하나라고 할 수 있을 것이다.

◦ 무령왕과 왜국

무령왕과 동성왕의 아버지인 곤지는 왜에서 오랫동안 체류하였다. 왕제 곤지가 왜에서 오랫동안 체류하고 또 그의 후손을 자처하는 집단이 일본열도에 남아있는 것으로 보아, 곤지야말로 이 시기에 백제와 왜의 외교관계를 지탱하는 축이었다고 생각할 수 있다. 왕자나 왕제를 왜에 파견하는 관행은 아화왕대부터 백제 멸망기까지 단속적으로 이어진다.

삼국사기에는 이 무렵 백제와 왜의 관계를 보여주는 기사가 실려있지 않으나, 일본서기에는 동성왕의 뒤를 이어 무령왕이 즉위한 사실부터 마나군麻那君과 사아군斯我君 등을 파견한 기사 등 양국의 외교관계에 대한 기록들이 남아 있다. 계체의 시대에 이르면 백제에 관한 기사는 급격히 증가한다. 백제가 상다리 하다리 사타모루의 4현을 줄 것을 청하였다는 기사를 비롯하여, 오경박사 단양이, 한고안무 등을 파견한 이야기 등이 보인다. 실제로 계체기의 내용은 대부분 한반도 특히 백제와 관련된 내용이라고 해도 과언이 아닐 정도이다. 무령왕릉의 목관으로 일본열도에서만 자생하는 금송이 사용된 것은 이러한 백제와 왜의 긴밀한 관계를 웅변하는 것이라고 할 수 있다.

무령왕대의 백제와 왜의 관계, 또 무령왕과 왜왕실 간의 관계를 분명하게 밝혀내기는 어렵지만, 단편적으로 전하는 자료들을 통해서도 어느 때보다도 긴밀한 유대관계를 유지하고 있었음을 알 수 있다. 특히 오경박사의 파견은 일본열도의 학문적 수준을 높이는 데 크게 기여하였다. 그러나 한편으로 이러한 오경박사의 파견은 백제의 일방적인 시혜 행위가 아니라, 가야지역을 중심으로 해서 신라와 대치하고 있던 백제가 왜의 병력을 이용하기 위한 외교적인 포석이었다는 점도 아울러 생각해야 할 것이다.

──────────── 참고문헌 ────────────

권오영, 『고대 동아시아 문명 교류사의 빛 무령왕릉』, 돌베개, 2005.
김현구, 『백제는 일본의 기원인가』, 창작과비평사, 2002.
박상진, 『역사가 새겨진 나무 이야기』, 김영사, 2003.
문화재관리국, 『무령왕릉발굴조사보고서』. 문화공보부, 1973.
이근우, 「百濟新撰と昆支」『古代の日本と渡來の文化』, 學生社, 1997.
大橋信彌, 『古代豪族と渡來人』, 길천홍문관, 2004.

일본 정창원에 소장된 적색 옻칠장의 비밀

연 민 수(바른역사기획단)

∘ 정창원의 유래

정창원正倉院은 일본 나라시奈良市에 있는 도다이사東大寺의 부속
건물로서 이곳에는 나라시대(710~794)를 중심으로 한 일본 고대
의 많은 유물들이 전해 내려오고 있다. 정창원이 보물창고로서 모
습을 갖추게 된 것은 8세기 중엽의 일이다. 도다이사의 대불개안
으로부터 4년이 지난 756년 5월, 쇼무聖武 천황은 56세를 일기로
세상을 떠난다. 그 49재를 맞이하여 부인인 고묘光明 황후가 천황
의 유품을 도사이사의 대불에 헌납하는데, 이것이 정창원 보물의
시작이다. 당시 고묘황후가 쇼무천황의 유품을 헌납할 때의 목록
을 작성한 헌물장獻物帳에는 물품의 종류와 수량을 기록하고 있다.
모두 5권으로 그 중에서 가장 내용이 많고 중요한 것이 국가진보
장國家珍寶帳이다. 여기에는 목록과 함께 헌납의 취지를 언급한 원
문願文이 기록되어 있고 고묘황후의 남편 쇼무천황에 대한 애절한

사모의 정이 담겨 있다. 이들 5권에 기재된 6백수십 점의 보물은 정창원 보물창고의 북창에 보관되었다. 그 후 황실에서 헌납한 물건, 또 대불개안 공양회를 비롯한 도다이사와 관련한 불구佛具, 법회 용품, 고문서 등도 추가되어 9천여 점에 달하는 방대한 규모를 갖는 정창원 보물이 형성되었던 것이다.

그 내용은 천황과 귀족의 사치품, 생활용품, 공예품, 문방사구를 비롯하여 호적대장, 세금대장, 세출세입 관련 문서, 경전을 필사하는 사경생들의 장부를 기록한 정창원문서 등 다양하며, 나라시대 문화의 화려함과 풍부함을 한눈에 보여준다. 이것은 1300년간 지하에 매장된 일이 없이 지상으로 전해진 것이라는 점에서 나라문화의 타임캡슐이라고 할만한 유물의 보고이다. 현재 매년 10월이 되면 나라국립박물관에서 정창원전이 열리는데 전시된 물품의 호화로움이 보는 이로 하여금 경탄을 자아내게 한다. 이곳에는 일본제뿐만 아니라 많은 외국산 물품이 소장되어 있다. 특히 정교하고 미적 수준이 뛰어나 높은 예술적 가치를 지닌 공예품들은 대부분 신라, 당의 물건이고, 저 멀리 동남아, 인도, 페르시아, 로마에서 만들어진 유물도 포함되어 있어 그 종류와 성격으로 말한다면 가히 세계적이라고 할 수 있다. 정창원 소장품은 시대가 지남에 따라 이런저런 이유로 출납 후 회수되지 않거나 분실된 물품도 적지 않다. 그러나 현재의 모습을 갖추게 된 것은 칙봉장 勅封藏으로 엄중히 관리하였기 때문이다.

◦ 백제 유물의 전래 시기

　다 알고 있듯이 백제와 일본은 그 어느 나라보다 깊은 유대관
계를 맺어왔다. 양국이 국교를 맺은 4세기 후반에서 백제가 멸망
하는 7세기 후반에 이르기까지 인간과 문물의 교류를 통하여 마
치 형제국과 같은 관계를 유지해왔다. 당시 문화적 선진국이었던
백제는 불교문화를 중심으로 하여 학문과 지식, 각종 기술을 일본
에 전해주고 반대로 일본은 백제가 곤경에 처했을 때 군사적으로
지원해주는 그러한 관계였다. 백제 멸망시 3만 명이 넘는 많은 병
력과 군수물자를 보내어 백제를 구원하려 했던 일본 정부의 노력
은 양국관계의 친연성을 가늠할 수 있으며, 고대 동아시아의 국제
관계 중에서도 예를 찾아보기 힘든 우호적 관계였다. 일본의 아스
카시대의 문화적 기반과 번영은 백제를 도외시하고는 생각하기
어려울 정도로 백제의 영향이 농후하였고 백제 지향적 국가체제
를 건설하려고 노력하였다. 백제 멸망 이후에 백제 왕족을 비롯한
많은 망명 세력들이 그 재능에 따라서 일본 조정과 사회에서 주
요 직책을 맡았다는 사실은 이를 뒷받침해주고 있다.
　나라시대 일본의 대외관계는 신라를 비롯한 당, 발해였기 때문
에 정창원에 이들 국가의 문물이 중심을 이루고 있는 것은 당연
하다. 그리고 이 시기는 이미 백제가 멸망하고 수십 년이 지난 뒤
라 8세기의 보물창고인 정창원에 백제 유품이 소장될 가능성은
매우 드문 것이다. 그런데 정창원에 소장된 많은 보물 중에서 지
금까지 그다지 주목하지 않은 것으로 백제관련 문서와 유물이 남
아있다. 고묘황후가 도다이사에 헌납한 장부인 국가진보장國家珍寶
帳에는 붉게 옻칠을 한 느티나무 재질의 장[赤漆槻木廚子]을 기록하

△ 덴무천황시 소장품으로 일본 정창원에 전래되는 적색 옻칠장.
백제 의자왕이 나카토미노 가마타리中臣鎌足에게 보낸 옻칠장도 이것과 같은
종류였을 것으로 보인다

고 백제 의자왕이 내대신內大臣에게 준 것이라고 설명하고 있다.
정창원 소장품 중에서 물품의 유래를 설명한 것은 불과 4점뿐으
로 특히 외국과 관련된 기록은 이것이 유일하고 이례적인 일이다.
이 장 속에는 흑백감홍색의 4종류의 바둑알과 그것을 담은 4개의

은합 그리고 기타 여러 종류의 장식용 코뿔소 뿔이 들어있었다. 또 문서목록에는 바둑알과 한 세트를 이루는 것으로 생각되는 바둑판이 기록되어 있다. '목화자단기국'이라고 불리우는 바둑판은 그 문약과 제작기법이 감홍색 바둑알과 유사하며 게다가 대국전 쌍방이 미리 정해진 화점에 두는 17개의 화점은 한국 고유의 순장바둑의 치석置石과 일치한다. 현재 이 옻칠장과 코뿔소 뿔을 제외하고는 선부 정장원에 남아있는데, 모두 백제에서 건네진 물품으로 추정된다. 정창원의 헌물장에는 물품의 보관 상태를 기록하고, 대부분 물품과 함께 그것이 들어있는 장이나 함, 자루 등을 한 세트로서 표시하고 있다. 이것들은 상당수가 외래품으로 수입될 당시의 물품의 상태를 말해주고 있다. 보관과 관리를 철저히 행했던 당시로서는 원래의 보관함과 내용물을 일부러 분리시켰을 가능성은 적기 때문이다. 정창원에는 아직도 풀지 않은 20개 묶음의 신라제 숟가락 세트가 남아 있는 것을 보면 외래품을 얼마나 소중하게 여겼으며 그 관리와 보관에 철저했는가를 보여주고 있다.

의자왕이 옻칠장을 선물했다는 내대신은 7세기 중엽 일본의 유력한 귀족이었던 나카도미노 가마타리中臣鎌足(614~669)라는 인물이다. 그는 당시 황태자였던 나카노오에中大兄 황자를 도와 권력을 전횡하고 있던 소가씨蘇我氏를 타도하고 다이카大和 개신을 이룩하여 왕족 중심의 정치체제를 구축하는 데 일등 공신이었다. 후지와라씨藤原氏로 대표되는 그의 직계 후손들은 이후 일본 고대의 최대의 씨족으로 번영하게 된다.

의자왕이 가마타리에게 선물했다는 이 옻칠장의 전래 시기는 가마타리가 권력의 핵심에 섰던 645년에서 백제가 멸망하는 660년 사이이다. 이 시기는 한반도 삼국의 긴장이 가장 고조되어 제각기 중국과 일본 등 주변 제국에 국가의 운명을 건 군사외교를

벌이던 때였다. 당시 백제의 최대 적대국인 신라는 647년에 김춘
추를 일본에 보내 대일 군사외교를 행하고 곧이어 당과의 동맹관
계도 더욱 공고히 했다. 백제 역시 군사동맹자인 일본을 의식하여
일찍부터 왕족을 중심으로 한 활발한 대일 외교를 추진하고 있었
다. 군사적 긴장이 고조되고 있을 7세기 중반에는 이미 백제 의자
왕의 아들인 풍장이 일본에 체재하면서 백제의 대일 외교를 주도
하고 있었다. 당시 일본 권력 내부의 사정을 누구보다 잘 알고 있
었던 풍장은 일본의 대외정책을 결정하는 데 중심 역할을 했던
가마타리에게 접근하여 적극적인 외교활동을 벌였을 것으로 생각
된다. 의자왕이 가마타리에게 옻칠장을 보냈다고 하면 이것은 풍
장이 본국에 보낸 정보에 의했음이 틀림없다. 그리고 이 옻칠장과
함께 정교하게 만든 바둑판과 상아제의 바둑알을 한 세트로 보내
가마타리의 환심을 사려고 한 것으로 생각된다.

　현재 정창원에는 가마타리가 백제에게서 받은 것과 동일계통으
로 보이는 옻칠장이 남아있다. 국가진보장에는 이 장을 붉은 옻칠
문양의 느티나무장으로 소개하고 덴무天武천황으로부터 후계 천
황으로 전해지면서 고켄孝謙천황 때에 도다이사 대불에 헌납한 것
으로 되어있다. 그리고 793년에 정창원 소장품의 보존 상태를 조
사했을 때의 기록문서에 덴무천황의 옻칠장을 제1 적칠능규목주
자赤漆綾槻木廚子, 가마타리의 옻칠장을 제2 적칠규목주자赤漆槻木廚子
라고 부르고 있다. 양자는 동일 계통의 물건임에 틀림 없으며 모
두가 백제에서 제작되어 하나는 가마타리에게, 또 하나는 덴무에
게 보내졌을 것으로 생각된다. 덴무가 옻칠장을 받은 시기는 의자
왕이 가마타리에 보낸 것과 같은 시점으로 보인다. 그 시기의 중
앙의 권력은 나카노오에 황자를 정점으로 하여 친동생인 오아마
大海人 황자(후에 덴무천황) 그리고 귀족으로서 가마타리가 장악하

고 있었다. 백제에서는 이들 실세 권력자들에게 백제 최고의 공예품을 보내 친백제 외교를 추진했던 것이다. 당시의 외교에는 권력의 실세를 대상으로 사적 접촉을 통한 교섭이 행해지고 있어 물품의 전래는 이러한 경로로 이루어졌다고 보인다.

◦ 어떻게 해서 정창원에 소장되었을까

그럼 어떻게 해서 의자왕이 가마타리에게 보낸 백제의 물품이 8세기의 보물창고인 정창원에 소장될 수 있었는지 자못 궁금해진다. 이를 설명하기 전에 앞서 소개한 덴무천황 소유의 옻칠장의 성격을 살펴보기로 한다. 국가진보장에는 이 옻칠장이 천무로부터 지토持統 → 몬무文武 → 겐쇼元正 → 쇼무聖武 → 고켄孝謙으로 전해지면서 고켄천황 때에 도다이사 대불에 헌납한 것으로 되어 있다. 이것은 덴무천황이 왕실의 가보로서 후계 천황에게 전한 것이다. 그런데 이 옻칠장은 단순한 가보가 아니라 덴무와 그의 부인인 지토천황의 피를 잇는 직계 왕통에게 전해지는 것으로 결정되어 있었다. 몬무 다음의 덴지계天智系인 겐메이元明천황에게 이 옻칠장이 전달되지 않은 것은 그 단적인 증거이다. 이 옻칠장의 유래를 특별히 기록한 것은 덴무·지토의 왕통을 증명하는 신기神器와 별도로 덴무·지토계임을 상징하는 가보로서 인식되었기 때문이었다. 왕실의 가보로서 옻칠장이 갖는 이러한 성격에 비추어 볼 때, 가마타리가 받은 옻칠장도 후지와라씨 가문의 가보로서 중시되었음에 틀림없다.

후지와라씨의 가보인 옻칠장과 그 안의 물품들이 어떻게 해서

쇼무천황의 유품이 되었는지 궁금해진다. 이를 추적하기 위해 후
지와라노 후히토藤原不比等의 가문에 대해 살펴보자. 후히토는 나
카토미노 가마타리中臣鎌足의 적자로 아버지의 후광에 힘입어 고위
직에 오르고 번영한다. 그는 태정관의 수반으로서 공경회의를 주
재하였다. 게다가 천황 통치 법적 근거인 다이호大寶 율령의 제정
을 주도하여 천황제 율령국가의 기본 틀을 마련한 인물이었다. 후
지와라씨의 번영에는 최고의 귀족으로서 천황가와의 외척 관계가
결정적 역할을 했다. 701년에 후히토의 딸 미야코宮子는 몬무文武
천황과 결혼하여 쇼무聖武를 낳는다. 같은 해 후히토는 후지와라
가문을 번영시킨 고묘시光明子를 낳는다. 714년 고묘시는 황태자
쇼무의 비로 간택되었다. 부부의 인연을 맺은 16세 동갑내기 2인
은 8세기 전반 나라조를 이끈 주역이다. 729년에는 왕족이 아닌
귀족 출신으로는 최초로 황후의 지위를 얻어 실질적인 정치상의
핵으로 등장한다. 고묘황후의 입지에 힘입어 후지와라가의 남자
들은 승승장구하여 남자형제 4인은 태정관의 공경으로서 정무를
주도하게 된다. 이제 후지와라 가문 내에서 고묘황후의 위상은 확
고부동하게 되고, 부친 후히토의 본가 저택을 비롯하여 막대한 부
동산과 특권을 상속받게 된다.

　그렇다면 조부 나카토미노 가마타리 이래 후지와라가의 가보로
내려오던 적색 옻칠장이 어떠한 경로로 정창원에 소장되었는가는
자명해진다. 바로 조부 가마타리에서 후히토로 상속된 것이 부친
후히토의 사후 그의 주요 재산과 함께 고묘황후에게 귀속된 것이
다. 왕실에서 조차 여성 천황이 즉위하는 사회적 분위기 속에서
천황 부인의 신분으로 후지와라가의 가보를 고묘황후가 소유하게
되었을 것임은 추측하기 어렵지 않다. 아울러 옻칠장 속에 들어있
던 바둑은 그녀의 남편 쇼무천황의 유희구로 애용되다가 쇼무의

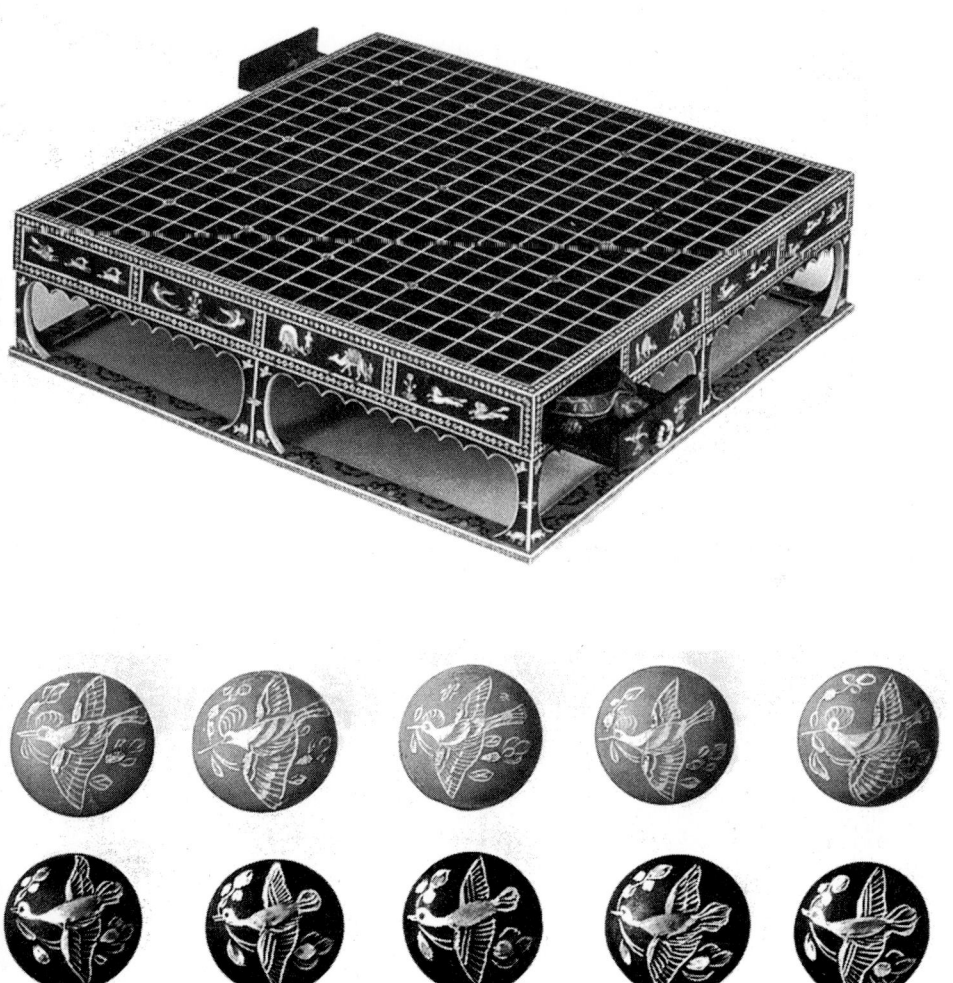

△ 백제의 의자왕이 아스카시대의 귀족 나카토미노 가마타리中臣鎌足에게 선물했다고 전
  하는 바둑판과 바둑알(정창원 보물). 정교하게 조각된 감·홍색의 바둑알이 눈에 띈다.
  바둑알은 흑백이 1조로 300개이고, 감색과 홍색이 각각 120개, 132개 있다.

사후 49재를 맞이하여 성대한 법회를 치른 후 고묘황후에 의해 도다이사 대불에 헌납되었던 것이다.

국가진보장에 기록된 헌납물의 기재 순서는 곧 물품의 중요도를 반영한다고 한다. 수많은 헌납물 중에서 제일 먼저 기재된 것은 가사이다. 이것은 법의法衣로서 세속적 물품에 비해서 존숭해야 할 물품이기 때문에 처음에 기재한 것으로 생각된다. 그 다음이 덴무천황 이래로 내려오는 옻칠장과 그 속에 들어있는 물품, 그 다음이 가마타리가 백제로부터 받아 후지와라씨의 가보였던 옻칠장과 부속유품이다. 법의인 가사를 제외하면 기재 순위의 1, 2위는 백제로부터 전해진 옻칠장임을 알 수 있다.

◦ 백제 공예 기술의 높은 미의식

천황과 귀족의 가보로서 중시되었던 백제에서 만든 옻칠장은 어떠한 모습이었는지 살펴보자. 현존하는 덴무천황 소유의 옻칠장을 통해서 추정해 보기로 하자. 크기는 높이 1m, 가로폭 0.87m, 세로폭 0.45m이고, 좌우 여닫이문으로 내부는 2개의 선반을 받쳐 3단으로 되어 있다. 앞면 중앙에는 금동제 열쇠와 자물쇠를 부착하고 이음새와 모서리에도 금속제를 부착하여 고정시켰다. 나뭇결이 드러나는 느티나무에 소방蘇芳을 염료로 하여 자홍색으로 물들이고 그 위에 생칠을 하여 완성했다. 목재의 표면재질을 투시할 수 있는 기법으로 자연미와 아름다움을 그대로 표현한 백제 공인의 높은 미의식을 잘 보여준다.

다음은 가마타리의 옻칠장에 소장되어 있던 상아제의 바둑알을 보자. 상아의 표면에 각각 감색과 홍색의 염료로 물들인 후 표면을 조각해서 상아의 원 바탕이 드러나게 하는 발루撥鏤 기법이다. 바둑알 양면에는 꽃을 문 새 문양花喰鳥文樣을 새기고 문양에는 부분적으로 채색한 곳도 있다. 홍색 바둑알의 새의 두부에 깃털 모양의 관을 새기고 날개와 꽃가지의 일부에는 녹색으로 채색했다. 감색 바둑알에는 새의 머리 관이 없고 몸통과 꽃가지 일부에 채색하고 있다. 이러한 기법을 서역의 영향을 받아 중국을 거쳐 들여온 것으로 보인다. 가히 예술적이라 할 정도로 백제 공예 기술의 정교함을 다시 한 번 보여주고 있다. 이외에도 석영제의 백색 바둑알과 사문암제의 흑색 바둑알이 있다. 원래 4개의 은합에 600개의 바둑알이 있었던 것으로 보아 300개가 한 세트였던 것으로 생각된다. 현재 정창원 보고에는 감홍색이 각각 120개, 132개가 있고, 흑백색이 각각 119개, 145개가 남아 있다.

정창원에는 3개의 바둑판이 남아 있다. 이 중에서 상아제의 바둑알과 한 세트로 보이는 목화자단기국木畵紫檀棊局이 가장 정교하다. 재질은 인도, 스리랑카 원산의 자단으로 다양한 문양을 모자이크하여 장식하였다. 바둑판 표면의 계선界線은 상아이고, 포석의 중심점을 나타내는 꽃모양의 별은 오늘날과 달리 17개로 되어있다. 각 측면과 기저부에는 상아로 인물, 다양한 동식물로 장식하였다. 특히 낙타를 끄는 호인胡人의 모습도 보이며 기린을 타고 사슴 등을 사냥하는 광경, 앵무새·꿩을 비롯한 조류, 꽃문양 등 다양하다. 이국적인 모습이 농후하지만 오히려 이러한 이국풍이야말로 희귀적 가치를 발하고 신비적 분위기를 감돌게 하여 물품의 품격을 한층 높이는 의도된 도안이었다고 할 수 있다. 요컨대 백제의 선진기술과 문화를 한껏 뽐내고 일본의 지배층으로 하여금 감동을 자아내기 위한 것이었다.

바둑은 백제에서 유행하던 놀이문화로서 왕, 귀족으로부터 백
성에 이르기까지 많은 사람들이 즐겼던 것으로 전해진다. 『삼국
사기』 백제본기 개로왕조에는 고구려 장수왕이 승려 도림을 첩자
로 백제에 파견하는데, 이때 개로왕이 바둑을 좋아함을 알고 접근
하니 왕이 상객으로 대접했다고 한다. 이어 도림은 고단수의 바둑
으로 개로왕의 마음을 사로잡고 나중에는 많은 토목공사를 일으
키게 하여, 백제의 국력을 쇠잔케 함으로써 고구려의 공격을 받아
패망에 이르게 했다고 한다.

외교의 성공은 정책 결정권자의 마음을 움직이는 데 있다. 인간
은 이성보다 종종 감성에 의해 좌우되는 경우가 많기 때문이다.
백제 의자왕이 당시 최고의 권신 가마타리에게 보낸 바둑은 일본
조정에 화제가 되었음을 말할 나위 없다. 일본에 체류하고 있던
의자왕의 아들 풍장은 가마타리와 종종 대국하며 친밀감을 더했
을 것이고 바둑을 통한 양국의 친연성을 깊게 했을 것이다. 그렇
다면 옻칠장 속에 담긴 바둑은 바로 백제가 고안해 낸 외교적 산
출물이자 대일 외교의 상징인 것이다.

─────────────── 참고문헌 ───────────────

연민수, 「日本 正倉院의 백제유물과 그 역사적 성격」 『국사관논총』 108,
　　2006.
關根眞隆, 『天平美術への招待』, 吉川弘文館, 1989.
關根眞隆, 『正倉院』(名寶日本の美術), 至文堂, 1982.
東野治之, 『正倉院』, 岩波新書, 1988.
米田雄介・木村法光, 『正倉院の迷を解く』, 每日新聞社, 2001.
後藤四郎, 「國家珍寶帳に關する若干の考察」 『日本歷史』 397, 1981.
和田軍一, 「正倉院の勅封」 『大和文化』 11, 1963.
松島順正, 「獻物帳所載の御物と現存品について」 『書陵部紀要』 7, 1956.

정창원의 매신라물해는 무엇을 말해 주는가

김 은 숙(한국교원대학교)

◦ 정창원의 수하미인도

매년 가을 일본 나라奈良국립박물관에서는 정창원 특별전을 연다. 나라 도다이사東大寺의 정창원에서 소장하고 있는 유물을 전시하는데, 매해 새로 출품되는 유물들이 있다. 따라서 일본사 연구자 중에는 매년 가을이면 나라에 가는 사람들이 상당수 있다.

나라시대의 대표적 그림으로 교과서나 개설서에 실려있는 수하미인도도 정창원에 소장되어 있다. 이 그림은 정창원의 보물 30선에 뽑힐 정도로 정창원의 소장품 중에서도 매우 중요한 유물이다. 이 그림은 모두 6종이 존재하는데, 나무 밑에 서 있거나 돌 위에 앉아 있는 여인을 그리고 있어 수하미인도樹下美人圖라고 부른다. 수하미인도의 여인은 모두 뚜렷한 곡선의 눈썹, 작은 입, 둥그렇고 통통한 얼굴에 풍만한 몸집이다. 인도나 당나라의 수하미인도와 비슷하다. 그런데 자세히 보면 여인들의 머리와 옷, 나무, 돌

등에 새털鳥毛을 붙쳐서 그림을 완성하였음을 알 수 있다. 원래 이 그림들은 6폭 병풍의 그림이었다. 756년 쇼무천황의 49재 날에 고묘황후가 남편이 아끼던 물건을 도다이사에 헌납하였는데, 헌납한 물건 목록을 기록한 국가진보장國家珍寶帳에 토리게리츠죠 병풍鳥毛立女屛風이 보인다. 이 6폭 병풍은 쇼무천황이 생전에 아끼던 물건이었으므로 당연히 쇼무천황이 사망한 756년 5월 이전에 제작된 것이다.

그런데 이 병풍이 더욱 주목을 끌게 되는 것은 배면지로 이용된 문서 때문이었다. 병풍을 수리하기 위해 해체하는 과정에서 나온 문서들은 매신라물해買新羅物解로 불리며 8세기 신라와 일본의 관계를 말해주는 1차 사료로 중시되었다. 과연 이 문서들은 어떤 사실을 말해주고 있는가?

◦ 도리게리츠죠병풍과 매신라물해買新羅物解

현존하는 도리게리츠죠 병풍의 다섯 번째 그림 배면지에 매신라물해가 사용되었다는 것이 밝혀진 것은 메이지 말기였다. 1892년부터 1904년, 궁내성에 설치된 정창원 사무실에서 이 병풍을 해체하여 수리하는 일을 담당하던 미조구치 테이지로가 다섯 번째 폭의 배면지에 덴표쇼호天平勝寶 4년(752)의 문서가 사용되었음을 발견하여 1912년 그 사실을 발표하였다. 그 후 1929년에 간행된『정창원어물도록』2에는 그 그림과 문서의 단편이 소개되었다. 그 문서는 총 5종류로 다음과 같은 내용이다.

1. 念物黃金
   價絲壹伯斤　　　綿
   　　　　天平勝寶四年六月二十六日從□位上行少書吏丹比連□
   正六位上行家令大田臣廣人　　　　　　　　正六位下行□從秦伊美□

2. □伊勢連大津解
3. 價□
4. 價肆□
5. 白靑
   □黃

위 문서 중에서 비교적 내용을 알 수 있는 첫 번째 문서는 덴표쇼호 4년(752) 6월 26일 염물인 황금을 구입하기 위해 귀족의 가령家令이 일본 조정에 제출한 문서였다. 위 문서에서 '염물'이라는 말이 보이는데, 이는 교역물 또는 교역을 희망하는 물건이라는 뜻이다. 나머지 문서는 극히 일부분만 남아 있지만 비슷한 성격의 문서였을 것으로 추측된다.

토노東野治之는 위의 「도리게이츠죠 병풍」의 배면지로 사용된 5종의 문서와 비슷한 내용의 문서를 21종 확인하였다. 『대일본고문서』에 「매물신청장」 혹은 매신라물해 등의 명칭으로 수록되어 있는, 정창원과 손케이가쿠문고尊經閣文庫 소장 문서 16종과 『속속집』에 수록된 문서 5종이 그것이다.

그는 도리게이츠죠 병풍의 하첩문서 5종을 제외한 나머지 문서들도 병풍의 배면지로 이용되었던 것인데, 에도江戶시대 겐로쿠元祿 6년과 덴포天保 4년에 도리게리츠죠 병풍을 수리할 때 발견되어 병풍에서 분리되었을 것으로 추측하였다. 이 문서들은 다른 문서들과 함께 보관되었다가 1874년 이후의 시기에 도쿄의 아사쿠사문고淺草文庫에서 정창원 고문서를 정리할 때에 『속수후집』에 수록되었다. 아사쿠사문고의 정리 과정에서 일부 유출된 문서가 있었는데 이들 문서는 1882년 이전에 마에다가前田家에 들어가 종경각문고로 정리되었을 것으로 추측하였다. 위에서 소개한 5종의 문서 단편은 병풍에서 분리되지 않고 뒷면에 남아 있다가 메이지 시대에 가서야 그 존재가 알려졌던 것이다.

위의 26종의 문서 이외에 최근에 미나가와 皆川完一가 도쿄대학 사료편찬소의 영사본『미나가와문서並川文書』1에 게재된『센코이쿄千古遺響』이라는 책에 실린 4종의 매신라물해를 소개하였다. 이 문서는 겐로쿠 6년에 도리게리츠죠 병풍을 수리할 때에 병풍에서 분리한 문서를 나미가와 텐민並川天民이 베낀 것이라고 한다. 따라서 지금까지 매신라물해는 모두 30종의 문서가 알려져 있다.

도리게리츠죠 병풍의 배면지로 이용된 이들 문서들을 일본 학계에서는 매신라물해로 부른다. 게解는 상급 관청에 보내는 문서를 가리키는 말로, 매신라물해는 일본의 귀족이나 귀족의 대리인이 「신라물」을 사기 위해 일본 정부에 제출한 문서라는 뜻으로 사용하고 있다. 30종의 문서 중에서 신라물을 사기 위한 게解임을을 명기하고 있는 것은 존경각 소장의 문서 1종에 불과하지만, 다른 문서의 내용들도 신라물을 사기 위해 일본 정부에 제출한 문서로 추정되기 때문이다.

◦ 매신라물해와 신라의 대외무역

매신라물해가 특히 우리에게 의미가 있는 것은 8세기 신라의 대외무역에 대해 많은 것을 말해주고 있기 때문이다.

매신라물해는 무역하기 전에 구입 예정 품목과 가격을 적어 담당관청에 제출한 것이다. 매신라물해가 어디에 제출되었는지는 이들 문서를 통해서는 알 수 없지만, 요로료養老令의 직원령에서는 내장료가 외국과의 교역을 담당하도록 되어 있다. 『속일본후기』나 『일본삼대실록』에 의하면 9세기에 외국과의 교역을 담당한 관사도 내장료였다. 따라서 매신라물해는 내장료에 제출된 것으로 보인다. 그러니 『엔기시키延喜式』에 의하면 내장료와 함께 대장성도 무역을 관리하고 있었으므로 대장성에 매신라물해가 제출되었을 가능성도 있다.

매신라물해에는 이를 제출한 사람의 이름이 보이는데, 5위 이상의 귀족이나 귀족의 가래이家令, 대리인들이었다. 8세기에 5위 이상의 관인은 약 100명 정도였는데, 신라물을 매입할 수 있도록 허가받은 사람들이었다.

매신라물해에는 구입 희망 품목과 함께 대가를 얼마나 지불할 것인지를 적고 있다. 예를 들어 덴표쇼호 4년 6월 15일자 문서에서는 금, 소방蘇芳, 거울을 사기 위해 풀솜綿 610근을 지불하겠다고 신청하고 있다. 구입하기를 바라는 품목과 전체 가격을 제시하고 있으므로, 수량이나 각각의 가격은 알 수 없다. 아마도 제시하는 가격에 맞추어 적당한 수량을 달라는 의미일 것이다.

제출된 매신라물해에 대해 대장료나 내장료는 즉각 조처를 취하고 있음을 알 수 있다. 즉, 6월 23일 제출된 문서의 마지막 부분에 "6월 24일 감정"이라고 적어 넣은 것이 있는데, 이는 대장료나 내장료에서 매신라물해를 검토하여 무역에 대한 허가를 내렸음을 말해준다.

지금 남아 있는 매신라물해는 752년에 제출한 문서 중에서 일부가 남아있는 것이다. 그러나 다양한 신라 무역품의 품목이 등장하여 당시 일본 귀족들이 구입하기를 원하였던 신라의 물품이 어떤 것이었는지를 알 수 있다. 향료, 약재, 안료, 염료, 금속, 기물 집기, 불교용구, 화장품, 섬유제품, 잣, 가죽 등 100여종 200점 가량의 물품이 있다.

이들 물품 중에서 향료와 약재, 염료 등은 대부분 신라에서 생산되는 것이 아니었을 것으로 여겨지고 있다. 위에 열거한 향료는 중국 남부와 서부, 동남아시아, 인도, 아라비아 등에서 생산되는 것이고 약재도 중국 남부, 동남아시아, 서역, 인도 등에서 생산되는 것이다. 염료 중에서 소방은 타이와 버마 등에서 생산되는 것이다. 이들 상품은 신라 상인이 당에서 구입한 것을 다시 일본에 수출한 것이다. 신라가 중계무역을 하였음을 알 수 있다. 『일본서기』에 의하면 680년대에 신라가 앵무, 낙타 등의 동물과 진기한 품물을 일본에 보내고 있는데, 이는 신라가 이미 7세기 후반에도 중계무역을 하고 있었음을 말해준다. 위의 물품 중에서 금속, 기물 집기, 숙포, 가죽제품, 꿀 등은 대부분 신라에서 생산된 것이다. 황금이나 사발, 양탄자, 인삼, 잣 등은 신라의 특산품으로 유명하였다.

∘ 752년 신라 사신의 일본 파견

그렇다면 당시 귀족들이 매입하고자 하였던 신라물은 과연 어떤 과정을 통해 들어온 것이었을까? 현존하는 '바이시라기모츠케' 중에 가장 빠른 것은 752년 6월 15일자의 것이고 가장 늦은 것은 7월 8일자의 것이다.

『속일본기』에 의하면 이 시기는 신라 사신이 평성경에 와 있었던 시기이다. 752년 윤3월 22일 신라 왕자 김태렴 등 700여 명이 7척의 배에 타고 일본 큐슈의 다자이후에 도착하였다. 김태렴 일행은 6월 14일에는 헤이죠경에서 고겐천황에게 조調를 바치고 상주하였다.

6월 17일에 고겐천황은 조당에서 신라 사신들을 위한 환영연회를 베풀었다. 천황이 베푸는 연회에는 5위 이상의 관인들이 참가하였는데, 고겐천황은 이 연회에 참석한 관인들에게 신라물을 사도록 권장하였을 것이다. 6월 22일 김태렴 일행은 다이안사大安寺와 도다이사東大寺에 가서 부처에게 예배를 드리고 가지고 온 법화경, 범강경, 두타경을 바쳤다. 7월 24일에는 고겐천황이 김태렴 일행이 머무르고 있던 나니와難波의 객관에 사신을 파견하여 선물과 술과 안주를 보내 연회를 베풀었다. 이 연회가 끝난 후 얼마 안 되어 김태렴 등은 신라로 출발하였을 것이다.

이상이 『속일본기』에 보이는 752년의 신라 사신에 관한 기사다. 그러면 경덕왕이 752년에 파견한 김태렴의 사행 목적은 무엇이었을까? 경덕왕대의 신라와 일본의 관계는 전반적으로 원활하지 못 하였다. 7세기 후반의 백제, 고구려의 멸망이라는 동아시아의 대전환기에 일본 지배층은 율령국가를 만들어 국내의 동요를 막아보고자 하였다. 7세기 후반 일본 조정은 백제 부흥운동에 원병을 보냈다가 신라와 당에게 패배하였다. 백제, 고구려의 유민들이 일본으로 건너가 율령국가의 형성 과정에 중요한 역할을 하면서 자연스럽게 반신라적인 풍조가 지배층에 퍼졌다. 이러한 배경 하에 지배층은 일본 조정에서 이루어지는 신라 사신 접대 의례를 통해 신라에 대한 외교 형식 상 우위를 확보함으로써 천황의 권위를 높이고자 하였다. 한편, 일본에서 파견된 사신도 신라 조정의 사신접대의례에 참가하였으므로 신라 조정에서도 일본에 대한 우위를 확보할 수 있었다고 할 수 있다. 이는 신라와 일본 모두 자국의 사신들이 상대국의 사신 접대의례에 대해 적당히 타협하도록 재량권을 주어 양국관계를 유지한 것이었다.

그러나 742년 경덕왕이 즉위한 직후에 쇼무천황이 파견한 사신을 『삼국사기』에서는 "받아들이지 않았다"고 적고 있다. 이는 일본 사신이 신라 조정의 사신 접대의례를 거부하였기 때문에 돌려보낸 것이다. 경덕왕은 743년에 김서정을 일본에 파견하였다. 김서정은 신라 조정이 일본 조정에 보낸 물건을 가지고 가서는 그 물건에 대해 조라는 말 대신 토모土毛라는 말을 썼고, 그 이유 때문에 다자이후에서 돌아와야 했다. 신라 측에서 조라는 말 대신에 토모를 쓴 이유는 일본 조정에서 조를 조공품이라는 의미로 사용하고 있다는 점을 알고 있었기 때문이었다. 김서정도 일본 조정의 사신 접대의례를 거부한 것이다. 일본과 신라는 외교 형식 문제로 갈등이 계속되었고, 이러한 양국 간의 갈등을 계기로 일본은 746년에 국방 체제를 강화하기도 하였다.

양국 간의 관계 개선의 움직임은 일본에서 749년 고겐천황이 즉위한 후에 일어났다. 『속일본기』에서는 752년 1월 일본은 신라에 사신을 파견하였다고 한다. 그리고 그해 윤3월 신라는 왕자 김태렴을 비롯한 대규모 사신단을 파견하였다. 아버지 쇼무천황의 도다이사 대불 조성 사업을 이어받은 고겐천황은 752년 4월에 거행할 예정인 대대적인 도다이사 대불개인 의식을 준비하면서 신라 사신을 초청한 것이다. 경덕왕도 발해와 대립하고 있던 정세를 고려하여 고겐천황의 초청에 응해 대불 완성을 축하하는 사신단을 보내기로 하였을 것이다. 사신 370여 명은 그 어느 때보다 큰 규모의 사신단이었는데, 여기에 신라의 많은 귀족이나 거상들이 관광과 무역을 위해 참가하고자 하여 결국 700여 명의 대규모 사절단이 되었다. 경덕왕은 대규모 사절단과 많은 무역품을 일본에 보냄으로써 신라의 번영을 일본에 보여주고자 하였을 것이다.

◦ 신라사 김태렴의 태도와 사무역

경덕왕이 보낸 사신 김태렴이 일본 조정에서 한 언행은 『속일본기』에 비교적 상세히 전하고 있다. 그는 752년 6월 14일 평성궁에서 고겐천황을 배알하였을 때 김태렴은 조를 바치고 신라 국왕의 말을 전하였다고 한다.

"신라는 옛부터 끊임없이 배를 보내 일본에 봉사해왔습니다. 이번에 신라 왕이 직접 일본에 가서 조를 바쳐야 마땅합니다. 그러나 하루라도 왕이 없으면 나라가 어지러워지므로, 왕자 대아찬 김태렴을 파견하여 370여 명을 이끌고 가서 조를 바치도록 하겠습니다."

여기에서 김태렴은 신라왕이 일본에 조를 바치는 나라임을 인정한 것처럼 말하고 있다. 따라서 신라 조정이 일본, 발해의 협격을 우려하여 일본의 외교 형식에 맞춰 조공한 것으로 보는 견해가 있다. 그러나 753년 정월 당조정의 신년 축하 의식에 참석한 일본의 견당사는 신라에서 파견된 사신과 자리 순서를 놓고 싸움을 벌였고, 753년 2월 견신라사로 임명된 오노노아손小野朝臣田守은 그해 8월 신라 조정으로부터 '오만하고 무례하다'는 이유로 돌려보내졌다. 1년도 안 되어 갑자기 신라 조정이 일본에 대한 외교 형식을 바꾸게 할 만한 상황이 만들어졌다고는 볼 수 없다. 이는 신라조정의 대일 외교 자세는 김태렴 파견 이전과 변함이 없었음을 말해준다.

그런데『속일본기』에 보이는 김태렴이 전한 신라왕의 말이나 일본 조정에서의 김태렴의 태도에는 일본에 영합하는 모습이 보인다. 그렇다면 김태렴이 일본 조정에서 취한 모든 태도는 신라 조정의 대일 외교의 원칙과 다른 것이었음을 시사한다. 김태렴이 전한 신라 국왕의 말도 김태렴이 지어낸 말일 가능성이 매우 크다.

그러나 김태렴이 신라왕의 말이라면서 전한 말을 들은 고겐천황은 "신라국은 예부터 세세 끊임없이 일본에 봉사해왔다. 지금 왕자 태렴을 보내서 입조시키고 조를 바쳤다. 왕의 충성을 짐은 매우 기쁘게 생각한다. 앞으로도 잘 보살피겠다"라고 하였다. 이에 대해 김태렴은 다시 상주하였다. "모든 천하는 왕의 토지가 아닌 것이 없고, 육지가 계속되는 곳에는 왕의 신하가 아닌 사람이 없습니다. 다행스럽게도 태렴은 성인이신 천황에게 봉사할 수 있어 매우 기쁩니다. 제가 개인적으로 우리나라의 특산물을 가져왔으니 별 것 아니지만 삼가 바칩니다."

김태렴이 고겐천황에게 바쳤다고 하는 조나 개인적으로 바친다는 특산물의 품목도 매신라물해에 나오는 신라물과 비슷하였을 가능성이 크다. 일본 조정은 신라 사신이 가지고 온 조를 받아 우선적으로 신라물을 확보한 것이다. 그리고 이에 대한 대가로 김태렴 일행이 귀국할 때에 일본의 물품을 선물로 주었던 것이다.

『속일본기』에는 이 기사 뒤에 고겐천황이 "김태렴이 상주하는 것을 들어주도록 하라" 하는 조서를 내렸다고 한다. 김태렴이 고겐천황에게 아첨하는 말을 한 목적이 무엇이었는지 알 수 있다. 김태렴은 신라 국왕이 보내는 물건을 조라고 칭하면서 고겐천황에게 바치고, 개인적으로 선물을 바치면서 교역을 허락해주기를 요청하였던 것이다. 매신라물해의 날짜를 본다면 김태렴 등이 고

겐천황을 만나 '조'를 바친 다음 날부터 대장성나 내장료에 관리
들의 구입 요청서가 접수되었음을 알 수 있다. 고겐천황은 김태렴
의 조를 받은 후 사무역을 허락하여 귀족들에게 신라물을 살 수
있는 특혜를 주었다고 할 수 있다. 이날의 접견으로 김태렴은 신
라의 교역물을 팔 수 있는 허가를 받아낸 것이었다. 고겐천황은
김태렴 등에게 관위까지 수여하였다.

◦신라와 일본의 외교적 갈등과 신라 상인의 등장

김태렴은 일본 측에 영합적인 태도를 보여줌으로써 사무역에
성공하였지만, 일본 조정의 오해를 불러일으켰다. 고겐천황 조정
은 김태렴의 말만 믿고 신라 조정이 일본 우위의 외교 형식을 인
정하였다고 착각하였다.

고겐천황은 752년 6월 17일 신라 사신을 위해 베푼 환영 연회
에서 다음과 같이 말하였다. "앞으로는 국왕이 친히 와서 상주하
거나 만약 다른 사람을 파견하여 입조하도록 할 때에는 반드시
국서를 가져오도록 하라"라고 하였다. 신라 왕이 직접 조공하도록
요구하면서 사신을 보낼 경우에는 조공국임을 인정하는 형식의
국서를 가지고 오도록 요구하고 있는 것이다. 이러한 요구는 신라
조정에서 받아들일 리 없으리라는 것은 그 누구보다 김태렴이 잘
알고 있었을 것이다.

김태렴이 신라로 돌아간 후 일본 조정에서의 언행 때문에 추궁
을 받은 것 같지는 않다. 신라나 일본의 사신들은 사행 목적을 달
성하기 위해 재량권을 발휘하였는데 일본 조정에서의 김태렴의

언행도 재량권의 범위에 속하는 것이었다. 그리고 김태렴은 신라로 돌아가 사행에 관한 보고를 할 때 일본 조정의 강경한 태도에 대해서만 전달하였던 듯하다.

김태렴의 귀국 후 양국 관계는 오히려 악화되었고, 758년에 일본은 발해의 신라 공격 계획에 가담하기까지 하였다. 조공국임을 인정하는 국서 등을 요구하는 일본 측과 외교 형식 문제로 계속 갈등을 일으키던 신라는 779년을 마지막으로 사신 파견을 중지한다. 그러나 일본 지배층을 대상으로 하는 사무역은 8세기 후반부터 발달하여 9세기 전반에는 신라 상인이 일본을 빈번히 왕래하게 된다. 752년의 매신라물해를 통해 확인할 수 있는 일본 귀족들의 신라물 구입 욕구는 계속되었다고 할 수 있다.

─────────────── 참고문헌 ───────────────

김은숙, 「8세기의 신라와 일본의 관계」『국사관논총』29, 1991.
윤선태, 「752년 신라의 대일교역과 「바이시라기모쯔게買新羅物解」『역사와 현실』24, 1997.
李成市, 「752年の交易の性格」『東アジアの王權と交易』, 靑木書店, 1997.
東野治之, 「鳥毛立女屛風下貼文書の硏究─買新羅物解の基礎的硏究」『正倉院文書と木簡の硏究』, 塙書房, 1977.
皆川完一, 「買新羅物解拾遺」『正倉院文書硏究』, 1994.
長澤和俊, 『正倉院の至寶』, 靑春出版社, 2003.

고대 한일 지역 간의 항로

윤 명 철(동국대학교)

○ 역동하는 한일 해양 교류

동아시아는 지리적으로나 역사적으로 해양과 밀접한 관련이 있다. 모든 나라는 대륙과 한반도, 일본열도 및 여러 섬들에 둘러싸인 황해·남해·동해·동중국해 등을 포함하고 있다. 완전한 의미의 지중해는 아니지만 바로 나라와 나라가 만나는 다국간 지중해의 형태로써 모든 나라들을 연결시키고 있다. 이른바 동아지중해(EastAsian-mediterranean-sea)이다. 이 동아지중해에서 우리는 해양력을 바탕으로 선사시대부터 일본열도로 건너가 땅을 개척하고 점차 식민(settlement)하며 곳곳에 소국가들을 세웠다.

선사시대에는 약 6000~7000년 전을 전후로 한 시기에 이미 바다를 건너 한·일 양 지역 간의 교섭과 교역이 있었고. 일본열도에는 야요이시대 이후에 외부에서 집단 이주민이 들어와 정치적인 집단을 구축하였다. 이때 집단 이주는 두 가지 형태를 띄었다.

하나는 자연발생적으로 이루어지는 개별적인 이주 형태이고, 다른 하나는 시간상의 차이를 둔 파상적인 이동이 아니라 한륙도韓陸島의 정치현실과 밀접한 관련을 맺는 조직적이고도 지속적인 이동과 진출이었다. 『한서』나 『삼국지』 등 중국사서에 등장하는 소국들은 대체로 이런 과정을 거쳐 세워진 나라들이다.

역사시대에 이르면 가야 백제 신라 등이 활발하게 진출하였으며, 고구려도 머나먼 동해를 건너갔다. 본격적으로 국가 간의 경쟁을 벌이면서, 그 일환으로 일본열도에 조직적으로 진출하거나 영향력을 강화시키려 한 것이다. 동아시아 역사에서 가장 역동적이었던 이 진출과 개척사업은 마치 그리스인들이 배를 타고 지중해의 연안을 따라가거나 바다를 건너 교역을 하면서 점차 식민지를 세우고, 도시국가(polise)들을 건설하는 것과 동일한 형태이었다. 후에는 발해가 역시 동해를 건너다니면서 일본과 활발한 교류를 맺었다.

그러므로 한일 양 지역의 관계는 일반적인 국가와 국가, 혹은 지역과 지역의 관계로 파악해서는 이해하기 어렵다. 일본열도는 동아시아에서 고립된 변방에 지나지 않았고, 해양을 매개로 한반도에만 연결이 가능했기 때문이다. 또한 교섭을 가능하게 한 해양조건이 매우 복잡했기 때문이다. 지역에 따라, 즉 진출하는 정치세력들이 택하는 해양 루트에 따라 한일 고대사의 정치관계가 영향을 받았다.

○ 해양 문화의 특성

선사시대와 고대에는 지역 간의 교류가 반드시 일정한 장소에서, 일정한 시기에, 그것도 일정한 형태로 만들어질 수밖에 없다. 해양 교류를 하는데 필수적인 항해술과 조선술이 발달하지 못했기 때문에 자연환경에 직접적으로 영향을 받았다.

· 해류

동아시아의 해양은 쿠로시오黑潮의 범위대에 속한다. 중국 연안에서 일본 전역에 걸쳐 중요한 영향을 미치는 난류계이다. 해류의 유속은 계절과 지역에 따라 약간의 차이가 있으나 평균 1노트 내외이며, 방향은 항상 북동으로 향하는 항류恒流이다. 해류가 북동 방향으로 진행하는 것은 이 지역 항해의 기본 방향을 북동향으로 결정짓는다. 한편, 이 해류에서 갈라져 황해 중앙부로 북상하는 것과, 동계에 발해 및 북해 북부에서 기원하여 중국대륙 연안을 따라 남하하여 남중국해 방면으로 사라지는 해류가 있다.

· 조류

지역 간의 교섭에 결정적 영향을 끼친 것 가운데 하나는 조류이다. 조류의 흐름은 항해에 매우 큰 영향을 끼치며, 특히 협수로의 경우이거나 연안항해인 경우에는 그 영향력이 더욱 증폭된다. 따라서 각 해역마다 조류를 포함한 물길에 익숙한 집단이 해상권을 장악하고 세력화한다. 선사시대와 고대에는 집단분포의 흔적이 주로 해안 근처에서 발견된다.

· 바람

동아시아 해역의 바람은 계절에 따라 일정한 방향성을 가지고 있기 때문에 항해에 많은 영향을 끼친다. 늦봄에서 초여름에는 풍력風力이 약하고 남풍 계열의 바람이 분다. 반면에 서북풍이 주풍主風인 북풍 계열의 바람은 9월 하순부터 시작하여 11월에 최강이 되고, 다음해 3월까지 계속된다.

그러므로 봄에서 여름에 걸쳐 부는 남풍 계열의 바람은 중국 남부 해안과 한반도 혹은 일본열도의 교류를 가능하게 한다. 반면에 가을에서 겨울에 걸쳐 부는 북풍 계열의 바람은 한반도 북부와 중국의 중부 혹은 남부 해안의 교류를 가능하게 한다. 한편, 남풍 계열의 바람은 일본열도에서 한반도로의 교류, 북풍계열의 바람은 한반도에서 일본열도의 남부와 서부해안의 교섭을 가능하게 한다.

이러한 해양 환경은 문화가 만들어지는 틀과 성격에 영향을 준다. 교통로의 선택과 확보가 가능하고 진출의 시기와 장소·성격 등이 결정되기 때문이다. 또한 해양거점을 중심으로 형성된 정치 세력은 교역의 중개지 역할은 물론 교역의 성격, 교역로, 교역품 등의 관리 및 통제기능을 한다. 때로는 국가 간의 정치교섭에 마저 영향력을 행사할 수 있다. 한반도 내에서 몇몇 알려진 특정한 곳을 중심으로 외래문화들을 받아들이고, 꼭 지정된 지역에서만이 외국으로 출발할 수 있는 것은 이러한 해양적 조건에 맞추어야 하기 때문이다. 일본의 국가 기원을 설명한 신화가 복잡하고, 고분 등 유적 분포지가 지역화된 것도 해양 문제, 특히 항로와 깊은 관련이 있다.

◦ 한일 지역 간의 항로

· 항로의 설정

전근대 시대에 동아지중해의 각 국가들이 각 지역 간의 교류에서 사용됐던 항로를 설정하는 데에는 몇 가지 유의사항이 있다. 첫째, 수도나 큰 노시에서 출빌할 경우에 항로는 대부분 강 하구나 포구를 통해서 바다로 나간 다음에 출발한다. 때문에 출발지인 하항河港도시나 해항海港도시와 실제로 먼 바다로 출발하는 항구는 꼭 동일하지는 않다. 둘째, 항로를 정확히 파악해야 교섭의 성격을 이해할 수 있다. 또한 사신들에 의한 공식적인 항로뿐 만 아니라 교역선 혹은 민간인들에 의한 항로도 있다. 이러한 몇 가지 성격들과 현실적인 어려움을 전제로 하면서 각 국가들이 사용한 다양한 항로들을 살펴보아야 한다.

남해 동부—대마도 경유— 큐슈 북부 항로

일반적으로 낙동강 하구지역이 고대 대왜 항로의 기점인 것으로 인식하고 있다. 대마도와 거리가 가장 가깝고 시인거리 안에 있으므로 물표의 확인이 가능하고, 심리적인 안정감도 크다. 또한 변진의 구야한국부터 금관가야에 이르기까지 문화의 중심지역이었다. 왜와 관련된 유물들이 발견되었으며, 양동리고분에서는 북부 큐슈지역의 유물들이 발굴되었다. 그러나 물길의 이용 문제, 즉 항로에 대해서는 문제가 있다.

당시의 초보적인 조선술과 항해술로는 김해지역에서 일본열도를 향해 곧바로 항해하는 일은 불가능하다. 남해 동부 해안에서 한·일 고대 항로의 출항지로서 좋은 조건을 갖춘 곳은 거제도이다. 교섭을 주도했던 세력이 김해지역에 있었을 경우에는 현재 부산지역을 출항하여 연근해 항해를 하면서 서남진 하다가 거제도를 경유하여, 바람과 해류·조류의 방향 등 상황을 판단한 후에 섬의 이서에서 먼 바다로 나갔을 것이다.

이 항로는 거의 대부분 대마도를 경유했다. 대마도에는 이러한 중간자적 위치 때문에 신석기시대의 토기를 비롯한 야요이시대 유물들, 그리고 가야 신라 등과 관련된 유물·지명·설화 등이 다양하게 분포하고 있다. 특히 중부 해안인 시다루志多留의 항아리전설은 항해 및 가야와 관련되어 매우 주목된다.

대마도와 큐슈까지의 동수도東水道는 대마해류가 1노트 정도로 북동류하고 있고, 낙조시엔 3~4노트의 급한 유속으로 북동진한다. 빠른 유속과 높은 파도로 인하여 항해가 어렵지만 대체로 접안이 가능하고, 실패한다 해도 혼슈 남단으로 도착할 확률이 매우 높다. 가장 적합한 도착 지점은 큐슈 북서부의 요부코呼子付나 가라츠唐津 만이다. 왜인전에 기록된 말로국末盧國의 상륙 지점도 그 지역일 것이다.

해양과의 관련성은 일본열도에서 소국이 형성되는 과정에도 강한 영향을 끼쳤다. 초기 30여 개의 나라들은 큐슈를 중심으로 한 지역에 한정된 조그만 규모의 정치 단위이며 그 가운데서 야마다이국이 가장 큰 것이었다. 소국들은 정치·경제적 발전을 위해 주변의 다른 소국이나 외국과 교섭을 해야 한다. 따라서 그 위치는 필연적으로 항구를 갖춘 해안가 가까이 있어야 한다. 더구나 야요이시대 이후에는 해양으로 들어온 이주민으로 구성됐고, 농경이나 어로 등 생활상의 이익을 위해 해안가에 위치해야 한다. 그런 까닭으로 해안가에 포와 진이 많이 생겼고, 소국들은 교역을 통해서 성장한 해안 도시국가의 성격이 있었다.

가야가 성립된 이후에는 이들이 이 항로를 이용하여 진출하였다. 큐슈의 북부 지역에는 가야와 관련된 유적, 유물과 함께 유사한 지명이 많다. 일본신화에서도 가야와 깊은 관련성이 나타난다. 해양환경을 고려할 경우에 가야인의 진출이 가장 활발했으며, 이들은 쿠슈 북부 지역에 거점을 확보한 후에 본국 내지 모국母國과의 정치적 결합 혹은 경제적 결합을 추진했을 가능성이 크다. 물론 이것은 해양을 매개로 한 만큼 결속력이 강한 강고한 조직은 아니었을 것이다.

『일본서기』 신대편을 보면 신라 세력의 진출도 짧은 기간에 이루어졌던 것 같다. 동해 남부 지역을 출발하여 대마도를 경유한 다음에 큐슈 북부에 도착한 경우도 있고, 오키노시마를 경유하거나 직접 혼슈 남부인 이즈모 등에 도착한 집단이 연안을 따라서 내려와 북부 큐슈에 정착한 경우도 있었을 것이다.

남해 서부―큐슈 서북부 항로

백제계 세력은 4세기 이후에 큐슈를 통하여 본격적으로 일본열도에 진출하였다. 일본서기에 따르면 백제인들의 최초 진출은 응신조에 재봉공(403), 아직기阿直岐(404) 왕인王仁박사(405) 등이 온 것이다. 그들의 진출은 대개 마한이나 가야계加耶系의 진출 경로를 활용하였다. 근초고왕이 마한 지역을 장악한 이후에는 서해 남부 혹은 남해 서부 해안을 장악하였을 것이다. 현재 전라도 해안, 즉 한반도의 서남 해안이나 남해 서안에서 출발하여 연안 항해 내지 근해 항해를 하다 먼 바다로 나갔을 것이다. 그러나 초기에는 아직 가야의 구 해상 세력들이 잔존해 있으므로 근해 항로를 택했을 가능성이 크다.

이들은 대마도를 경유하여 큐슈 북부로 상륙하거나, 또는 제주도를 우현으로 바라보면서 큐슈 서부인 고토五島열도에 도착한 다음에 다시 육지로 상륙하는 모습을 보인다. 아리아게해有明海와 가까운 지역들이 백제인이 가장 많이 도착한 곳이다. 이 안으로 들어온 다음에 여러 강들을 거슬러 올라가 내륙으로 진입해 들어갔다. 현재 나가사키, 구마모토, 사가현의 서부 지역 등은 백제인들의 진출지였다. 특히 다마나玉名 지역은 츠쿠시筑紫평야와 기구치강菊池川 등 강을 끼고 있어 항해민들이 정착하기에 적합한 곳이다. 또한 주변에 평야가 발달해 있고 국지천을 따라 올라가면 아소산으로 연결되어 이주민들이 큐슈 동부 지역의 오오이타大分 지역 등으로 진출하기에 적당한 환경이 있다. 이 주변 지역에서 후나야마船山 고분 등 전방후원분과 장식고분들이 많이 발견되는 것은 이러한 지정학적인 환경을 반영한다.

후나야마 고분은 전장 46m인 전방후원분으로서 청동거울, 구슬, 관옥 등 총 92점이 출토되었다. 그런데 특이하게도 공주 무령왕릉이나 익점리 고분에서 나온 것과 모양이 꼭 같은 금동관식, 금동신발이 나왔다. 후나야마 고분의 피장자가 삼국 중 어느 세력과 관계가 깊으냐에 대해서는 유물의 성격을 놓고 논란을 벌이고 있다. 하지만 유물의 유사성 외에도 다마나 지역이 가진 해양교통과의 관련을 고려하면 백제계일 가능성이 높다.

백제인들은 큐슈의 이러한 지역들을 거점으로 삼아 다시 세토내해를 거쳐 고대 일본의 중심부인 키나이畿內지방에 상륙하였다. 또 후에는 키나이 세력들이 큐슈지역에 대한 영향력을 강화하면서 이러한 항구도시들을 통해서 백제와 전개한 교통과 교섭을 유리하게 하였다.

동해 남부—혼슈 중부 이남 항로

경상남도 울산이나 포항지방에서 출항한 세력들은 동해와 마주하고 있는 혼슈 남단의 이즈모出雲와 중부의 츠루가敦賀지역 등에 닿았다. 이 두 지역은 동해를 사이에 두고 위도상(북위 35.5도)으로 보아 거의 비슷한 위치에 있다. 겨울의 계절풍과 해류와 조류의 흐름을 효과적으로 활용하면 항해가 충분히 가능하다. 특히 이즈모 지방은 진출 가능성이 매우 높다.

이 지역들은 해양조건상 신라계와 관계가 깊다. 연오랑과 세오녀의 설화는 신라 세력이 일본열도에 진출하여 소국가의 왕이 되는 양 지역의 정치적인 상황을 의미한다. 또한 바위로 상징되는 항해수단을 이용했으며, 신라 세력의 진출 거점이 동해가의 영일만 부근이었음을 알려준다. 그 외에도 신라 왕자 아메노히보코天日槍, 天日矛의 이야기가 있다. 일본서기의 수인기垂仁紀 2년에는 임나국任那國의 소나가시치蘇那曷叱智가 돌아가는 과정에서 신라인이 길을 막고 임나왕에게 주는 보물을 가로채었다고 기술되어 있다. 그 외에 박제상과 관련된 기록들은 영일만이나 울산만 등이 일본열도로 진출하는 중요한 항구였음을 알려준다.

이즈모, 기비지역의 고분들은 긴키지방에 비하여 규모나 숫자면에서 뒤지고 있으나, 강력한 정치 집단의 존재했음을 입증한다. 이 세력들은 해양 활동은 물론이고, 한반도와의 관계를 계속 긴밀하게 해야만 했으며 그것은 해양조건상 신라와의 관계였다. 큐슈지역이 가야·백제적인 성격을 가지고 있었다면 이즈모지역은 신라계의 영향이 컸다. 물론 이 지역에 고구려의 진출이 있었을 가능성도 크다.

상대적으로 왜 세력의 신라 진출도 있었다. 조몬토기들이 울산의 서생포 등에서 발견되고 있다. 삼국사기에는 왜가 한반도를 침

입한 기사가 이미 박혁거세 8년(BC 50) 때부터 나타나고 있다. 왜
인들은 소규모로, 때로는 적지 않은 병력으로 신라의 변경을 침입
하거나 수도인 금성을 위협하곤 했다. 대마도에서 출발할 경우에
는 자연스럽게 북동진 하는 해류에 올라타서 한반도의 동해 남부
혹은 남해 동부 해안에 도착할 수 있다. 더구나 봄에 남풍 계열의
바람을 활용하면 더욱 쉬워진다.

동해 중부—혼슈 중부 이북 항로

고구려와 일본열도 간에 벌어진 공식적인 교섭은 응신 28년, 인
덕 12년·58년 등 계속해서 나타난다. 물론 이때 이용한 항로에
대해서는 정확히 알 수 없다. 그러나 시마네 이즈모 등에 고구려
문화의 흔적이 남아 있는 사실, 해류의 흐름 등을 감안하면 광개
토대왕 이후 남진한 고구려는 동해 남부 해안이 남해 동부 해안
을 통해서 일본열도로 지출했을 가능성이 있다.

그 외에도 동쪽 해안에서 출발하여 일본열도로 가는 동해 중부
항로가 있다. 이 때 사용한 고구려의 출발 항구는 원산 혹은 그
이북의 함흥만 근처의 항구였을 가능성이 높다. 발해 사신들은 두
만강 하류 지역이나 현재 경성의 토호포 근처에서 출발하기도 했
다. 그들은 동해안 북부의 몇몇 항구에서 출발하여 일단은 연근
해항해를 하면서 영토의 최남단까지 내려온 다음에, 삼척 부근의
해역에서 먼 바다로 나가 혼슈 중부 이북으로 항진했을 것이다.
중간에는 물줄로 삼을 지형지물이 없으므로 울릉도와 독도를 좌
우로 보면서 방향을 측정했고, 늦가을부터 초봄에 걸쳐 부는 북풍
계열의 바람과 물길을 활용했다. 물론 귀환할 때에는 늦봄부터 여
름에 걸쳐 부는 남풍 계열의 계절풍을 이용하였다.

이들이 도착한 지역은 위로는 니가타, 노토반도, 츠루가를 거쳐

남으로는 이즈모까지 있다. 『일본서기』에는 고구려인들의 교섭 상황이 기록되어 있다. 게이타이繼體천황과 긴메이欽明천황 원년 때도 있었고, 비다츠敏達천황 2년·3년에는 도착한 지점이 월국越 國 혹은 월越 해안이라고 기록하고 있다. 후대에는 발해의 사무역 선들, 신라의 사무역선들도 이 원지역에 도착하였다.

동해 북부―혼슈 북부 항로

이 항로는 청진·나진 등 두만강 하구와 원산 이북 등에서 출항하여 동해 북부의 해양을 횡단한 다음에 일본열도의 혼슈 북쪽 지방인 아키다秋田와 니가타, 이시가와石川, 후쿠이福井 등에 도착하는 항로이다. 발해 사신들이 주로 초기에 사용한 항로이나 고구려도 사용했을 것이다.

10월·11월에 부는 북서풍과 해류를 이용하면서 돛을 활용하여 바람을 사선으로 받고 동으로 항진한다면 이즈모국에 자연스럽게 도착할 수 있다. 사도섬佐渡嶋은 니가타시 바로 앞에 있는 큰 섬이다. 일본서기 544(긴메이 5)년조에는 숙신인이 사도에 머물면서 봄, 여름에 고기를 잡는다는 기록이 있는데 후에는 발해인들이 이곳에 도착하였다. 노토반도에는 고구려 고분의 말각조정양식을 가진 에미시아나蝦夷穴 고분도 있어 고구려와도 깊은 관계에 있음을 알 수 있다.

연해주―홋카이도 항로

이 항로는 북으로는 하바로브스크와 비교적 가까운 항구인 그로세비치로부터 남으로는 블라디보스토크 등에 이르는 연해주 지역에서 출발하여 사할린과 홋카이도 등의 장소로 도착하는 항로이다.

선사시대부터 이들 지역 사이에는 교섭이 있었다. 홋카이도를 포함하여 동북 일본의 선사문화는 대륙 동부와 밀접한 관계가 있다고 여겨지는 요소가 적지 않다. 고구려는 동부여를 병합하고 물길지역을 정복하면서 두만강 하구와 연해주의 일부 지방을 영역으로 삼았다. 이곳은 동류 송화강의 일부와 두만강, 얀치하, 우수리강, 흑룡강이 흐르는 곳이다. 이 지역에서 발견한 문화가 7, 8세기에는 홋카이도에 많이 들어왔다. 오가와大川유적에서 발견된 동령銅鈴은 지안시 만보정 M 242호묘 등에서 출토된 것과 유사하다. 이것은 고구려가 직접 왔거나 고구려의 영향 아래에 있었던 말갈이 중간교역을 하여 이 지역에 왔을 가능성을 보여준다. 후대에 발해도 연해주의 여러 해안과 항구를 거점으로 홋카이도 혹은 사할린에 도착하였을 것이다.

포시에트 혹은 블라디보스토크, 그 위의 지방에서 타타르 해협을 건너 사할린 또는 홋카이도의 오타루까지는 항해가 가능하다. 비슷한 위도상에 있어 지리적으로 매우 조건이 좋고, 봄·여름에 남풍 계열의 바람을 항해에 이용하면 쉽게 북상할 수 있다. 연해주의 북부 해안인 소베츠카야가반에서 건너편의 오롤보까지는 불과 150km에 불과하고, 연해주 북부는 거의 사할린과 붙어 있다. 아주 가까운 지역에서는 원시적인 주민들도 간단히 노를 저어서 항해가 가능하다.

◦ 해양 메커니즘의 정확한 이해

동아시아의 역사는 육지와 바다가 공존하는 지중해적인 성격으로 인하여 육지적인 관점을 넘어 해양적인 관점으로 해석해야 할 부분이 많다. 특히 한일관계는 모든 교류가 해양을 매개로 이루어졌으므로 해양 메커니즘을 정확히 이해하지 않으면 심각한 오류를 범하게 된다. 그러므로 해양환경을 구체적으로 이해하고 그 메커니즘을 역사 활동과 연관시켜야 한다. 특히 항로의 위치와 역할은 한·일 고대 역사를 이해하는 데 매우 중요하다.

─────────────── 참고문헌 ───────────────

대한민국 수로국, 『近海航路志』, 1973.

연민수, 『고대한일교류사』, 혜안, 2003.

윤명철, 『한국해양사』, 학연문화사, 2003.

윤명철, 『한민족의 해양활동과 동아지중해』, 학연문화사 2002.

윤명철, 「海洋條件을 통해서 본 古代韓日 關係史의 理解」 『日本學』 15, 동국대 일본학연구소, 1995.

吉野正敏, 「季節風と航海」 『Museum Kyusu』 14號, 博物館等 建設推進 九州會議, 1984.

內田吟風, 「東アジア古代海上交通路汎論」 『內田吟風博士頌壽記念 東洋史論集』, 同朋出版社, 1978.

茂在寅南, 『古代日本の航海術』, 小學館, 1981.

森浩一, 『古代日本海文化の源流と發達』, 大和書房, 1985.

永留久惠, 『對馬の文化財』, 杉屋書店, 1978.

王仲殊, 「古代の日中關係」 『古代日本の國際化』, 朝日新聞社, 1990.

일본의 진봉선은 공무역선이다

나 종 우(원광대학교)

○ 진봉선進奉船을 바라보는 한국과 일본의 엇갈린 시각

고려시대의 한일관계는 대체적으로 전기의 통교무역을 중심으로 한 사절의 내왕과 후기의 왜구를 중심으로 한 무력행사로 크게 구분 지을 수 있다. 그 가운데 특히 고려 전기의 한일관계를 밝히는 데에는 진봉선을 위주로 한 통상관계의 규명이 매우 필요하다. 진봉선을 통한 진봉무역에 대해 우리는 일본과의 공무역으로서, 조공무역 형식을 띤 진헌·하사의 무역으로 보고 있다.

이에 대한 일본의 시각은 대체적으로 세 가지로 나누어 볼 수 있다. 첫째 견해는 진봉관계를 11세기 후반에 성행하였던 일본 상인의 사헌무역私獻貿易이라 하여 공적인 것으로 보지 않으려는 것이다.

둘째, 진봉이라는 것을 단순하게 대마도의 대고려 무역의 호칭으로 보는 견해이다. 셋째, 진봉을 고려와 부토씨武藤氏 사이의 관계로 파악하고 그 성격에 관해서는 언급하지 않으면서, 이러한 진봉관계가 성립된 것은 왜구의 방지 또는 상업의 미발달로 인한 고려 측의 무역 제한책 때문이었다고 보는 견해이다.

여하튼 위의 세 가지 설 모두가 당시에 행해졌던 진봉무역을 공적인 관계로 이해하지 않는다는 점에서 공통점을 갖는다. 왜 그럴까? 아마도 진봉선이라는 용어에 나타난 고려에 대한 일본의 저자세를 감추고 싶기 때문이 아니었을까? '진봉'이란 아래에서 위로 바친다는 의미가 담겨 있어 대등관계보다는 상하관계의 뉘앙스가 강하게 풍기는 단어이다.

◦ 일본은 고려와의 조공무역 외에 다른 선택이 없었다

그렇다면 진봉선의 실체를 우리는 어떻게 파악해야 될까? 일본 상선이 최초로 고려에 입국한 것은 우리의 기록상으로는 1073년(문종 27년)이었다. 그리고 그 뒤 계속된 고려와 일본의 무역은 고려와 당시 일본을 대표하던 다자이후大宰府의 약정에 의하여 일본의 진봉선 파견으로 이루어졌다. 이 약정에 의하면 일본은 매년 1회 두 척의 진봉선을 고려에 파견하도록 되어 있었다. 만약에 그 외의 배가 다른 목적으로 고려의 연해지방에 있는 촌락이나 마을 등지에서 소동을 일으키게 되면 일본 측에서 그들을 엄히 벌하고 금지시킬 것을 약정하였다. 이러한 점만 봐도 진봉선이 단순히 사적이고 개인적인 통상관계가 아니었음은 확실하다.

이 당시 일본에서 오는 진봉선을 고려에서는 금주金州(지금의 김해)에 객관을 설치하여 맞았다. 이에 대하여는 일본 측의 사료에도 고려에서 일본의 사자使者들을 금주방어사가 맞이하고 있으며, 그 배를 진봉선이라고 한다고 되어 있다. 한일 양국의 사료는 11세기 후반에서부터 13세기 전반까지의 고려와 일본 간의 무역이 진봉선에 의하여 이루어지고 있었음을 밝히고 있다.

『고려사』의 문종 연간의 기사만을 살펴보아도 그 횟수가 14회나 된다. 그런데 여기에서 주목할 것은 일본의 관민官民 모두가 그들의 토산품이나 진기한 물건들을 받아주기를 청원하고 있다는 점이다. 그리고 그들이 바치는 품목은 미술공예품, 진주, 수은 또는 감귤같이 대체로 고려에서 생산되지 않는 것들이 많았다.

일본 측에서는 어떻게 해서든지 고려의 비위를 맞추면서 무역에서 실리를 취하기 위하여 접근해왔고, 고려의 입장에서는 그들이 귀찮게 여겨질 때도 많았다. 그렇기 때문에 어느 때는 일본인들이 가지고 오는 외교문서나 바치는 물건들을 예의에 어긋난다고 하여 받아들이지 않는 때도 있었다.

당시 일본에서 고려로 보내는 문서에서는 공공연하게 진봉이라는 용어가 사용되었으며, 13세기 초에는 이미 이러한 규정이 양국 간에 공식화되었다. 그러나 고려에서는 진봉 그 자체를 달갑게 여기지 않았으며, 이러한 고려의 태도 때문에 일본 조정 내에서 진봉선이라는 용어에 대해 문제가 제기된 적도 있었다. 그러나 여하튼 11세기 후반에서 13세기까지의 고려와 일본 간의 무역은 일본인들이 고려왕에게 특산품을 헌납하고 고려왕은 답례품을 주는 진헌하사의 형태로 행해졌다.

특히 이 시기에 관심 있게 살펴볼 것은 1046년(문종 원년)에서 1170년(의종 원년)까지의 기사이다. 이 기간 동안에 일본 상인의 고려 입국은 23회인데 비해, 같은 기간에 송나라 상인의 고려 입국은 95회에 이르고 있다. 이점은 당시 고려의 사정을 잘 보여주고 있다. 당시 고려는 나라의 힘을 크게 떨치고 문물이 융성하여 송과의 공적인 통교까지도 그다지 필요하지 않던 때였다. 이때에 일본인의 출입이 빈번했던 것은 고려에 문물이 갖추어져 있을 뿐만 아니라 송나라 상인의 출입도 빈번하여 국제무역이 성행하였고 이런 것들이 일본인들에게 자극을 주었기 때문이다.

그렇다면 당시 일본의 사정은 어떠했는가? 고려 문종대의 일본은 시라가와白河천황(재위 1072~1086년)때인데 정권은 후지와라 요리도리藤原賴通의 섭관정치攝關政治에서 원정院政으로 넘어가던 과도기였다.

당시의 일본 장원은 귀족계급의 부를 축적시켜주었으며 귀족들은 해외의 진기한 물건들에 대한 욕구가 강하였다. 그 결과 장원의 영주나 하카타博多 등의 호상豪商들은 수동적인 무역에 만족하지 않고 스스로 무역선을 만들어 해외에 파견하는 적극적인 해외무역까지 행하던 시기였다. 다른 한편으로 당시 일본에서는 다자이후의 공설시장에서 다자이후의 감독을 받아 해외에서 들여온 진기한 물건들이 우선적으로 공정가격이 책정되어 교토京都의 궁정에 들어가고 있던 때였다. 그러나 당시 일본의 조선술은 조잡하였으므로 지리적·자연적 조건이 비교적 좋은 고려로 향할 수밖에 없었던 것이다.

이 점에 대하여 일부에서는 이 무렵 일본의 조선술이나 향해술이 중국에 견당선遣唐船을 파견할 정도로 발달되어 있었다고 주장하지만, 당시 일본의 조선기술이라고 하는 것은 형편없는 수준이었다. 견당선의 경우 한 척의 정원이 120명에서 160명이나 되는 큰 배임에도 불구하고 그 구조가 매우 허술하여 약한 폭풍에도 두 조각이 나버릴 정도였다. 뿐만 아니라 항해술도 부족하여, 당

시 아라비아 상선이나 중국 상선 등이 흔히 이용하던 계절풍조차
도 몰랐으며 역풍이 불기라도 하면 조난을 당할 때가 많았다.

이와 같이 일본의 국가적 사업으로 수십 회나 파견된 견당선의
기술이 이 정도였다면, 견당사가 폐지되고 일반인들이 해외에 나
가는 것이 금지된 뒤로부터 100여 년이 경과된 11세기 후반기에
일본의 조선술이나 항해술이 견당사 시대보다 퇴보했다는 것은
틀림없는 사실이다. 결국 고려 문종내에 해딩하는 11세기 후반,
앞서 이야기한 것처럼 졸렬한 기술과 자연현상의 제약 때문에 일
본의 장원 영주나 하카타 상인이 상선의 진출 방향을 고려로 정
한 것은 자연스런 이치였다.

이러한 당시의 상황에 따라 일본 입장에서는 수단과 방법을 가
리지 않고 고려와 무역을 할 수밖에 없었기 때문에 진헌하사라는
상하관계의 공적 무역도 감수하였던 것이다. 따라서 당시 일본은
고려와 송의 무역 추이에 매우 민감한 반응을 보였다. 송나라 상
선이 고려에 많이 도항한 시기에는 일본에서도 고려에 많이 들어
오고 있다.

이러한 진봉선의 고려 도항이 헌종(1095)부터 의종(재위 1146
~1170) 때까지 5대에 걸친 기간에는 3회에 그치고 있으며, 진봉선
의 도항이 전혀 없던 왕대도 셋이나 볼 수 있다. 이에 대하여 일
본에서는 당시 고려의 국내 사정이 일본의 진봉선에 신경을 쓸
수 없었던 까닭이라고 주장하고 있다. 그러나 이것은 잘못된 견해
이며 오히려 당시 일본의 국내 사정에 기인한다고 보아야 옳을
것이다. 당시 일본은 12세기 초부터 시작된 궁정 내부의 상황과
천황 사이에, 후지와라 원院의 근신近臣 사이에, 그리고 후지와
라 집단 내부에서도 세력다툼이 심하여 호겐保元의 난(1156)과 헤
이지平治의 난(1159) 등이 잇달아 계속되던 때였다.

의종 이후로는 양국의 교역관계가 거의 두절되다시피 되었는데, 명종에서 원종(1170~1274)까지 약 100여 년 동안에는 양국의 교역과 관련된 기사가 겨우 두 곳뿐이다. 1243년(고종 30)에 일본의 진봉선이 와서 진헌하고 표류민을 돌려보냈다는 기사와 1272년(원종 3)의 기사이다.

당시 고려는 명종 이후, 특히 13세기에 이르러서는 국내 문제가 매우 복잡해지고 고종 때는 몽고의 침입을 받게 되었다. 이러한 정세에서 고려에 대한 일본의 진봉무역도 어려워져 종언을 고하게 되었다.

◦ 진봉선은 조공선이다

이상에서 살펴본 진봉선에 의한 무역을 일본 측 학자들은 사헌무역이라 부르며 이 시기를 사적 통교私的通交 시대로 규정짓고 있다. 이 점은 앞에서 말한 바와 같이 자신들이 저자세로 진봉하였다는 사실을 감추려는 의도에서 나온 발상일 것이다.

이렇게 사적 통교로 규정지으면서 일본인들은 특히 대마도와 고려의 관계에 관심을 집중시키고 일본의 한 부분인 대마도와 고려의 무역관계를 일본 정부와 고려 정부의 공적 무역관계로 확대해서는 안 된다고 주장하고 있다. 그러나 당시 대마도도 엄연히 일본 정부의 감독 아래 있었다.

일본 측의 기록으로 10세기부터 일본의 무역관리를 살펴보면 이런 사실을 쉽게 알 수 있다. 일본 정부는 10세기에 접어들면서부터 극히 폐쇄적이었으며, 무역 관리권을 다자이후에게 위임했

다. 그러나 11세기에는 다자이후의 관영무역官營貿易이 더 유리하
여 하카타, 보노츠坊津, 츠루가敦賀, 히라도平戶 등의 항구가 붐볐다
고 한다. 이러한 사실은 당시 무역이 상인 개인에 의한 사적 무역
보다 관영무역인 공무역이 주가 되고 있음을 보여주는 사실이라
할 수 있다.

　더욱 흥미로운 깃은 당시 무역이 사적 무역이라는 것을 보여주
는 기사도 보인다는 점이다. 12세기부터 다자이후의 관리들이 직
권을 이용하여 무역선을 고려와 거란 등에 파견하였다는 기록이
있다. 실제로 『고려사』의 기록에도 "일본국 다자이후 상객商客이
와서 수은, 진주 등을 바쳤다"라는 기사가 있다. 그러나 여기에 등
장하는 상객을 한 개인으로 볼 수는 없다. 왜냐하면 어느 지역의
상인이 아니라 다자이후의 상객으로 표시되어 있기 때문이다.

　13세기에 들어서는 가마쿠라鎌倉정권이 다자이후로부터 큐슈
지배와 무역관리 권한을 접수하여 때에 따라서는 막부 자신이 무
역선을 보내기도 하였다.

　따라서 대마도의 고려에 대한 진봉을 대마도의 독자적인 행동
으로 이해할 수는 없다. 대마도의 진봉에는 당연히 다자이후 등의
상부기구가 관련되어 있었다는 것을 고려해야 할 것이다. 앞서 이
야기한 대로 진봉무역에 관한 모든 것에 다자이후의 장관이 관계
하고 있었다. 그리고 가마쿠라 막부가 대마도의 진봉에 대하여 묵
인하는 자세를 취했음은 당연히 당시 무역이 공무역이라는 것을
보여주는 것이다.

　이상에서 살펴본 바와 같이 고려와 일본의 무역은 13세기 이전
까지는 대개 고려 정부와 다자이후 당국과의 사이에서 이루어졌
으며, 진봉선에 대한 약정도 여기에서 이루어졌다고 볼 때, 적어
도 당시 고려와 일본 간의 무역 형식은 진헌하사의 조공무역 성

격을 띠고 있었다고 할 수 있다. 결국 당시 일본의 국내 사정이
실리무역을 취하기 위해서는 진봉선에 의한 조공무역의 방법을
택할 수밖에 없다고 말할 수 있다.

∘ 고려 무역의 성격

  고려의 대외정책에 있어 무역에 관해서도 대상국가에 따라 그
성격을 달리 했다. 예컨대 대송 무역對宋貿易에는 적극책을 폈으며,
아라비아 상인들까지도 내왕하여 무역할 정도로 활발하였지만,
근접 국가인 일본에 대해서 정치적 관계는 적극적이었으나 무역
에 관해서는 소극적이고 수동적이었다고 할 수 있다. 그와 같은
이유는 삼국 이래로 왜구의 침입, 약탈 등으로 우리에게 귀찮은
존재로 느꼈으며 일본의 문화 수준이 우리보다 얕다고 보는 데서
경제적으로 교역하기를 자연히 꺼리게 된 것이 아닌가 여겨진다.
  고려 무역의 성격은 선진 문물에 깊은 관심을 가지고 있었다.
따라서 고려와 송의 관계는 경제・문화적 요소가 늘 함께 변수로
서 작용했다고 볼 수 있는데, 반대로 일본은 문화적으로 저급하여
소극책을 유지했던 하나의 이유가 될 수 있을 것이다.
  따라서 일본에 대하여는 금주(김해)에 객관을 설치하여 매년 1
회 2척의 진봉선을 파견하는 약정을 한 기사에서 볼 수 있는 것과
같이 제한적이고 거절적인 태도를 보이고 있는 것이다. 따라서 자
연적으로 고려 상인의 일본에서의 활동은 소극적이 될 수밖에 없
었고, 고려와 일본의 무역관계는 모두가 일본의 내왕무역으로 일
관했었다고 해도 과언이 아니다. 따라서 일본에서는 항시 고려의

태도에 민감했고 고려의 호감을 사려고 노력했던 것을 볼 수 있다. 문종 때에는 흥왕사에 시주하고 왕을 위하여 불상을 만들고 장수를 빌기도 하였다.

고려는 전 시대를 통하여 무역면에서는 전혀 이득을 기대 할 수 없는 일본에 대해 경계의 대상으로 상대했으며, 일본은 문물 수입의 욕구를 충족시기기 위하여 고려에 귀찮은 존재로서 계속적인 무역 요구를 해왔다고 볼 수 있다.

국제무역이란 상대적 서로의 이득을 위한 관계로 발전되는 것이 바람직하지만 고려와 일본의 무역은 대등한 관계보다 진헌·하사라는 변칙적인 방법 때문에 고려의 제한적이고 거절적인 수동적 태도와 일본의 적극적인 태도로 균형이 맞지 않는 특이한 통상체제를 형성하며 맥락을 유지했었다고 말할 수 있겠다.

──────────── 참고문헌 ────────────

나종우, 『한국중세대일교섭사연구』, 원광대출판국, 1996.
靑山公亮, 『日麗交涉史の 硏究』, 明治大學, 1955.
中村榮孝, 『日鮮關係史の 硏究』上, 吉川弘文館, 1965.
東京大出版部 編, 『講座日本史』3, 1970.
森克己, 「鎌倉時代の日麗交涉」『朝鮮學報』34, 1965.

고려불화와 대장경

정 우 택(동국대학교)

○ 일본 속의 한국 문화재

해외여행이 일반화된 요즈음 왠만큼 관심을 가진다면 외국의 박물관이나 미술관에서 우리나라 문화재를 발견하기란 그리 어렵지 않을 것이다. 이는 국력 신장과 더불어 한국 미술에 대한 평가가 높아졌고, 공개 역시 적극적으로 이루워지고 있기 때문이다. 그러나 이국땅에서의 우리 문화재와의 만남은 우선은 놀랍고 반가웁지만 이내 이것들이 왜 이곳에 있어야 하는지 의아스럽고 한편으로는 서글퍼지게 마련이다.

이국 땅에서 한국미술품을 쉽게 볼 수 있다는 것은 그만큼 해외로 유출된 문화재들이 많다는 것을 의미한다. 가까운 일본의 예를 들어보면, 오사카 동양도자미술관은 원래 아타카安宅라는 사람의 수집품을 기증받아 1982년 오사카시가 설립한 것으로 소장품이 약 1000여 점에 이르는 세계 굴지의 도자전문미술관이다. 그런데 주목해야 할 것은 애석하게도 소장품의 80% 이상이 우리나라의 도자기로 채워져 있어 미술관 명칭조차 한국도자미술관이라 하여도 이상할 것이 없을 정도이다. 또한 도쿄국립박물관東京國立博物館 동양관의 한쪽을 차지하고 있는 오쿠라小倉컬렉션은 선사시대부터 조선시대에 이르는 시기의 한국미술품으로 채워져 있다. 이뿐만 아니라 동양미술과 관련이 있는 곳에는 수량의 차이는 있지만 어김없이 우리나라 미술품을 가지고 있으며, 아직도 정확하게 파악되지는 않았지만 일본의 각 사사寺社에는 상상을 뛰어넘는 많은 양의 우리 문화재가 소장되어 있다고 믿고 있다. 불화의 예만 보더라도 현존하는 145점여 점의 고려불화 가운데 국내에는 10여 점만이 있으나 일본에는 120여점이 전하고 있으며, 조선시대 전기의 것도 국내에는 4, 5점 정도가 있으나 일본에는 알려진 것만도 80여 점에 이르고 있다.

여기에서는 우리나라의 문화재 특히 불화 등 불교미술품이 어떠한 경위로 타향인 일본 땅에서 맴돌고 있는 것인가에 대하여 대표적인 작품을 통하여 살펴보고자 한다.

○ 고려불화

우리나라의 불화들이 언제부터 어떠한 경로를 통하여 어떠한 목적으로 일본에 건너간 것인지는 명확하게 밝혀지지 않았고, 그것을 알아내기는 결코 쉽지가 않다. 그러나 몇몇 작품에 관련된 기록을 통하여 보면 근세에 전래 또는 구입하여 간 것이 아니고 이르게는 고려시대 말기인 14세기에 이미 선호하여 수용하였음을 알 수 있으며 이는 선진 문화에 대한 동경과 이국미술異國美術에 대한 신비로움도 그 이유 가운데 하나였던 것 같다.

〈그림 1〉 수월관음도(水月觀音圖)

고려불화 중 크기가 가장 큰 것으로 유명한 이 그림은 일본 가가미 신사에 소장되어 있다.

불화의 일본 수용에 관하여 살펴볼 때 가장 먼저 언급할 수 있는 그림은 사가현·가가미신사鏡神社의 수월관음도(<그림 1>)이다. 이 그림은 1993년 말, 호암갤러리에서 열린 '고려불화 특별전'에 일시 귀향하여 많은 사람들을 감탄과 전율에 젖게 한 그야말로 고려불화의 대표작이다. 거대한 화폭(가로 254.2cm, 세로 419.5cm)에 어울리게 뛰어난 화질과 실로 아름다운 화취는 마치 인간의 표현 능력을 초월한 듯한 느낌마저 들게 한다. 이 그림은 기록에 의하면 지대至大 3년, 즉 고려 26대 충선왕 2년인 1310년 당시 왕의 총애를 받던 왕숙비 김씨의 발원에 의하여 제작되었다 한다. 이로 미루어보아 당시 최고의 화가들이 심혈을 기울여 그렸음은 의심할 여지가 없는 것 같다. 이 귀중한 그림이 언제 어떠한 연유로 고국을 떠나 이곳 가가미신사에 머물게 되었는지는 알 수 없다. 다만 화면의 아래 가운데에 쓰여진 묵서명에 의하여 조금이나마 그 내력을 짐작해 볼 수 있을 뿐이다. 즉, 묵서의 기진문寄進文은 메이도쿠明德 2년(1391) 12월 료우겐良賢이란 사람이 썼는데, 그에 의하면 이 수월관음도는 그의 스승이었던 료우가쿠良覺가 꽤 어렵게 구입한 것으로 가가미신사에 들어온 뒤 배전拜殿에 걸어놓았다 한다. 이 명문의 내용만으로는 언제 어떠한 경로를 통하여 수용되었는가는 알 수 없으나 가가미신사에 들어오기 이전에 상당한 기간이 걸렸다는 것으로 보아 1310년 제작된 이래 원래의 장소에 있었던 기간은 그다지 길지 않았던 것 같다.

한편, 가가미신사 수월관음도의 일본 수용을 짐작하여 볼 때 주목되는 것은 당시 인근 지역에 존재하였던 왜구 집단의 활약상이다. 지금의 가라츠 지방은 한반도, 대마도와 인접 지역으로 대륙교통의 가장 중요한 역할을 담당하였다. 이곳을 본거지로 하여 활동하였던 마츠우라당松浦堂은 일종의 왜구 집단으로 『명월기明月記』의

1226년 기록에 의하면 마츠우라당은 수십 척의 병선을 이끌고 고려에 들어가 재물을 약탈하였다 한다. 또한 수월관음도가 소장되어 있는 가가미신사에도 이와 유사한 집단이 있어 『오처경吾妻鏡』1232년 기록에 의하면 가가미신사 사람들이 고려에 들어가 야음을 틈타 수많은 진귀한 보물들을 약탈하여 왔다고 한다. 현재 가가미신사에는 수월관음도 이외에 1345년 제작된 법화경사경이 전하고 있으며, 인근의 케이니츠사惠日寺에는 고려시대 범종이 버젓이 걸려 있는 실정이다. 뿐만 아니라 부근의 사찰들에는 통일신라, 고려시대 불상도 적지 않게 전하고 있다.

가가미신사의 수월관음도 수용은 시기적으로 보아 두 사건과 관계가 없는 것 같으나 왜구 집단의 활약상으로 보아 그와 거의 같은 방법으로 약탈하여 가져간 것으로 보인다. 더욱이 이 수월관음도는 앞서 언급하였듯이 왕숙비의 발원에 의하여 그려진 것으로 비록 고려 말기 왕권이 약화되고 사회가 혼란스러웠다 하여도 정서적으로 왕실관련 불화가 일본에 넘겨졌다는 것은 정상적인 매매 또는 기증 행위라고 상상조차 할 수 없는 일이기에 그러한 가능성은 더욱 높다.

고려불화의 일본 수용에 관하여 주목되는 또 다른 예는 효고현兵庫縣 가쿠린사鶴林寺의 아미타 삼존도(<그림 2>)이다. 현재는 남아 있지 않지만 『후소담총後素談叢』 권3에는 가쿠린사 그림의 뒷면에 쓰여 있던 흥미로운 내용의 글을 전하고 있다. 이에 의하면 가쿠린사 그림은 고려의 것인데 1477년과 1700년 두 번에 걸쳐 수리를 하였으며, 특히 법회를 열 때 본존으로 삼았다는 것이다.

〈그림 2〉 가쿠린사의 아미타삼존도

지금은 없지만 그림의 뒷면에는 이 그림에 대한 내역을 기록한 종이가 붙
어있었는데 그에 의하면 이 그림을 이미 당시에 "고려 그림"이라고 인식하
고 있었음을 알 수 있다. 한편 이 그림은 불법적인 방법으로 근년 국내에
들여 왔다하여 주목을 받기도 하였다.

이 불화는 화풍상 14세기 중반으로 짐작되고 있는데 따라서 1447년 수리를 했다는 것으로 미루어 보아 제작된지 1백 년이 채 못 되어, 아니면 그보다 훨씬 일찍 이 땅을 떠났는지도 모른다. 따라서 이 그림 역시 고려 말 조선 초 비록 사회적 혼란과 불교신앙의 변화가 있었다하여도 귀족 취향의 불화가 매매 또는 기증되었다고는 볼 수 없다. 따라서 물론 입증할 근거는 없지만 "고려 그림"이라고 밝히고 있을 만큼 출처가 확실한 것으로 이루이 보아 당시 극에 달했던 왜구들의 손에 의하여 전해진 것으로 보인다.

이들 이외에도 고려의 그림이라고 단정한 십일면관음보살도가 1484년 류세사立政寺라는 절에 기증되었다는 기록이 전하고 있으며, 반쇼사萬松寺의 약사여래도는 1481년 기증되었다 한다. 뿐만 아니라 최근 일본에서 우리나라도 들여온 아미타여래도는 1522년에, 도쿄국립박물관의 아미타삼존도(<그림 3>)는 1664년에, 그리고 호온사法恩寺의 아미타삼존도(<그림 4>)는 1862년에 수리를 하였다는 기록이 남아 있어 고려불화의 일본 수용시기를 어느 정도는 짐작할 수 있지 않을까 한다.

즉, 고려불화는 제작된 지 머지않은 시기인 14세기 말부터, 대대적인 약탈이 이루어진 임진왜란을 거쳐 19세기에 이르기까지 다양한 방법으로 고국을 떠나 이국 땅을 유전하는 처지가 된 것이다.

〈그림 3〉 도쿄국립박물관의 아미타삼존도

〈그림 4〉 호온사의 아미타삼존도

◦ 대장경

일본 큐슈와 대마도 사이에는 이키壹岐라는 자그마한 섬이 있다. 이 곳의 안코쿠사安國寺에는 고려판高麗版 대장경이 소장되어 있어 우리에게는 각별한 관심을 끌게 한다. 불교의 나라임을 자처했던 일본은 당시의 문화 선진국이었던 고려, 조선을 통하여 교리敎理의 집성인 대장경을 구하고자 무진 애를 썼던 것 같다. 특히 일본은 아시카가 막부足利幕府가 성립된 후(1338년) 민심을 다스리고 국가의 안위를 위하여 또 다른 한편으로는 막부의 권위와 세력 범위의 유지를 위하여 대마도와 이키를 포함하여 전국에 68개의 안코쿠사라는 절을 두게 된다. 그리고 점차 절이 정비됨에 따라 불교를 융성시키고 그 가호를 기원하여 대장경을 간절히 구하게 된다.

일본이 정식으로 대장경을 요구한 것은 기록상으로 보아 고려 신우辛禑 14년(1388)이었다. 이후 수차에 걸친 청원이 있었는데 조선 왕실은 수차에 걸쳐 일부 또는 완질을 주었다고 한다. 왜구와 포로 송환 문제를 해결하기 위함인지 이 후에도 일본은 여러 경로를 통하여 대장경을 간절히 원하였는데 그 정도가 지나쳐서 사신들의 접대에 고통을 받을 정도였으며, 때로는 요구를 미리 방지하기 위하여 아예 대장경이 없다고까지 하였으며, 심지어는 대장경판을 요구하기도 하였다.

대장경을 입수하기 위한 일본의 의지는 대단한 것으로 현재 이츠쿠시마嚴島 다이간사大願寺에 있는 조선시대 소상팔경도 병풍 뒤에 쓰인 '손카이도해일기尊海渡海日記'를 통하여 당시의 상황을 짐작하여 볼 수 있다. 다이간지의 승려 손카이尊海는 대장경을 구할 목적으로 1537년 준비를 시작하여 1538년에 하카다博多(현재의 후쿠오카)에 도착, 다시 두 달간 머문 뒤에 대마도로 향하였다. 그곳에서 해를 넘긴 그들은 1539년 4월 조선을 향하여 출발하였으며, 약 25일간의 항해 끝에 부산포에 도착하였다. 일행은 6월 15일과 18일 각각 수로(진상물)와 육로로 나누어 부산을 출발, 육로의 8인은 20일 경주, 22일 영천, 25일 의성, 26일 안동, 그리고 영주, 풍기, 단양을 기쳐 7월 2일 충주에 도칙하였다. 이후 6일에 여주와 광주를 거쳐 7월 8일 드디어 한양에 도착하게 되었다. 이들은 도착 후에 예조 등으로부터 접대를 받기도 하고 진상물을 바쳤으며, 왕을 알현하기도 하였다. 그러나 무엇보다 그들은 조선 방문 목적인 대장경을 구하기 위하여 수차에 걸쳐 청원을 하는 등 애를 썼으나 결국은 입수하지 못한 채 9월 13일, 약 3개월의 한양 체재를 마치고 돌아가게 된다. 손카이 일행이 일본 야마구치山口에 도착한 것은 1540년으로 알려져 있다.

이처럼 이들은 엄청한 재화를 들여 2년 여라는 시간을 소비하면서도 때로는 위험을 무릅쓰고 대장경을 구하기 위하여 필사의 노력을 하였던 것이다.

조선 왕실이 1457년에 대장경 50벌을 인쇄하기 위하여 종이의 제조를 명하였다는 기록을 통하여 볼 때 국내용으로 뿐만 아니라 외교적으로도 미리 갖추어 놓을 필요가 있었던 것이 아닌가 생각된다. 즉, 1487년 에츠고越後 안코쿠사의 도겐等堅이라는 스님이 조선에서 하사 받아온 대장경도 그 중 하나였을 것으로 짐작된다. 이 이후의 대장경 청원 기록이 보이지 않아 그 실태는 파악하기 어려우나, 많은 수의 대장경이 임진왜란 등 혼란한 시기에 약탈, 전래된 것이 아닌가 생각된다.

이키 안고쿠사의 대장경은 말미에 쓰여 있는 명문으로 보아 고려 13세기 이전의 것으로 짐작되고 있어 1457년 새로 조성된 것과는 관계가 없는 것 같다. 그러나 이키 안고쿠사로부터의 청원 또는 기증의 기록이 없는 것으로 보아 이 대장경도 가가미신사의 수월관음도처럼 이른 시기에 왜구에 의하여 약탈·전래된 것이 아닌가 짐작이 된다.

고급 문화에 대한 동경은 예나 지금이나 변함이 없을 것이다. 당시 일본의 입장에서 보면 고려와 조선은 고급 문화에 대한 갈증을 해소시켜줄 수 있는 유일한 국가이며 지역이었다. 그러나 불교를 숭상하던 고려는 귀중한 불교미술품들을 일본의 청원이 있을 때마다 들어주었을 리 없으며, 조선도 비록 불교 세력이 약화되기는 하였으나 불교 유산을 의도적으로 파기하는 정책은 취하지 않았다. 특히 조선은 조정과 왜구 집단이라는 이중적 세력 구조를 지닌 일본을 그다지 신용하지 않았으며 항시 경계의 대상이었던 만큼 그들의 요구에는 신중하게 대처하였던 것 같다. 이러함에도 불구하고 고려, 조선의, 아직도 전체가 파악되지 않을 만큼의 불교미술품이 일본에 전해지고 있다는 것은 그만큼 왜구들의 약탈 등 비상식적 행위가 오랜 동안 끊임없이 이루어졌음을 의미하는 것이다. 이는 고급 선진문화 동경을 구실로 한 빗나간 행위로 보이며 근접한 지리적 환경만으로도 설명될 수 없는 비극적인 역사의 사실이다. 그러나 한편 돌이켜 보면 그것을 지키지 못했던 우리의 잘못도 상당부분 인정하지 않을 수 없다. 다시 반복되어서는 안 되는 불행한 불교미술품의 수난이 지금은 우리의 손에 의하여 행하여지고 있지는 않은 것인가. 끊임없는 사찰 문화재의 도난과 분실, 그리고 해외 유출, 종교적 신념이 다르다는 이유만으로 파괴되는 유산들, 이 사실들을 우리는 어떻게 기록할 것이며 우리의 후손들은 어찌 이해할 것인가.

───────── 참고문헌 ─────────

정우택,「일본에 있어서 고려불화 수용의 일단면」『미술사논단』3호, 한
　　　국미술연구소, 1996.

菊竹淳一・정우택,『고려시대의 불화』, 시공사, 1977.

菊竹淳一・吉田宏志,『高麗佛畵』,朝日新聞社, 1981.

武田恒夫,「大願寺藏尊海海渡日記屛風」『佛敎藝術』52호, 1963.

中村英孝,「尊海渡海日記について」『田山方南華甲記念論文集』, 1963.

中村英孝,「嚴島大願寺僧尊海の朝鮮紀行－巨酋大內殿使送の一例」
　　　『日鮮關係史硏究』上, 吉川弘文館, 1970.

丸龜金作,「高麗の大藏經と越後安國寺とについて」『朝鮮學報』37・
　　　38합집호, 1965.

菊竹淳一,「高麗佛畵にみる中國と日本」『高麗佛畵』, 朝日新聞社,
　　　1981.

平田寬,「鏡神社所藏楊柳觀音畵像再考」『大和文華』72호, 大和文華
　　　館, 1984.

2부
전쟁과 외교

칠지도는 정말 백제가 일본에 바치는 선물이었나

이 영 식(인제대학교)

○ 칠지도의 사료적 가치

일본 나라현奈良縣 텐리시天理市의 이소노카미신궁石上神宮에는 칠지도七支刀라 불리는 보물이 전해져오고 있다. 칠지도는 일본의 국보로 지정되어 특별한 전시가 있기 전에는 쉽사리 관람할 수 없는 고대의 유물이다. 쇠로 만들어진 긴 몸체 좌우에 여섯의 가지가 엇갈리게 배열되어 몸체 부분을 포함하면 모두 일곱의 가지를 가진 창鋒과 같은 형상이다. 칼날에 해당하는 가지의 가장자리가 얇고 중심부는 두꺼워, 칼刀이라기보다는 검劍이라 불러야 좋을 듯하지만, 몸체에는 금상감으로 칠지도라 새겨진 명문이 있다.

칠지도 몸체의 양면에 홈을 파고 금실을 박아 글자를 새긴 금상감 명문이 남아 있다. 이 명문은 백제에서 칠지도를 만들 때 새긴 것으로, 백제가 왜에 전달하였던 외교문서의 일종으로, 그 당

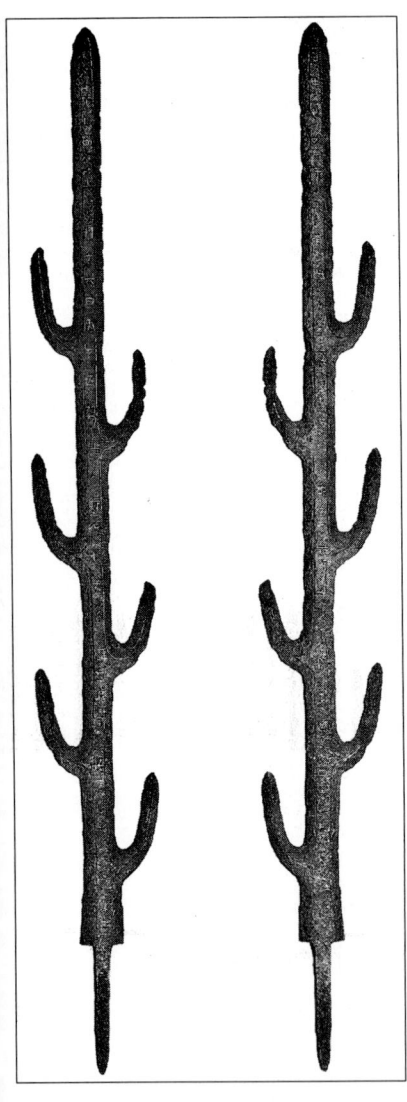

△ 칠지도

시의 역사적 사실, 특히 고대 한일관계사의 단면을 보여주는 자료적 가치가 매우 높은 것이다.

그러나 칠지도 명문은 그 존재가 세상에 알려질 때부터, 금상감의 글자가 심하게 떨어진 상태였기 때문에 그 내용을 알아보기란 쉽지 않았다. 이러한 칠지도의 상태와 자료적 가치는 그 해석과 역사적 의미의 규명을 둘러싸고 거의 백여 년에 가까운 한일 간의 뿌리깊은 논쟁을 불러일으키기도 하였다.

칠지도의 연구가 백여 년이 달하고 있는 지금이라고 해서, 칠지도 명문의 전부가 확실하게 판독되어진 것은 아니다. 그럼에도 불구하고 그 동안의 연구를 통하여 명문의 판독에 관해서는 한일 고대사학계가 일치된 견해에 도달하였던 부분도 적지 않으며, 칠지도 명문의 해석과 의미에 대해서도 공통된 인식을 가지게 된 것 또한 적지 않다.

따라서 여기에서는 이와 같은 연구 성과를 계승하면서, 명문의 판독에서 한일 양국이 일치하고 있는 내용을 기초로, 칠지도가 가지는 역사적 의미를 밝혀 보고자 한다. 칠지도 명문이 백제에서 제작되어 왜에게 준 것이 분명한 만큼, 이를 바탕으로 백제와 왜의 관계, 나아가서는 고대 한일관계사의 역사적 일면을 밝혀 볼 수 있을 것으로 생각한다.

◦ 칠지도 명문의 출현

칠지도의 존재를 처음으로 확인한 것은 이소노카미신궁의 주지 칸 마사토모菅政友였다. 그는 1874년부터 1877년까지 약 4년 간 이소노카미신궁에 재직하면서 신궁 보물창고에 대대로 보관되어 오던 칠지도를 조사하였고, 이로써 1500년이나 봉인되어 엄밀하게 보존되어 오던 칠지도가 다시 세상의 빛을 보게 되었다. 칠지도를 처음으로 접한 그는 심한 녹에도 불구하고 약간씩 빛나고 있던 금분을 통해 명문의 존재를 확신하였고, 칠지도를 덮고 있던 녹을 쇠줄로 연마하여 금상감의 명문을 드러냈다. 이제 칠지도는 일본 신도神道의 신령스런 경배 대상에서 고대사 연구의 기초자료라는 새로운 의미를 더하게 되었다.

다만 이러한 조사 결과가 곧 바로 발표된 것은 아니었다. 그가 칠지도 명문에 관한 메모를 작성한 것은 10여 년이 지난 1885년 무렵이었지만, 그 발표는 1898년 사망 후, 1908년에 출간된 『菅政友全集』에서 또 다른 한편의 메모와 함께 공표되었다. 이러한 경위는 고대 야마토 왕권의 무기고인 이소노카미신궁이 근대 천황가의 보물창고라는 인식과 메이지유신(1868) 이후 신으로 부활한 절대 불가침의 천황과 그를 정점으로 하던 일본 근대국가의 한계에서 비롯된 것이었다.

이소노카미신궁은 고대 일본의 중심적 지배씨족의 하나였던 모노노베씨物部氏가 자신의 조상을 모시는 씨족의 사당이었다. 『고사기古事記』는 가장 오래된 역사서이기도 하지만, 신도의 경전이기도 하다. 때문에 많은 신들의 이름이 보이지만, 신사로서 그 명칭이 확인되는 것은 이세신궁伊勢神宮・미와신사三輪神社와 더불어 이소노카미신궁이 전부이다. 이와 같이 칠지도는 물론, 칠지도가 보관되어 있던 이소노카미신궁 자체가 신성한 지역이어서 칠지도에 접근하는 것조차 쉽사리 허락되지 않았기 때문에 신령한 보물에 손을 대어 조사한다는 것은 좀처럼 상상하기 어려웠다.

더구나 칸 마사토모가 이소노카미신궁의 주지로 재직하던 당시는 메이지유신을 통해 왕정복고가 이루어지고, 일본의 천황은 살아 있는 신으로서, 국가신도의 정점으로 받들어지던 시기였다. 따라서 그가 아무리 신궁의 주지였다고는 하나, 황실의 신령스런 보물인 칠지도에 손을 대어 연마까지 하였던 사실이 알려진다면, 황실모독죄 내지는 국가신도의 이단자로서 처벌받을 수도 있는 사회적 분위기였다. 칸이 이소노카미신궁의 주지 직을 떠난 뒤, 칠지도 명문의 조사에 관한 메모를 10여 년이나 경과하여 작성하였고, 그 공표가 더 늦어지게 되었던 것에는 이런 이유들이 작용하였을 것이다.

한편, 이렇게 이루어진 조사와 공표였지만, 서두르고 거칠었던 조사과정으로 말미암아 칠지도 명문은 많은 훼손을 감수할 수밖에 없었다. X선이나 적외선 촬영과 같은 시설도 없었고, 요즘처럼 치과의사가 사용하는 연마기 같은 것도 없었던 당시로서, 쇠의 녹을 제거하고 명문을 드러나게 하는 유일한 수단이란 그가 술회하고 있는 것처럼 쇠줄로 갈아 보는 것이었다. 따라서 이러한 연마과정에서 금상감의 일부는 녹과 함께 떨어져 나가기도 했을 것이며, 금분이 날려 글자를 새긴 홈이나 녹이 스는 과정에 생긴 틈새에 부착되기도 하였을 것이다. 1500년 만에 세상에 얼굴을 내민 당대의 귀중한 문자자료인 칠지도 명문이었지만, 이미 그 출현과 정에서 많은 훼손을 감수할 수밖에 없었다.

◦ 칠지도 명문의 연구

칠지도 명문을 최초로 확인한 것은 칸 마사토모였으나, 일본 학계에 그 존재와 의미를 처음으로 공표한 것은 호시노星野恒였다. 1891년에 「칠지도고」를 발표한 그는 이소노카미신궁의 주지에게서 받은 실측도를 통해 『일본서기』 신공 52년의 기사에서 백제왕이 왜왕에게 바쳤다고 전하는 칠지도와 같은 물건으로 추측하였다. 칠지도 연구의 100년은 이때부터 시작되었다. 칠지도 명문의 연구 중 특징이 있다고 생각되는 몇 가지만 소개하면 아래와 같다.

호시노는 칠지도의 모양이 『일본서기』와 일치한다고 보아, 『일본서기』와 같이 칠지도로 명명하였다. 그러나 1894년 무렵 두 번째 조사에 임했을 때 칸의 재직 시보다 더 강하게 연마하여 칠지도라고 새겨진 명문을 확인하였다. 결국 처음에 좌우 여섯 개 가지를 보고 육차도라 불렀던 것을 칠지도로 고쳐 부르게 되었다. 현재의 칠지도라는 명칭은 여기에서 비롯되었다.

이후 여러 사람에 의해 몇 차례의 실물조사도 행해져서 명문을 판독하는 데 진전을 보이기도 하였으나, 비교적 안정된 판독은 후쿠야마 福田敏男에 의해 제시되었다. 1946년부터 3년에 걸쳐 세 차례의 정밀한 실물조사를 진행하여 새로운 문자의 판독과 함께 명문 판독의 대강을 확정하였다. 앞면에서 후왕侯王, 뒷면에서 백제百濟와 왜왕倭王의 문자를 새롭게 판독하였던 것은 칠지도 명문 연구 상 중요한 업적이었고, 이를 기초로 비교적 정밀하고 합리적인 해석문을 제시하였다. 또한 앞면 첫머리의 연호는 태화泰和로 읽히지만, 중국의 연호에는 보이지 않으므로, 음이 서로 통하는 태화太和가 태화泰和로 새겨진 것으로 보는 것이 옳다고 주장하였다. 즉, 칠지도에 새겨진 태화사년泰和四年은 중국 동진東晉의 연호인 태화사년太和四年이며, 곧 369년에 해당한다는 것이다. 여기에 백제와 왜왕을 새롭게 판독하였던 성과를 더해『일본서기』신공 52년(372)에 백제가 왜에 칠지도와 칠자경을 바쳤다는 기술과 같은 것으로 해석하였다.

백제가 칠지도를 왜왕에게 바친 이유는『일본서기』가 전하는 것과 같이 해석하였다.『일본서기』는 신공 49년(369)에 왜가 가라 7국(가야)을 정복하여 백제에 주었는데, 신공 52년(372)에 백제는 감사의 뜻으로 칠지도를 왜에 바쳤다는 것이다. 이러한 해석은 전에 없었던 정밀한 판독 작업에 뒷받침되어 근년까지 일본 학계의 통설적 이해를 대변하게 되었고, 백제가 왜에 칠지도를 바쳤다는 헌상설의 전형을 이루게 되었다.

물론 현재 일본의 모든 연구자가 이러한 해석을 추종하는 것은 아니다. 칠지도 명문이 백제와 왜 사이의 상하관계를 보여 주는 것이 아니라, 백제와 왜가 초기적 외교관계를 가지게 된 것을 보여 주는 기념비로 보아야 한다는 대등설이 제시되기도 하였다.

북한에서는 김석형이 중국에 태화泰和라는 연호가 없었으므로 백제의 독자적 연호로 주장하면서, 후왕侯王은 백제왕에 대한 왜왕의 지위를 나타내는 것으로, 백제왕이 4~5세기경에 이소노카미 신궁 일대를 영역으로 하는 백제계 분국의 왜왕에게 하사한 것으로 이해하였다. 1966년에 발표된 이 연구는 일본 학계에 소개되어 큰 반향을 불러 일으켰으며, 이른바 분국론의 일부를 구성하게 되었다. 분국分國이란 삼한 삼국의 주민들이 일본열도의 각지에 이동하여 집단적으로 거주하면서 성립된 소국들로 고구려·백제·신라·가야 등의 본국에 대해 분국과 같은 위치에 있었다는 것이다.

한국의 연구는 1973년 칠지도의 정교한 복제품이 국립중앙박물관에 도입되면서 활발해졌는데, 대체로 북한과 같은 하사설의 입장을 취하고 있다. 이병도는 통일신라 이전의 금석문에 중국 연호가 사용된 예가 없으므로, 태화泰和는 백제의 연호라 하였다. 뒷면의 백제 왕세자기생百濟王世子奇生은 백제 왕세자 기생奇生으로 읽고, 기생은 근구수왕의 이름 귀수貴須와 일치하는 것으로 보았다. 결국 백제 왕세자는 근구수왕이며, 태화는 근구수왕의 아버지 근초고왕이 재위 24년(369)부터 사용한 연호라 하였다.

재일동포 사학자 이진희는 '태화泰和＝태화太和'로 보면서, 472년에 백제가 북위에 사신을 파견했던 것과 5세기 후반에 백제가 국내적으로 후왕제侯王制를 실시하고 있었던 점을 들어, 태화太和 4년은 동진의 연호가 아니라 북위北魏의 연호(480)로 파악하였다.

이상과 같이 칠지도 명문에 관한 연구는 한국·북한·일본 학계의 많은 관심 속에 진행되어 무려 100여 년의 세월이 경과하였으나, 뚜렷한 결론을 보지 못하고 있는 실정이다. 더구나 앞으로 새로운 글자가 판독될 가능성도 거의 없다. 직접적으로 관련되는 확실한 자료가 보충되지 않는 한, 칠지도 명문 중에서도 확실하게 판독되거나 모든 연구자들이 공통적으로 인정하는 문자를 중심으로 누가 좀 더 합리적인 해석을 하는가에 연구의 방향이 결정될 것이다.

◦ 칠지도 명문의 해석

칠지도의 양면에는 모두 61자의 명문이 새겨져 있다. 앞면에 34
자, 뒷면에 27자로 각 면이 독립된 문장으로 구성되어 서로 구분
되고 있다. 61자의 수효가 확실한 것은 아니지만, 칠지도의 가장
자리에 둘러진 금선金線 안에 명문이 새겨 있음을 참고할 때, 문자
의 수에 대해 이견은 없다. 칠지도의 양면이 같은 모양이기 때문
에 앞면과 뒷면이 따로 있는 것은 아니다. 그러나 양면이 하나의
문장으로 이어진 것이 아니고, 서로 다른 내용으로 되어 있기 때
문에, 명문 연구의 편의상 첫머리에 연호가 오는 부분을 앞면으로
하고, 다른 면을 뒷면으로 구분하고 있다. 칠지도 명문에는 전혀
판독이 되지 않거나 존재는 보이지만 확정할 수 없는 문자들도
있다. 전혀 판독할 수 없는 것은 □로, 의심이 가거나 논란이 있는
것은 (?)로 표시하여, 현재 비교적 타당하다고 생각되는 명문과 해
석을 제시하면 아래와 같다.

〈앞면〉
　泰(和?)四年五月十六日丙午正陽造百練鋼七支刀生辟百兵宜供
　供侯王□□□□(祥?)
〈뒷면〉
　先世以來未有此刀百濟王世子奇生聖(德?)故爲倭王旨造傳示後世

泰(和?)四年 : 명문의 첫머리에 오는 이 구절은 대부분의 칼·거
울·솥 등의 금문金文과 같이 제작 연도를 나타내는 중요한 부분이
지만, 글자의 남은 상태가 좋지 않다. 태泰는 확실하나, 화和는 완전
치 않아 화禾 또는 여女와 비슷한 변의 획이 보일 뿐이다. 따라서

태화泰和·태시泰始(268)·태초泰初 등으로 판독되었고, 중국사서와 금문에 보이는 음통音通의 원칙이 적용된 것으로 보아 태화泰和＝태화太和(369년·480년)로 이해하기도 하였다. 그러나 이 중 어느 것도 확정적일 수는 없으며, 태화泰和가 중국 왕조의 연호로 사용된 적이 없어 백제의 독자적인 연호(408)로 볼 가능성도 있다. 결국 '泰(和?)四年'은 268년·369년·408년·480년 설이 모두 성립할 수 있는 가능성을 가진 정도로 제한해야 할 것이다.

    五月十六日丙午正陽 : 이 구절은 칠지도가 제작된 월일과 시간을 나타낸다. 五月 十一日 또는 五月 十三日로 판독되기도 하였으나, 현재는 육안으로도 五月 十六日임이 분명히 확인되고 있다. 오월五月은 음력의 중하中夏로서 가장 더운 달이다. 병오丙午의 병丙은 불의 형火兄에 해당하고, 오午는 정남正南의 방향을 나타낸다. 제작 시간에 해당하는 정양正陽은 하루 중 불의 기운이 가장 성한 때이다. 따라서 칠지도는 불의 기운이 가장 성한 달과 날과 시를 택하여 제작된 것으로 생각된다. 다만 이러한 제작 시기에 관한 구절은 중국·일본·한국에서 청동이나 철로 제작된 금문에 공통적으로 보이는 것으로, 정확한 제작 시간으로 한정할 까닭은 없다. 좋은 청동이나 철을 뽑을 수 있고, 이러한 소재로 거울이나 칼이 잘 만들어지도록 기원하려는 뜻이 더 중요하였다. 결국 칠지도 제작의 정확한 시간이라기보다 좋은 칠지도를 제작하려는 바람에서 전통적으로 사용되어 오던 길상구를 답습한 것으로 이해함이 옳다. 이렇게 볼 때, 태화 4년을 어느 시기로 보고, 그 해의 5월 16일이 병오丙午인가 아닌가를 따지는 논의는 별 다른 의미가 없게 된다.

造百練鋼七支刀 : 이 구절은 칼의 명칭과 제작 방법을 나타낸다. 강鋼을 철鐵로 읽은 적도 있으나, 금속 조직에 대한 공학적 연구를 통해 칠지도가 강鋼을 재료로 하였음이 밝혀졌다. 백百은 많다는 뜻으로 쓰였으므로, 수 없는 담금질과 망치질로 강철의 칠지도를 만들었다는 뜻으로 해석하는 것이 좋다.

生辟百兵 : 이 구절은 칠지도의 효험을 나타낸 것으로, 좋은 강철과 많은 정성으로 만들었기 때문에, 백병百兵을 물리칠 수 있다는 뜻이다. 백병은 모든 무기와 군사를 의미하지만, 액을 쫓는다는 주술적인 의미도 담고 있다.

宜供供侯王 : 위와 같이 만들었고 위와 같은 효험을 가지고 있으니, 후왕에게 주기에 적합하다는 뜻이다. 그렇다면 후왕은 누구이며, 그 위치는 어떠한가? 뒷면 명문에 의해 후왕이 칠지도를 받는 왜왕임은 분명하지만, 칠지도를 주는 백제에 대해 어떤 위치였던가에 의견이 엇갈리고 있다. 백제가 천자와 같은 입장에서 왜를 제후와 같이 표현했다고 보는 입장도 있고, 금문에 상투적으로 쓰이는 길상구로 상하관계는 무의미하다고 보는 입장도 있다. 공공供供은 일반적으로 제공한다는 뜻으로 이해되지만, 그렇다면 같은 두 자를 중복해 쓸 필요가 없다. 다른 금석문에서 공공供供이 공공恭恭과 같이 쓰였던 예에 주목하여 순순한 또는 예의 바른의 뜻으로 해석하는 것이 좋을 것이다. 백제왕의 최초의 교섭 제의에 순순히 따르는 왜왕에게 칠지도의 효험이 있을 것이라는 백제의 외교 성립의 의지가 담겨 있었던 것으로 해석함이 옳을 것이다.

그렇기 때문에 왜왕을 후왕으로 칭하고 있는 것 자체가 4세기 중, 후반의 백제와 왜의 실질적 관계를 표현한 것으로 보기는 어렵다. 백제와 왜의 본격적 외교관계는 이 칠지도의 증여를 통해 처음 성립되므로, 그 이전부터 황제적 위치의 백제왕과 제후적 위치의 왜왕이란 상하관계가 존재했을 개연성은 별로 없다. 다만, 조금 뒤 시기의 백제왕은 몇몇의 신하에게 왕호王號와 후호侯號를 하사하고 있다. 이를 고려한다면 왜왕에 대한 백제왕의 자존의식과 외교적 주장의 의미는 인정될 수 있을 것이다.

결국, 후왕이란 용어가 백제와 왜의 실질적 상하관계를 나타내는 것은 아니고, 스스로 높여 천자의 위치에 두고 왜왕을 제후와 같이 인식하려는 백제 왕의 천하관과 외교적 주장이 반영된 것으로 파악하는 것이 타당할 것이다.

□□□□(祥?) : 이 구절에서는 맨 끝 자 만이 작作과 비슷하게 읽혀져 왔을 뿐이다. 따라서 이 구절에 칠지도를 만든 사람의 이름이 쓰여 있었을 것으로 보는 것이 일반적이었다. 그러나 뒷면의 명문에서 백제의 왕세자가 만들었음이 분명하기 때문에 제작자의 이름을 두 번씩 썼다고 생각하는 것은 비합리적이다. 물론 백제 왕세자는 책임자였고 실제 제작하였던 기술자의 이름이 쓰였을 수도 있겠으나, 기술자에 불과한 공인工人의 이름이 주관자인 왕세자의 앞에 쓰였다고는 생각할 수는 없다. 다른 금석문의 용례에 따라 영구히 크게 길하리라와 같은 상투적인 길상구의 내용이 있었을 것으로 짐작하는 것이 타당할 것이다.

先世以來未有此刀 : 뒷면의 첫 구절인 이 문장은 이러한 모양의 칼은 일찍이 없었다로 해석된다.

百濟王世子奇生聖(德?)故爲倭王旨造 : 칠지도를 주고받았던 주

체를 밝히고 있어 중요한 의미를 갖는 구절이다. 덕德?은 진晉 또는 음晉으로 읽히며, 백제가 중국 동진聖晉=東晉의 권위에 의존하여 제작하였다거나聖晉, 불교사상의 영향聖晉=佛晉이 언급되는 등 각양각색의 해석들이 제기되었다.

그러나 백제百濟 왕세자王世子 기생奇生이 성스럽고 덕이 있어, 왜왕倭王 지旨를 위해 만들었다고 이해하는 것이 좋을 듯하다. 그렇다면 백제 왕세자 기생奇生은 누구이며, 왜왕 지旨는 누구인가? 기생奇生은 근초고왕의 아들로 뒤에 근구수왕이 되는 귀수貴須 또는 구수仇首의 다른 표현이다. 375년에 즉위하는 근구수왕은 이전에 근초고왕(346~374년)의 왕세자로서 외교를 전담하는 위치에서 왜왕과의 통교를 위해 칠지도의 제작을 주관하였을 것이다. 지旨는 체替와 글자의 모양이 비슷하고, 체替는 찬贊과 비슷하므로 5세기 후반의 중국 사서에 보이는 왜의 5왕 중 왜왕찬倭王讚으로 볼 수 있는데, 찬讚을 『일본서기』의 응신왕으로 추정하는 견해도 있다.

이 구절의 세부적인 해석에 대해서는 이론의 여지가 많다. 그러나 누가 보아도 분명하며, 현재의 한일 고대사학계가 공통적으로 인정하고 있는 사실은 백제의 왕세자와 왜의 왕이야말로 칠지도를 주고받았던 주체였다는 사실이다. 칠지도 명문은 백제왕이 아닌 왕세자가 왜왕에게 칠지도를 주었음을 분명히 기록하고 있다. 이 구절에서 백제의 왕세자가 왜왕에 대응하고 있다는 사실만큼 확실한 것은 없다.

傳示後世 : 이 구절은 지금까지 없었던 칠지도를 백제에서 만들어 보내니 왜왕은 후세에 길이 전하여 보이도록 하라는 주문 내지 당부의 의미로 해석된다.

이상과 같이 칠지도 명문을 각 구절로 나누어 살펴보았다. 이를 바탕으로 명문의 전체를 현대어로 해석해 보면 다음과 같다.

〈앞면〉
　태화 사년(369?) 여름의 가운데 달 오월에, 불의 힘이 가장 왕성한 십육일 병오의 날 정오에, 수 없이 두드려 강철의 칠지도를 만들었다. 이 칼은 모든 병기의 해를 물리칠 수 있으니, 공손한 후왕에 적합할 것이다. 오랫동안 좋은 효험이 있기를 기원한다.
〈뒷면〉
　이제까지 이런 칼이 없었는데 백제 왕세자인 기생奇生이 성스럽고 덕이 있어 왜왕인 지旨를 위해 만들었으니, 후세에 길이 전하여 보이기 바란다.

◦ 칠지도 명문의 의미

『일본서기』 신공 49년(369)조에는 왜가 가야의 일곱 나라를 정복하여 백제에게 주었고, 신공 52년(372)조에는 이에 보답하는 뜻으로 백제가 구저 등을 사신으로 보내 칠지도와 칠자경을 비롯한 각종의 보물을 바쳤다고 전하고 있다. 이것이 칠지도에 관련된 단 하나의 문자기록이고 보니, 칠지도 명문의 역사적 의미를 생각하는 데 많은 영향을 미쳤던 것도 사실이다.

그러나 732년에 완성된 『일본서기』가 일본 중심적으로 창작 왜곡 윤색되었다는 것은 이미 잘 알려진 사실이다. 현재 한일 고대사학계의 일선에서 활약하고 있는 연구자들 중에 위와 같은 기술을 역사적 사실로 생각하는 사람은 없다. 왜가 가야를 정벌하였다는 것도 역사적 사실이 아니며, 백제가 왜에게 가야의 땅을 받았다는 것도 역사적 사실이 아니다. 이러한 기술에서 역사성을 되살릴 수 있는 것은 백제가 왜와 외교적 교섭을 시작하던 것에 관련된 전승이란 점뿐이며, 백제에 앞서 왜와 외교관계를 맺고 있었던 가야가 그 중개에 관여하고 있었다는 사실 뿐이다.

따라서 『일본서기』의 기술은 4세기 중반에 백제가 가야를 통하여 왜와 외교관계를 시작하였던 역사적 사실이 일본 또는 백제 중심적으로 꾸며졌던 결과이다. 즉, 『일본서기』를 전제로 칠지도 명문의 의미를 해석할 수는 없다. 반대로 동시대의 자료인 칠지도 명문을 기초로 『일본서기』의 내용을 바로 잡는 것이 객관적일 것이다.

칠지도 명문에서 가장 확실한 것은 주고받은 주체의 기술이다. 주는 사람이 백제의 왕세자로 되어 있고, 받는 사람이 왜왕으로 되어 있다는 사실만큼 분명한 것은 없다. 따라서 왜왕은 백제의 왕세자에 대응되는 존재로 묘사되고 있다. 그렇다고 할 때 칠지도는 백제가 친선외교의 제안으로 왜에 주었던 일종의 하사품이었으며, 『일본서기』가 이러한 역사적 사실을 일본 중심적으로 왜곡하여 기술했던 것으로 보아야 할 것이다.

물론 근년의 일본 학계는 과거의 주장에서 일보 후퇴하여 "칠지도 명문을 가지고 백제와 왜의 상하관계를 논단하는 것은 잘못이며, 백제와 왜 사이의 초기적인 교류를 보여 주는 것으로 제한해서 해석해야 할 것"을 주장하고 있지만, 이 역시 현존하는 칠지도 명문에 의한 해석이라고 보기는 어렵다. 결국 칠지도 명문의 역사적 진실이란 4세기 중후반에 백제가 왜와 우호관계를 수립하기 위하여 이전까지 왜에서는 볼 수 없었던 특수한 모양의 칼을 제작하여 보냈던 것으로 해석하여야 할 것이다.

────────────── 참고문헌 ──────────────

국립청주박물관, 『철의 역사』, 1997.
연민수, 『古代韓日交流史』, 혜안, 2003.
이영식, 「북한의 고대한일관계사 연구현황」 『북한의 고대사 연구와 성
　　　과』, 대륙연구소, 1994.
조희승·김석형, 『초기조일관계사』 상·하, 평양, 사회과학출판사, 1988.
村山正雄, 「七支刀銘文の侯王について」 『朝鮮學報』 104, 1982.

광개토왕비에 새겨진 고구려인의 진심

연 민 수(바른역사기획단)

○ 천오백 년간 잊혀졌던 광개토왕비

현재 우리 역사에서 최대의 관심을 모으고 있는 역사적 인물을 꼽으라면 단연 고구려 광개토왕(391~412)이 으뜸이다. 그는 국강상광개토경평안호태왕國罡上廣開土境平安好太王이라는 시호가 말해주듯이 고구려의 영토를 최대로 확장시킨 왕이었다. 그가 그렇게도 유명해졌고 그럴 수밖에 없었던 이유는 광개토왕비가 현존하기 때문이다. 광개토왕비는 드넓은 만주벌판을 호령하던 옛 조상들의 활기찬 가상을 1500년의 시공을 넘어 오늘을 사는 우리에게 생생히 전해준다.

십수 년 전 중국과 국교가 수립된 이후 옛 고구려 영토에 대한 민족사적 관심이 높아지면서 고구려의 왕도였던 국내성, 현 지안集安은 역사 탐방의 명소로서 자리 잡게 되었다. 이곳에 바로 그 유명한 광개토왕비가 우뚝 솟아 있다. 광개토왕비는 왕이 사망한

△ 1913년 촬영한 광개토왕비. 도쿄국립박물관 소장

지 2년째인 414년에 그의 아들 장수왕에 의해 세워졌다. 그러나 이 비는 고구려의 멸망과 더불어 사람들의 뇌리에서 점차 잊혀져 갔고 옛 고구려 땅에는 북방민족의 흥망성쇠가 계속되었다. 특히 청나라 때에는 만주족이 그들 민족의 발상지라 하여 사람들의 출입을 통제하였다. 광개토왕비가 다시 세상에 알려지기 시작한 것은 청말인 1880년 무렵 장백산맥 일대에 대한 봉금封禁이 해제되어 사람의 출입이 허용되면서 현지인에 의해 발견된 직후이다. 천수백여 년의 긴 역사의 잠에서 깨어난 광개토왕비는 세인의 비상한 관심 속에 그 위용을 드러내기 시작하였다.

높이 6.3m, 무게만도 39t에 달하는 장방형의 거석 4면에 모두 1775개의 문자가 새겨져 있다. 비문의 내용은 모두 세 부분으로 구성되어 있다. 첫 부분은 고구려의 건국신화와 왕의 세계世系, 중간 부분이 광개토왕의 군사적 업적, 그리고 마지막 부분이 왕릉의 묘지기에 관한 기록인 수묘인守墓人에 관한 규정이다. 그 중 광개토왕이 생전에 사방의 정토에서 이룩한 군사적 위업을 생생하게 보여주는 중간 부분은 한일 고대사학계의 뜨거운 논쟁을 불러일으키게 된다.

◦ 일본인들을 기쁘게 했던 비문의 한 구절

광개토왕비에 대한 연구는 일본참모본부의 요원으로서 중국에 파견된 사카와 가게아키酒匂景信에 의해 동비의 묵본墨本이 일본으로 전해진 1884년부터 시작된다. 이 묵본은 곧 참모본부의 편찬과로 옮겨져 해독 작업이 진행되었고, 1889년에 『회여록會餘錄』이란 잡지에 영인축소본과 해설 등이 실리면서 비로소 일반에 공개되었다. 여기에 수록된 비문에 의하면 신묘년(391년)을 시작으로 399년, 400년, 404년에 왜가 한반도에 출몰하여 고구려, 신라 등과 격전을 벌였다는 전쟁 기록이 명기되어 있다. 특히 신묘년 기사에는 왜가 바다를 건너와서 백제와 신라를 격파하고 신민臣民(백성)으로 삼았다는 기록이 나온다.

이것이 바로 광개토왕비문의 최대의 논쟁점으로서 현재에 이르기까지 의견의 일치를 보지 못하고 있는 부분이다. 이 기록에 주목한 초기의 일본의 연구자들은 비문의 왜란 고대 일본 천황가의 기원을 이루는 야마토大和 정권이고 야마토 정권의 한반도 남부 지배, 이른바 임나일본부설을 증명하는 사료로서 중시했다. 고대 일본의 한반도 남부 지배설은 광개토왕비가 발견되기 이전에도『일본서기日本書紀』라는 일본의 고문헌에 기초하여 제기되고 있었으나 광개토왕비의 출현에 의해 한반도 남부 지배설은 확고한 뿌리를 내리게 되었다. 왜냐하면 광개토왕비문은 고구려인에 의해 쓰여진 객관적 자료로서 인식되었기 때문이다.

당시 일본은 군비 확장에 열을 올리며 대륙 침략을 기도하고 있었던 때인지라 비문에 담긴 왜의 군사적 활동은 일본의 침략정책을 합리화할 수 있는 역사적 근거를 제공해 주는 것이라 여겼다. 참모본부의 편찬과에서 비문 해독의 주도적 역할을 담당했던 요코이타다나오横井忠直의 다음과 같은 발언은 비문 연구의 목적이 어디에 있는가를 잘 보여주고 있다. 그는 "백제·신라가 일본의 신민이 되었던 일에 대해 혹인은 의심할지 모르지만 그 나라(고구려 사람에 의하여 쓰여진 것이고 바로 일본의 고문헌과 일치한다. 즉, 천고千古)에 비할 수 없는 좋은 증거이고 역시 유쾌한 일이 아닌가"라고 하였다. 요코이에게는 광개토왕비의 발견이 고대 일본

의 한반도 지배설을 증명하는 확고부동한 자료였고, 한반도 지배
라는 기록 자체를 유쾌한 일로서 받아들였던 것이다. 이러한 생각
은 비단 요코이 개인뿐만 아니라 당시 일본 관학파 모두의 인식
이었던 것이다.

광개토왕비에 대한 이러한 관심은 드디어 일본이 비를 반출하
려는 계획으로 이어진다. 지안현 향토지에 의하면 1907년 5월부의
지안현 지사 오광국吳光國이 봉천제학사奉天制學使의 소포小浦에게
보낸 문서 중에 일본군 제57연대장 오자와 도쿠헤이小澤德平가 가
끔 광개토왕비를 보러 왔으며 비석을 구입해 일본의 박물관에 전
시하고자 했던 기록이 보인다. 오광국의 거부에 의해 이 계획은
무산되었지만 일본 참모본부의 의도는 자명하다. 고대 일본이 한
반도 남부를 지배했다는 과거의 영광을 일본 국민에게 주입시켜
현실의 침략 전쟁을 합리화, 정당화하는 역사적 표상으로서 일본
국민에게 알리고 나아가 국민적 결집을 꾀하려 한 것이었다.

◦ 비문은 정말 변조되었나

광개토왕비에 대한 참모본부 등 일본 측의 일방적 연구가 전환
기를 맞이한 것은 1972년 재일동포 사학자 이진희 씨에 의해 이
른바 '비문변조설'이 제기되면서부터였다. 그는 여러 종류의 탁
본, 사진, 판독문에 기초해서 일본 참모본부에 의해 비문의 주요
글자가 변조되었음을 주장하였다.

즉, 참모본부의 요원 사카와가 1883년 일본의 대륙 침략에 유리
하도록 비문의 글자를 고쳐서 쌍구가묵본雙句加墨本을 만들었으며,

이어 1900년 무렵에는 사카와의 범행을 은폐하기 위해 참모본부가 석회를 발라 비문을 변조했고, 그 후 또다시 참모본부가 석회 도부작전때 잘못 새긴 곳에 3차 가공을 했다고 한다. 따라서 현존하는 탁본은 모두가 석회탁본이어서 믿을 수 없으므로 원비면에 대한 철저한 과학적 조사가 이루어져야 한다고 주장하였다. 특히 문제가 되고 있는 신묘년조의 '내도해波來渡海破'의 4글자도 변조의 가능성이 있어 의심스럽다는 것이다.

이러한 비문변조설은 대단한 파문을 일으키면서 비문 연구에 대한 열기를 한층 고조시켰다. 비문 변조설이 사실이라면 이는 중대한 문제가 아닐 수 없다. 이는 역사 왜곡의 차원을 넘어 이웃 나라에 대한 침략을 정당화하려 했다는 데 문제의 심각성이 있는 것이다.

그러나 이 설은 기존에 알려진 일본의 미즈타니 데이지로水谷悌二郎 소장본 등 4종의 탁본과 근년에 중국의 북경에서 발견된 몇몇 탁본이 원석탁본原石拓本임이 밝혀지게 되면서 설득력이 약해지기 시작하였다. 원석탁본이란 비면에 석회가 발라지기 이전에 뜬 탁본을 말한다. 비의 발견 초기에는 원석탁본이 제작되다가 어느 시기엔가부터 비면에 석회가 발라져 그 이후에 나온 탁본은 모두 석회탁본이다. 원석탁본의 발견에 의해 사카와가 갖고 온 묵본은 변조된 것이 아니라 원석탁본을 모본으로 하여 만들어졌으며 제작 과정에서 모본에 대한 오독으로 인하여 원글자가 달리 만들어지기도 하였다는 설이 유력해졌다.

원석탁본의 등장에 의해 일본 참모본부에 의한 비문 변조설이 부정된다면 석회를 바른 사람은 누구인가. 그 인물은 현지에 거주하면서 광개토왕비 탁본의 제작에 종사하던 초천부初天富·초균덕初均德라는 중국인 부자가 지목되고 있다.

초씨는 당시 급증하는 탁본 수요를 감당하기 어려워 비의 전면에 석회를 발라 비면을 고르게 한 후 탁본을 만들었다고 한다. 그러자 공정이 간단해져 탁본의 대량 생산이 가능해졌다는 것이다. 그 시기는 대체로 1889년 무렵으로 추정되는데 이후에도 석회에 의한 비면의 보수가 자주 행해졌다고 한다. 탁본에 따라 글자의 형태가 다르게 나타나는 것은 바로 석회에 의한 비면의 잦은 보수와 시간이 지남에 따라 비면으로부터 석회가 탈락되는 과정에서 생기는 현상이라 여거진다.

◦ 신묘년기사를 어떻게 해석해야 하는가

그러나 원석탁본의 출현에 의해 비문 연구가 종식된 것은 아니다. 이는 연구의 새로운 출발점이 되었다. 원석탁본을 연구할 때 문자의 정확한 판독과 판독된 글자에 대한 올바른 해석이 무엇보다 중요하다. 그러나 광개토왕비의 경우에는 연구자마다 원석탁본에 대한 판독이 다르고 해석 또한 다양하다.

그럼 최대의 쟁점이 되고 있는 신묘년기사를 살펴보기로 하자. 이 부분은 연구자에 따라 탁본에 대한 판독과 해석에 많은 차이가 있다. 학계의 일반적인 판독은 다음과 같다.

> 百殘新羅舊是屬民由來朝貢, 而倭以辛卯年來渡海破百殘□□新羅以爲臣民

위 기사의 해석은 크게 두 가지로 나뉜다. 먼저 통설적인 해석인 "백잔(백제·신라)은 원래부터 고구려의 속민이어서 조공해 왔다. 그런데 신묘년에 왜가 바다를 건너와서 백잔(백제·신라)을 파하고 신민으로 삼았다"라는 것이다.

또 다른 해석은 이를 반박하며, 신묘년에 왜가 온 것은 사실이
나 바다를 건너 파한 주체는 고구려라는 것이다. 즉, "신묘년에 왜
가 왔다. 고구려는 도해하여 백제, 신라를 파하고 신민으로 삼았
다" 혹은 "신묘년에 왜가 왔지만 고구려가 도해하여 왜를 파했다.
이에 백제가 왜와 연합하여 신라를 공격하여 신민으로 삼았다"
등과 같은 독법이다. '파破'의 주어를 고구려로 볼 경우 종전의 해
석과 전혀 달라지고 신민으로 삼은 주체는 왜가 아니라 고구려(혹
은 백제)가 되어 예전부터 일본 학계에서 주장하던 고대 일본의
한반도 남부 지배설은 부정될 수밖에 없다는 것이다. 일본의 고전
적 해석안에 대한 비판으로부터 제기된 고구려를 주체로 하는 독
법은 통설대로 읽을 경우 당시 역사적 상황과 배치한다는 논리가
전제가 되고 있다.

그러나 이러한 해석은 역사적 상황과 맞을지는 몰라도 비문의
논리에서 보면 모순점이 많고, 또한 동일한 문장 속에서 주어가
몇 차례씩 바뀌는 부자연스러움이 있다. 신묘년기사 두 문장 중에
서 앞의 문장은 뒤의 것의 원인을 말하는 것으로써 고구려의 백
제·신라에 대한 속민·조공관계를 파탄에 이르게 한 행위의 결
과를 나타내는 기사가 되어야 하고, 그 사건의 주체를 왜로 보아
야만 비문의 논리가 자연스럽다. 즉, 백제·신라는 고구려의 속민
이었는데 왜의 등장으로 인해 이러한 속민관계가 파탄된 것으로
해석해야 논리적으로 통한다는 것이다. 이것은 통설의 독법은 따
르되 역사적 해석에 있어서는 통설을 부정하는 입장이다. 즉, 왜
가 신묘년에 바다를 건너와서 백제·신라를 파하고 신민으로 삼
았다는 것은 역사적 사실이 아니라는 것으로 비문의 논리를 파악
하면 신묘년기사의 내용은 합리적으로 이해된다는 것이다.

이러한 이해에는 신묘년기사를 광개토왕의 정복관계 기사 중에서 특수 구문으로 보는 전제를 깔고 있다. 특수 구문으로 보아야 한다는 데에는 많은 연구자가 동의하지만 그 용어도 전치문前置文, 도론導論, 전제문前提文, 집약문集約文 등 다양하며 그 성격도 조금씩 다르다. 그러나 광개토왕의 출정出征에 대한 이유를 설명하는 구문이라는 데에는 일치한다. 광개토왕비문의 커다란 특징은 바로 정복지로 출정하는 데 대한 이유를 설명한다는 것이다. 이것은 모든 정복기사를 통해서 예외가 없다. 특히 신묘년기사는 다른 정복관계 기사와 달리 독립적 문장으로 되어 있으면서, 단일 사건에 대한 이유를 설명하는 구문일 뿐만 아니라 고구려의 남정기사 전체의 사건에 대한 이유를 포괄하는 기능을 한다.

그럼 왜 고구려는 역사적 사실과 다른 문장을 광개토왕의 출정 이유로서 기록하게 되었을까. 여기에는 당시 고구려인의 역사인식 이데올로기 문제를 파악해야 된다. 광개토왕비는 단지 사실관계만을 기록한 여느 능비와 성격이 다르다. 사실과 비사실적인 문장을 혼재시키면서 고구려 측의 입장을 강하게 반영시키는 문장의 수법을 취하고 있다. 그것은 중화사상中華思想의 영향이다. 중화사상은 고대 중국의 주변 제국에 대한 대외관념에서 나온 것으로써 주변 제국은 중국 황제의 덕화를 흠모해서 조공하고, 대신 중국 황제는 주변 제국의 왕 혹은 수장층에게 자국의 작호를 수여하는 책봉관계에 기반을 두고 있다. 이는 유교적 덕치주의라는 정치사상에 기초하고 있다.

그러나 이러한 중화사상은 중국에만 존재한 것이 아니라 동아시아 제국의 국가적 성장과 발전에 따라 이들 국가에서도 자국 중심의 중화사상이 배양되었다. 특히 고구려에서는 4세기 이래의 선진화된 중국 문물의 수용과 제도적 정비에 의한 지배체제의 구축, 그리고 대외적으로는 활발한 정복 활동에 의해 국가의식이 크게 고조되어 있을 5세기 무렵에 중화사상이 나타나기 시작했다. 광개토왕비문에 묘사되었듯이 건국시조의 혈통을 천제와 결부시키는 신통사상神統思想, 성왕관聖王觀에 의한 태왕太王호의 출현, 영락永樂연호의 제정, 주변 제국에 대한 노객奴客, 귀왕歸王, 속민, 조공 등의 차별적 개념의 사용 등은 국가와 왕권의 성장에 따른 고구려적 중화의식의 발로이다. 즉, 고구려가 천하의 중심이고 그 주변 제국은 고구려의 세계질서 속에서 고구려 왕을 흠모하고 조공을 바치고 귀화해 온다는 이른바 고구려적 중화의식인 것이다.

이러한 중화의식은 무엇보다 고구려의 주변 제국에 대한 왕성한 정복 활동의 결과 배양된 것이다. 전쟁이 일단락된 후 고구려는 주변 제국에 대해서 제각기 다른 평가를 내린다. 신라·백제·동부여는 원래부터 고구려의 속민으로 규정하고, 숙신은 조공의 대상으로, 거란의 일족인 비려는 정벌의 대상으로 간주한다. 그러나 왜에 대해서는 영토적 정벌이나 조공, 속민이 아닌 단지 응징의 대상으로 취급하고 있다. 이는 고구려적 세계질서 속에서 왜를 제외시켰기 때문이다. 고구려 측에서는 처음부터 왜를 이질적 집단으로 간주하고 고구려의 세계질서 속으로 뛰어들어 이 질서를 흔들어 놓은 집단으로 상정했던 것이다. 이것은 고구려가 400년, 404년의 두 차례에 걸쳐 왜병과 전투를 벌인 경험과 기억을 통해 얻어진 대왜 인식의 결과라 생각된다. 그동안 왜와 직접적인 접촉이 없었던 고구려로서는 한반도 남부에 출현한 왜병이 이질적이고 고구려의 남방경영의 방해자로서 인식되었던 것이다.

한편, 고구려 측 중화 논리에서는 광개토왕의 업적을 현창하는 훈적비로서의 가치 기준을 정복군주의 이미지를 넘어선 도덕적 군주로 승화시키는 데에 중점을 두었다. 도덕적 군주란 주변 제국

을 군사적으로 정벌하면서 이들 지역이 고구려왕의 덕화가 미치
어 고구려적 세계질서에로 들어오게 하는 것이다. 남방에서의 백
제와 신라는 당연 고구려의 세계질서에 들어와야 될 대상이다. 그
럼에도 불구하고 백제의 경우는 항상 고구려에 대항하고 피해를
입혔다. 게다가 왜와 연합하여 고구려를 공격하고 있다. 그러나
군사적 공격만을 기술하는 것은 훈적비로서의 가치를 떨어뜨리는
것이었기에 고구려의 남방경영을 정당화하는 필법으로서 왜가 고
구려의 속민인 백제·신라를 왜의 신민으로 삼았다는, 사실과 배
치하는 기록을 삽입하였던 것이다.

신묘년은 광개토왕이 즉위한 해이다. 이 해부터 이질적 집단인
왜가 고구려의 속민이 되어야 할 남방의 영역을 침입하여 왜의
신민으로 했다고 설정해 놓은 것은 고구려가 이들 지역을 왜로부
터 구원해야 한다는 전쟁의 명분을 명확히 하기 위해서였다. 이리
하여 이후의 남방전쟁을 고구려의 세계질서를 회복시키는 성전聖
戰으로서 규정했던 것이다. 즉, 신묘년기사는 고구려의 남방정토를
정당화, 합리화시키기 위한 설명문으로서 기능하는 것이지 역사적
사실과는 관계가 없다는 것이다. 능비의 제1면을 왕도 국내성으로
부터 압록강을 가로 질러 남방으로 향하게 배치한 것도 고구려의
남방에 대한 관심도가 어느 정도였는가를 잘 보여주고 있다.

◦ 역사는 겉으로 드러난 기록만이 아니다

광개토왕비문은 4·5세기 고구려라는 국가의 역사적 체험을 당
시 지배층의 역사인식을 가미시켜 기술한 문장이다. 즉, 이 비문
은 사실에 기초하면서도 유교적 정치사상에 입각한 중화사상의

영향을 받아 고구려적 세계질서라고 하는 틀 속에서 주변 제국을 차등적으로 자리매김하고 있다. 문제의 왜의 이미지도 고구려 측의 관념과 현실 속에서 복합적으로 그려져 있다. 고구려의 남방에 대한 영토의식은 신묘년기사와 같은 강렬한 왜의 이미지를 출현시켰다. 이는 고구려적 세계질서의 파괴자로서의 왜를 자리매김하여 고구려의 남방에 대한 정토의 정당성을 합리화하려는 고구려인의 인식으로부터 나온 것이다. 왜의 군세가 강하게 그려지면 그려질수록 구원과 해방을 빙자한 고구려의 정복 전쟁의 명분과 정당성은 더욱 빛을 발하게 되는 것이다.

광개토왕비문은 당대의 체험자에 의한 기록이지만 일방적인 고구려 측의 논리만이 반영되어 신묘년기사와 같은 비역사적 사실도 기술하게 되었다. 이는 훈적비가 갖는 하나의 특성이고 고구려의 시대사상을 반영하는 것이라고도 할 수 있다. 4·5세기 한일관계사를 구명하는 제1급 사료임에도 불구하고 신묘년조와 같이 기술된 내용을 그대로 받아들일 수 없는 것은 바로 이런 이유에서이다. 광개토왕비는 어디까지나 고구려 왕권사의 기록이고 고구려의 발전을 과시하기 위한 기념물이다. 왜와 관련된 전쟁 기록은 고대 일본의 한반도 남부 지배를 증명하는 사료가 아님을 새삼 확인시켜준다.

단지 겉으로 드러난 기록만으로 역사를 해석하고 평가한다면 초기의 일본 연구자들의 확신에 찬 한반도 남부 지배설과 같은 역사인식도 낳게 되는 것이다. 이러한 역사인식은 일본의 한국에 대한 우월주의로 발전되어 침략주의의 역사적 근거를 제공하기도 하였음은 잘 알려진 사실이다. 잘못된 사료 해석이 정치적 이데올로기와 결합되어 그 후의 역사 전개에 얼마나 커다란 해악害惡을 가져오게 되는지 광개토왕비를 보면서 다시금 느끼게 된다.

―――――――――――――――― 참고문헌 ――――――――――――――――

李進熙 著・이기동 역,『廣開土王碑의 探求』, 일조각, 1982.

연민수,「광개토왕비문에 보이는 대외관계」『고대한일관계사』, 혜안, 1998.

연민수,「광개토왕비 연구와 한일관계사상」『고대한일관계사』, 혜안, 1998.

『韓國史市民講座』 제3집, 특집-廣開土王陵碑, 1988.

武田幸男,『高句麗史と東アジア』, 岩波書店, 1989.

濱田耕策,「高句麗廣開土王碑文の硏究」『朝鮮史硏究會論文集』11, 1974.

임나일본부는 왜의 통치기관이 아니다

이 영 식(인제대학교)

◦ 임나일본부 연구에 대한 자세

임나일본부에 대한 논의는 고대 한일관계사나 한국 고대사 또는 일본 고대사에서 다루어져야 할 학술적 연구주제의 하나임에 틀림없으나, 현실적으로는 그렇지 못하였다. 일본사 교과서의 서술 문제나 한일 양국의 정치적 문제와 같은 비학문적인 현안과 맞물리면서 여론상의 논쟁으로 비화된 바가 적지 않았으며, 오히려 이러한 현실적 문제가 학문적 연구보다 선행되기도 하였다. 임나일본부에 대한 한일 양국의 학문적 해석이 어떠하였던가, 또는 어떻게 변하고 있는가에 대해서는 자세히 살펴보지도 않으면서 비판만을 앞세우거나 이미 극복된 연구를 새삼스럽게 비판의 목표로 설정하는 것과 같은 잘못을 범하기도 하였다.

그러나 근년에 한일 양국의 관계가 그렇듯이 임나일본부에 관한 연구나 논의가 더 이상 막연한 선입관에 의지하거나 감정적 반발로는 해결될 수 없는 시점에 와 있다고 생각한다. 임나일본부의 문제를 객관적으로 보기 위해서는 과거에서 현재까지 한일 양국의 학계가 어떠한 연구를 진행시켜왔으며, 이러한 종래의 연구에는 어떠한 문제점이 있는가를 먼저 짚어보지 않으면 안 된다.

다만 한일 양국에서 진행되어 왔던 임나일본부에 관련된 연구는 아주 다양하며, 그 수효 또한 적지 않아서 모든 연구를 일일이 다 거론할 수는 없다. 따라서 임나일본부의 실체를 어떻게 보았던가를 중심으로 다음과 같이 다섯 종류의 연구로 대별하여 한일 학계의 연구 동향을 정리하고, 종래의 연구에 대한 비판과 함께 임나일본부의 실체 규명에 접근하여 보고자 한다.

◦ 한일 학계의 연구

임나일본부의 실체를 어떻게 보았던가를 중심으로 현재까지의 연구 동향을 분류하면, 마지막에 소개하는 '외교사절설'을 제외하고 '일본 학계의 막연한 선입관과 한국 학계의 감정적 반발'이란 특징을 보인다.

· 출선기관설出先機關說

'출선기관'이란 일본어적 표현으로 '출장소' 또는 '출장기관'과 같은 뜻이다. 우리에게는 익숙지 않은 용어지만 얼마 전까지 일본 학계의 통설을 대변하는 용어로 그 연구 경향을 특징적으로 표현한다. 고대의 일본이 4~6세기의 200년 간에 걸쳐 한반도의 남부를 근대의 식민지와 같이 경영하였는데, 그 중심적 통치기관이 임나일본부였다고 해석하여, 이른바 고대 일본의 남선경영론南鮮經營論의 골자를 이루었던 견해였다.

이러한 해석의 시작은 『일본서기』가 편찬되던 8세기 경 또는 편찬 직후부터 야마토大和조정에서 시작되었던 『일본서기』의 강의에서 비롯되었다고 볼 수도 있겠으나, 1720년에 완성된 『대일본사』에서 그 최초의 전형을 찾아볼 수 있다. 『일본서기』의 임나 관련 기사를 무비판적으로 수용하여 "신공황후 때 삼한과 가라를 평정하여 임나에 '일본부'를 두고 삼한 또는 한국을 통제하였다"라고 기술하고 있다.

이러한 인식은 에도시대의 모토오리와 같은 국학자들의 조선경영설을 거쳐, 근대 일본이 천황주권국가를 표방하던 20세기 초에 칸, 츠다, 이케우치 등에 의해 확립되고, 1949년에 발표된 쓰에마츠의 『임나흥망사』에 의하여 완성되었다. 이러한 해석은 1945년 일본의 패전에도 불구하고 1960년대 말에 이르기까지 일본 고대사 또는 고대 한일관계사 연구의 통설적 위치를 확고히 하고 있었다.

그러나 1960년대 말~1970년대 초에 전개되었던 미일안보협약 반대투쟁을 계기로 전면적인 재검토가 시작되었다. 이 시기에 붐을 이루었던 동아시아사에 대한 관심은 한국사 연구의 재검토로 이어졌으며, 출선기관설을 이용하였던 『일본서기』에 대한 비판은 물론 '광개토왕릉비문'과 '칠지도'에 대한 재검토 및 논쟁이 활발히 진행되었던 것도 일본 고대사 학계가 이 시기에 이룬 성과의 하나였다. 이러한 연구에 의하여 출선기관설은 더 이상 통설적인 위치를 가질 수 없게 되었으며, 중등학교 일본사 교과서의 기술은 별도로 하더라도 현재 이러한 학설을 주장하거나 여기에 근거하는 전문 연구자는 거의 사라지게 되었다.

·가야의 왜인설

일본 내의 출선기관설에 대한 재검토의 분위기와 뒤에 소개할 북한의 연구에 자극을 받아 일본 연구자의 입장에서 제기된 수정론의 하나가 가야의 왜인설이다. 이노우에는 임나일본부에 관련된 일련의 논고를 통하여 선사시대부터 가야지역과 일본열도의 교류는 활발하였으며, 그 결과 일본열도에 한반도의 주민이 이주하였던 것과 같이, 가야지역에도 일부의 왜인들이 집단적으로 거주하게 되었으며 임나일본부는 그러한 왜인들 혹은 왜인과 한인의 혼혈인들을 통제하는 행정기관으로 성립하였다고 해석하였다. 임나일본부에 대해서는 근현대의 영사관과 비슷한 성격으로 이해하였으나, '야마토 정권'의 통제를 받는 '출선기관'으로 이해할 수는 없으며 가야지역에 거주하는 왜인들의 자치기관과 같은 성격으로 보아야 한다고 하였다.

그러나 이러한 해석은 가야지역에서 왜인의 집단적 거주가 문헌적으로나 고고학적으로 증명될 수 없다는 약점을 가지고 있다.

·분국설分國說

1963년에 북한의 김석형에 의하여 제기된 이른바 분국설은 임나일본부의 문제뿐만 아니라, 고대한일관계사에 관련된 일본 학계의 기본적인 발상을 완전히 뒤엎는 연구였다. 선사시대 이래 삼한 삼국의 주민들은 일본열도에 이주하여 각기 자신들의 출신지와 같은 나라를 건국하여 모국에 대하여 분국과 같은 위치에 있었다고 전제하고, 이들 분국 중에는 가야인들이 현재의 히로시마 동부와 오카야마에 걸치는 지역에 건국한 임나국이 있다고 하였

다. 이러한 임나국을 중심으로 서부에는 백제계의 분국이, 동북쪽
에는 신라계의 분국이, 동쪽에는 고구려의 분국이 각각 위치하였
으며, 또한 동쪽으로는 야마토 정권이 위치하고 있었다.

『일본서기』에 보이는 임나일본부에 관련된 역사적 사실은 이
임나국을 중심으로 신라 백제 고구려 왜가 서로 각축하였던 것으
로 이해함으로써 임나일본부는 한반도의 가야지역과 전혀 무관하
며, 일본열도에 있었던 역사적 사실로서 규정지었다. 즉, 야마토
정권이 5세기 중후반에 서부 일본을 통합하여 나가는 과정에서
가야계 분국인 임나국에 그 통치기관을 설치하였던 것이 임나일
본부였다는 것이다.

이 설은 재론의 여지도 적지 않으나, 고대한일관계사의 연구에
커다란 자극제가 되었으며, 기본적인 발상에 대한 재검토를 촉구
하였던 의미는 크게 평가하여도 좋을 것이다.

· 백제군 사령부설

과거 일본의 출선기관설에 대한 북한학계의 비판이 분국론이라
고 한다면, 한국학계의 본격적인 비판 및 대안의 제시가 천관우에
의해 이루어졌다. 천관우는 가야사의 복원을 염두에 두면서 『일
본서기』에 대한 비판적 연구를 선행시켰다. 『일본서기』에 보이는
임나가야 관련 사료 중에 '일본'이 주체로 묘사되어 있는 기사들
가운데는 백제를 주체로 바꾸어 놓아 보면 사리에 맞게 되는 것
들이 적지 않다고 전제하였다.

다만, 이러한 해석에서 백제의 가야제국에 대한 군사적 행동이
이해될지는 모르겠으나, 백제의 군사행동에 보이는 왜병의 활동
이라든지, 임나일본부의 관련 기사에서 보이는 왜 계통의 인명은

어떻게 해석해야 좋을까 하는 의문이 남게 된다. 이러한 왜병의 존재와 왜 계통의 인명에 대하여 대안을 제시하였던 것이 김현구의 연구였다. 김현구는 백제군과 같이 움직이는 왜병의 성격을 용병과 같은 성격으로 보고, 이러한 용병은 백제가 왜에 선진 문물을 전수하였던 반대급부이며, 왜 계통의 인명은 일찍이 일본열도에서 백제에 이주하여 백제 왕의 신하 노릇을 하고 있었던 왜 계통의 백제인이라 규정하였다.

· 외교사절설

이상의 연구들은 임나일본부의 실체에 대해서 각기 다른 해석을 전개하고 있으면서도, 임나일본부를 왜의 통치기관이나 백제의 군정기관과 같은 관청이나 기관의 성격으로 이해했던 점에서 일치하고 있다. 그러나 『일본서기』에 보이는 임나일본부의 관련 사료와 같은 한반도 남부에 대한 통치나 군사적 역할을 찾아 볼 만한 기술은 전혀 없다. 이러한 점에 주목하면서 주관적 시각의 연구를 지양하고 『일본서기』에 보이는 임나일본부와 관련한 사료에 대한 비판적 연구를 바탕으로 보다 객관적인 실체 규명의 연구가 제시되기에 이르렀다.

즉, 부府라는 표기는 『일본서기』가 주장하고자 했던 역사관의 산물에 불과한 것으로, 부府의 원형이 미코토모치御事持임을 확인하고, 미코토모치의 실체가 기관이나 관청이 아닌, 사신에 해당하는 것으로 해석하여 임나일본부를 임나에 파견된 왜의 사신들로 이해하였다.

일본 학계에서 제기되었으며 근년의 한일 고대사 학계에서 가장 주목받는 해석의 위치를 차지하게 되었다.

∘ 종래 연구의 문제점

『일본서기』에 보이는 임나일본부의 문제는 한반도 남부의 가야 지역에서 일어났던 역사적 사실임에 틀림없다. 그럼에도 불구하고 임나일본부의 실체에 대한 종래의 연구에서는 가야지역에 대한 왜나 백제의 이해관계만이 강조되어 왔을 뿐, 당사자였던 가야 제국의 이해관계가 고려된 바는 전혀 없다. 이를테면 '임나(가야) 부재의 임나일본부론'이 한일 양국의 연구 경향에서 주류를 이루었다고 할 수 있다. 그러나 이와 같은 한일 양국의 종래의 연구들은 『일본서기』에 보이는 임나일본부의 관련 기사를 일별하여 보는 것만으로도 얼마든지 비판할 수 있으며, 무엇보다 가야제국의 이해관계를 먼저 고려하지 않으면 도저히 이해하기 힘든 것이 임나일본부의 문제임을 알게 될 것이다. 각각의 연구를 요점만 열거하면 다음과 같다.

(1) 임나일본부의 표기와 그에 관련된 내용은 6세기의 역사를 서술하고 있는 『일본서기』 흠명기에 국한되어 있으나, 출선기관설과 백제군 사령부설에서는 임나일본부의 성립을 4세기를 서술한 있는 『일본서기』 신공기의 이른바 신라정토설화나 가라7국평정설화에서 구하고 있다. 일본의 연구자들은 이러한 설화를 광개토왕 릉비 신묘년 조의 내용과 결부시켜서 왜가 4세기 말에 가야에 대한 지배권을 확보하고 그 중심적 통치기관으로 세웠던 것이 임나일본부였다고 해석하였으나, 임나일본부의 관련 기사는 4세기가 아닌 6세기 중반의 기술에 한정되어 있다.

(2) 임나일본부의 관련 기사를 보면, 왜나 백제가 가야제국에 대

해 조세의 징수, 역역 및 군사의 동원, 그리고 정치적 강제와 같은 사실을 행하였던 흔적은 전혀 찾아볼 수 없다. 관청이나 기관과 같은 부府의 존재를 나타내는 정치적 또는 군사적 지배에 관련되는 내용이란 찾아볼 수 없다. 가야제국의 왕들과 보조를 맞춘 외교활동에 관련된 내용이 전부이며, 정치적 또는 군사적 지배를 보여주는 구절은 없는 것이다. 이러한 기사들로부터 왜의 출선기관이라든지 백제의 군사령부와 같은 존재를 상정할 수 없음은 두말할 까닭이 없다.

(3)『일본서기』나『삼국사기』에 보이는 임나(가야제국)의 멸망 기사를 보면, 신라에 의한 가야제국의 최종적 통합을 전하고 있을 뿐, 이에 대해 왜나 백제가 신라에 군사적 행동을 취하였다는 내용은 편린조차 찾아볼 수 없다. 만일 임나일본부의 실체가 왜의 통치기관이나 백제의 군사령부였다고 한다면 이러한 일을 있을 수 없을 것이다.

(4) 가야의 왜인설도 마찬가지이다. 만약 가야지역에 왜인이 집단적으로 거주하였고, 이들의 자치적 행정기구가 임나일본부였다면 이들 왜인에 대한 통치 행위가 기록되어야 하겠으나,『일본서기』에 보이는 임나일본부의 활동이란 외교에 한정되고 있다.

(5) 분국론은『일본서기』의 임나일본부에 관련되는 임나를 한반도가 아닌 일본열도로 추정하였던 것이 치명적 약점이 된다. 임나라는 용어가『일본서기』에 주로 보이는 것은 사실이지만, 그렇다고 해서『일본서기』가 조작한 용어는 아니다. 우리나라와 중국의 사료에서도 '임나'의 용례는 확인되기 때문이다.『한원翰苑』에 인용된 중국의 인문지리지「괄지지」에 의하면 한반도 남부의 가야 지역을 총괄하여 임나라고 하고, 가라 · 임나 등의 국명을 언급하고 있다. 광개토왕릉비에 의하면 400년에 고구려 군이 정벌했던

지역 명으로서 임나가라가 보인다. 『삼국사기』 열전은 7세기 중반의 신라 사람 강수強首를 임나가라 출신이라고 전하고 있다. 창원의 봉림사에 있었던 「진경대사탑비」(923)에도 신라 사람 진경대사가 임나 왕족의 후예였음을 밝히는 구절이 확인된다. 이 역시 가야지역을 가리키는 것으로 볼 수밖에 없다.

이렇게 볼 때 임나는 한반도의 가야지역을 가리키는 것이 분명하며, 일본열도의 어디를 가리키는 것이 아님을 알게 될 것이다. 일본열도에 가야계 분국이 존재히었을 기능성이 없다고는 할 수 없으나, 『일본서기』에 기록된 임나일본부의 관련 사료는 가야지역에서 전개되었던 역사적 사실이 반영된 것으로 봐야 한다.

◦ 임나일본부의 실체

· 임나일본부의 말뜻

그렇다면 임나일본부란 무엇이었을까? 우선 그 의미에 대해 살펴보면 다음과 같다. 임나일본부는 '임나任那+일본日本+부府'의 합성어이다.

'임나'는 『일본서기』 외에도 「광개토왕릉비」, 『삼국사기』「강수전」, 「진경대사탑비」, 『한원』, 『통전』 등 한국과 중국의 문헌에서도 확인되며, 가야의 이칭으로 쓰였음은 위에서 논증한 바와 같다. 따라서 임나란 『일본서기』의 창작은 아니며, 가야지역을 가리키는 말임을 알 수 있다.

일본이란 국호는 7세기 이후에나 확인되는 것으로 임나일본부의 문제가 거론되는 6세기 중반에는 존재하지 않았다. 『일본서기』

편찬 시에 왜를 일본으로 고쳐 쓴 것에 불과하다. 일본부의 관련사실을 전하는『일본서기』흠명기조차 일본과 왜가 혼용되고 있음을 볼 수 있다.

부府는 중국의 한대漢代에서 비롯되어 장군(잡호장군 이상)이 천자로부터 위임받은 군사권과 행정권을 행사하기 위해 일정한 지역에 설치하였던 막부를 의미하며, 기관이나 관청의 용례로 쓰이는 것이 보통이었다. 그러나 고대의 일본에서 중국과 같은 막부제가 시행된 바는 없으며, 고대 일본에서 부府가 관청으로 확인되는 것은 축자도독부筑紫都督府(667)와 축자대재부筑紫大宰府(671)가 가장 오래된 예이다. 따라서 6세기에 부가 존재하였음은 믿을 수 없다. 결국『일본서기』흠명기에 보이는 부를 막부나 관청으로 생각할 수는 없으므로, 이에 대한 분석은 별도의 접근방법이 필요하다.

한편,『일본서기』의 여러 필사본과 주석서를 보면 일본부는 '야마토의 미코토모치'倭의 미코토모치御事持로 훈독되고 있음이 확인된다. 즉, 부는 원래의 '미코토모치'를 한자로 표기한 것에 불과하며, 그 실체는 미코토모치였다고 볼 수 있다. 그렇기 때문에 미코토모치가 어떠한 존재였던가를 추적하는 것이 곧 일본부의 실체를 파악하는 열쇠가 되는 것이다. 대화전대大化前代(645년 이전)의 미코토모치는 왕의 명령을 전달키 위해 지방에 파견되어 담당업무가 끝나면 곧바로 왕에게 되돌아오는 '일회성 사신'이었다. 이렇게 볼 때 일본부로 표기된 6세기 중반의 야마토의 미코토모치는 왜의 사신이였으며, 임나일본부란 왜에서 임나(가야)에 파견된 사신이 그 실체였다. 이러한 해석은 최근 한일 양국의 고대사 학계에서 많은 지지를 받고 있다.

・일본부 = 왜의 사신들

『일본서기』의 일본부에 관련된 인명을 들어 보면, 키비노오미印岐彌, 코세노오미許勢臣, 이쿠하노오미的臣, 키비노오미吉備臣, 가와치노아타히河內直, 그리고 아현이나사阿賢移那斯와 좌로마도佐魯麻都가 전부이다. 아현이나사와 좌로마도는 『일본서기』에도 가야인으로 기술되어 있고, 이키노오미와 코세노오미 단편적으로 보여, 이쿠하노오미・키비노오미・가와치노아타히의 세 사람이 일본부의 실체라 할 수 있다.

더구나 『일본서기』 흠명 15년(554) 12월조는 안라일본부安羅日本府를 '안라安羅(함안)에 있는 여러 왜신倭臣들'로 표기하고 있다. 일본부란 왜의 사신 내지 왜사倭使들의 집단이 그 실체였음이 다시 한 번 확인되는 셈이다. 또한 그 전부인 이쿠하노오미, 키비노오미, 가와치노아타히 세 사람 중에서 『일본서기』에 키비노오미는 임나일본부로서, 가와치노아타히은 안라일본부로서 각각 기술되어 양자의 조합이 엇갈리는 경우는 없다. 또한 흠명 2년(541)과 4년(543)조에서는 임나일본부와 안라일본부가 같은 시기에 안라국(함안)에 위치하고 있었음이 확인된다. 일본부가 왜의 통치기관이나 백제의 군사령부였다면 이러한 일은 있을 수 없을 것이다. 따라서 일본부란 왜의 통치기관이나 백제의 군사령부일 수는 없으며, 임나일본부 키비노오미任那日本府吉備臣이란 임나(가야)에 파견된 왜의 사신 키비노오미인 것이며, 안라일본부 가와치노아타히安羅日本府河內直이란 안라에 파견된 왜의 사신 가와치노아타히으로 이해하는 것이 타당하다. 또한 이쿠하노오미가 일본부경日本府卿으로 표현되어, 왜사들－일본부를 통괄하고 있는 것처럼 묘사되어진 것은 각기 다른 목적으로 파견되었던 키비노오미와과 가와치노아타

히의 사이에서 각각의 의견을 조정하는 역할을 담당하였기 때문에
생겨난 전승이 그렇게 기록된 것으로 이해하여야 할 것이다.

· 가야제국과 일본부들의 활동

그렇다고 할 때 이쿠하노오미, 키비노오미, 가와치노아타히 등
의 왜사들(일본부)이 실제로 어떤 활동을 했던가에 대해 살펴 볼
필요가 있다. 이로써 일본부의 실체가 보다 분명해질 수 있을 뿐
아니라, 이들과 가야제국과의 관계가 좀 더 확실하게 밝혀질 수
있을 것이다. 일본부의 활동에서 보이는 중요한 특징만을 간단히
열거하면 다음과 같다.

(1) 흠명 2년(541) 4월조와 7월조에 임나일본부인 키비노오미는
안라(함안) 가라(고령) 등 가야제국의 왕들과 함께 백제를 상대로
하는 외교 교섭에 참가하고 있으며, 안라일본부인 가와치노아타히
安羅日本府河內直는 신라와의 외교 교섭에 참가하고 있다. 또한 흠명
5년(544) 3월조에 이쿠하노오미, 키비노오미, 가와치노아타히 등은
가야제국 왕들의 편에 서서 신라와의 외교 교섭에 참가하고 있음
이 확인된다. 이와 같이 일본부에 관련되는 모든 사료는 외교 기사
에 국한되고 있어, 왜에 의한 일본부의 파견이 가야나 한반도남부
에 대한 정치적 통제를 위한 것이 아니라, 외교에 그 목적이 있었
음을 확인할 수 있으며, 이러한 내용은 일본부의 실체가 왜의 사신
이었다는 분석과도 잘 합치된다.

(2) 일본부들은 언제나 가야제국의 왕들과 공동 보조를 취하고
있으며, 왜 왕이나 백제 왕의 명령에 의하여 움직이는 대목은 전
혀 찾아 볼 수 없다. 이러한 일본부의 외교 활동은 전기에는 친백

제 반신라적 외교를 전개하다가, 후기에는 친신라 반백제적 외교
로 전환하고 있다. 이러한 시기적 변화는 일본부의 활동이 왜나
백제의 이해관계를 대변하는 것이 아니라, 가야제국의 이해관계
를 잘 반영하고 있다.

532년을 전후로 금관국(김해)을 비롯한 동부의 가야제국이 신라
에 통합되면서 안라국과 대가야와 같은 남부와 서북부 가야제국
은 백제와 외교를 통하여 동부 가야제국의 부흥을 꾀하는 한편,
자국의 독립을 유지하고자 노력하였다. 그러나 백제는 이를 기회
로 남부 가야에 군령 성주를 설치하는 등 가야에 대한 간섭을 노
골화하였다. 이에 대해 가야제국은 다시 신라와 외교를 통하여 백
제의 간섭을 배제하려는 움직임을 취하게 된다. 가야제국은 신라
와 백제의 침입에 대항하기 위하여 친백제 반신라 정책에서 반백
제 친신라 정책으로 전환하였다. 이러한 정책의 변환은 일본부의
외교 활동에서 보이는 특징과 일치하는 것으로서, 일본부의 행동
이 왜나 백제가 아닌 가야제국의 이해관계를 대변하는 것이었음
을 알 수 있다.

(3) 이 시기의 일본부들은 파견 시와 다르게 파견 주체였던 왜
왕과 소원한 관계에 있었다. 백제의 성왕은 왜 왕에게 반백제 친
신라 정책을 추진하는 가와치노아타히 등을 본거지로 송환시킬
것을 여러 번 요청하였으나, 이에 대해 왜 왕은 아무런 실력행사
도 못 하고 있다. 일본부들이 이미 왜 왕의 통제와 무관한 위치에
있게 되었음을 짐작케 한다. 또한 이 시기에 왜 왕은 몇 차례에
걸쳐 가야의 일에 관해 자신의 입장을 밝히고 있으나, 그 입장의
표명이 일본부들에게 직접 전달되지 못하였으며, 백제나 신라를
통하여 간접적으로 전달되고 있음을 볼 수 있다. 따라서 이 시기
의 왜 왕은 일본부들을 제대로 통제하지 못하고 있으며, 그 관계

도 아주 소원하였음을 살필 수 있다.

(4) 그렇다면 왜에서 임나와 안라에 각각 파견된 키비노오미 가와치노아타히 등이 어째서 왜 왕에서 떨어져 가야제국 왕과 친밀한 관계를 유지하게 되었을까? 이들의 출신 문제와 왜의 사신으로서 이례적이었던 장기체류를 그 이유로 생각할 수 있다. 『일본서기』의 흠명기와 현종기 3년(487)조의 기사를 조합하여 보면, 가와치노아타히은 원래 가야에서 일본열도의 가와치지역河內地域(오사카 남부)에 이주했던 가야계 씨족의 일원임이 분명하고, 키비노오미도 가야계 씨족적인 요소를 풍부하게 가지고 있다. 결국 가야에서 일본의 가와치나 키비吉備(현 오카야미현 일대)에 이주했던 이들은 야마토 정권이 가와치와 키비지역을 통합한 후, 이들이 가야의 언어와 문화에 익숙하다는 장점을 살려 다시 가야지역으로 파견된 것이다. 또한 이들은 다른 왜의 사신들과는 달리 가야지역에 비교적 장기간에 걸쳐서 체류하였다. 이들의 출신 요소와 장기체류의 요인이 시간이 지남에 따라 왜 왕과 관계가 소원해지고, 가야제국 왕과 친밀한 관계를 구축하는 데 크게 작용하였으리라고 생각된다.

(5) 이와 같은 관계는 흠명 5년(544) 3월조에 보이는 백제 성왕의 이들에 대한 맹렬한 비난에서도 확인된다. 성왕은 "지금 이쿠하노오미·키비노오미·가와치노아타히 등은 가야인인 아현이나사와 좌로마도의 지시에 따르기만 할 뿐으로, 아현이나사와 좌로마도가 일본부들을 좌지우지하고 있다"고 하였다. 아현이나사와 좌로마도가 서부 가야왕의 후예인 것은 『일본서기』의 흠명 5년조와 현종 3년 조에서 확인되며, 당시 이들은 아라국(함안)에 체류하고 있었으므로 아라 국왕의 통제에 따르고 있었던 것이다. 결국 일본부들은 왜 왕이나 백제 왕이 아닌 가야의 왕에 의하여 조종

되고 있었음이 확실하다.

(6) 이와 같이 가야제국은 일본부들을 자기 측에 붙여둠으로써 백제와 신라에 대하여 왜의 세력이 가야제국의 배후에 있는 것처럼 보여 신라와 백제의 외교 교섭을 좀 더 유리하게 전개시켜 가고자 하였으며, 동시에 신라와 백제의 가야지역에 대한 침략을 방어하면서 자국의 독립 유지에 이들을 활용하고자 하였던 것으로 이해해야 할 것이다.

◦ 임나일본부의 실체

이상과 같이 임나일본부에 관한 한일 고대사 학계의 연구 동향에 대한 정리 및 비판과 함께 그 실체 규명에 관한 필자의 생각을 간략하게 피력하였다.

(1) 종래 한일학계의 연구에서 왜나 백제를 중심으로 임나일본부의 문제를 해결하고자 하였던 것은 가야제국의 자체적 발전론이나 이해관계를 전혀 도외시한 시각이었으며, 사실에 대한 객관적인 분석이었다기 보다는 ‘일본 학계의 막연한 선입관과 한국 학계의 감정적 반발’의 산물이었다.

(2) 임나일본부와 안라일본부는 왜의 통치기관이나 백제의 군사령부와 같은 것은 아니었으며, 임나와 안라에 파견된 왜의 사신인 키비노오미와 가와치노아타히가 그 실체였다.

(3) 일본부들의 활동이란 가야제국의 왕들과 공동의 보조를 취하여 백제 또는 신라와의 외교 교섭에 참가하였던 것이 전부였다.

(4) 백제는 동쪽 신라 방어선의 안정이라는 목적을, 왜는 선진 문물 수입의 창구 유지라는 목적을 관철시키기 위해 가야지역에 관여하였고, 그를 위해 일본부를 이용하려 하였으나, 일본부들은 서부 가야왕의 후예이며 가야 사람인 아현이나사와 좌로마도의 통제에 따르고 있었다.

(5) 일본부의 외교활동 내용이나 그 주장을 보면, 동부의 신라와 서부의 백제의 침략에 대해 독립을 유지하고자 하였던 가야제국 의 이해관계와 일치되는 것들뿐이었다.

(6) 가야제국의 왕들은 자국의 독립 유지를 위하여 백제 신라 왜를 대상으로 하는 외교 교섭의 전면에 일본부를 전면에 내세움 으로써 왜와의 관계를 원활히 함과 동시에, 백제와 신라에 대해 왜의 세력이 가야의 배후에 있는 것처럼 보여 백제와 신라의 침 략을 외교적으로 견제하고자 하였던 것이다.

참고문헌

나행주, 「6세기 한일관계의 연구사적 검토」『임나문제와 한일관계』, 경인 문화사, 2005.

李永植, 『加耶諸國と任那日本府』, 東京; 吉川弘文館, 1993.

부산·경남역사연구소, 「임나일본부란 무엇인가?」『시민을 위한 加耶史』, 집문당, 1996.

고구려의 무장군단은 어느 정도 강했나

이 인 철(고구려연구재단)

○ 철갑기병 중심의 고구려 무장군단

압록강 중류 남북 양안 일대를 차지한 작은 국가에서 출발한 고구려는 주변 소국들을 차례로 정복하고 중국과의 대결에서 승리하여 마침내 그 영토가 지금의 중국 동북 3성 지역과 한반도 중부 이북을 차지하는 대제국으로 성장했다. 고구려가 영토를 크게 확장할 수 있었던 요인에 대해서는 당시 중국이 여러 나라로 분열되어 있었다거나, 고구려에 광개토왕이나 장수왕과 같은 전략 전술에 능한 군주가 있었기 때문이라든가 하는 여러 가지 설명이 있을 수 있다. 그러나 무엇보다 가장 크게 작용한 요인은 고구려가 막강한 무장군단을 보유한 것이고, 그 막강한 무장군단의 핵심에는 고구려의 철갑기병이 있었다.

철갑기병을 『삼국사기』나 중국 역사서에서는 철기鐵騎라고 기록하고 있다. 철갑기병이란 말과 기병이 모두 철갑, 즉 철鐵로 만든 갑옷을 입고 있다는 의미이다. 찰갑札甲이라는 말도 쓰이는데 이는 비늘모양의 소찰小札들로 만들어진 갑옷이라는 뜻이다. 즉, 철갑은 갑옷의 재질, 찰갑은 모양에 기준을 두어 만들어진 용어이다. 개마총에서는 철갑으로 무장한 말을 '개마鎧馬'라 기록하고 있다.

고구려의 철갑기병은 다양한 모습으로 나타난다. 4세기 중후반의 안악 3호분에서 철갑기병은 노부행렬도 좌우의 바깥 열에서 긴 창을 비껴들고 주인공을 호위하며 천천히 행진하는 모습이다. 5세기 초반의 약수리 고분에서 철갑기병은 노부행렬도의 맨 뒤편에서 대열을 호위하며 따르고 있다. 안악 3호분과 약수리고분의 벽화를 비교하면, 약수리 고분벽화의 주인공이 안악 3호분벽화의 주인공에 비하여 지위가 낮음에도 약수리 고분벽화에는 철갑기병의 숫자(14)가 안악 3호분(8)에 비하여 두 배 가까이 많다. 이는 4세기에서 5세기로 가면서 고구려군 가운데 철갑기병의 숫자가 증가되었다는 의미가 된다.

408년에 조영된 덕흥리 고분벽화의 철갑기병은 주인공을 호위하면서 빠른 속도로 내닫는 모습을 하고 있다. 5세기 중반 삼실총 벽화에는 철갑기병의 전투 장면이 그려져 있는데, 한 명의 철갑기병은 적을 추격하여 창으로 찌르려는 모습이고, 다른 한 명의 철갑기병은 쫓기며 뒤를 돌아보는 모습이다. 쫓는 병사는 고구려 병사이고, 달아나는 병사는 후연後燕의 병사일 터이다. 5세기 후반 쌍영총의 철갑기병은 오른손에 창을 들고 정찰을 나가는 듯한 모습이고, 6세기 초반 개마총에는 꼬리 부분에 화려한 장식을 한 개마가 주인공이 등에 올라타기를 기다리고 있다.

그러나 고구려에 철갑기병만 있었던 것은 아니다. 안악 3호분 행렬도에서 보는 바와 같이 고구려에는 보병도 있고, 철갑으로 무장하지 않은 경기병도 있었다. 철갑기병이 등장한 것이『삼국사기」기록에 따르더라도 3세기 중반이므로, 그 이전에는 보병과 경기병이 고구려군의 주력을 형성하였다. 또, 철갑기병이 등장한 이후에도 보병과 경기병은 전투에서 여전히 중요한 역할을 하였다.

『일본서기』흠명천왕 14년 10월조에서는 고구려군의 모습을 다음과 같이 기록하고 있다. "백제 왕자 여창餘昌이 나라 안의 군대를 모두 동원하여 고구려를 향해 가서 백합百合의 들판에 성을 쌓고 군사들을 재우고 먹였다. 그 달 20일 저녁에 바라보니 너른 들판에 인적이 끊어지고 개소리도 들리지 않더니 갑자기 북과 피리 소리가 들려왔다. 여창이 크게 놀라 북을 치며 서로 대응하여 밤새워 지켰다. 새벽에 일어나 보니 광야에 푸른 산과 같이 깃발이 가득하였다. 밝을 무렵, 경개頸鎧를 착용한 자가 1기騎, 징을 가진 자가 2기, 표범 꼬리로 귀걸이를 한 자가 2기, 모두 5기가 말고삐를 나란히 하고 와서 물었다. 아이들의 말에 우리 들판에 손님들이 있다고 하니, 어찌 예로서 영접하지 않겠는가? 지금 바라건대, 나와 더불어 예로서 문답할 자의 성명과 연령 지위를 알고자 한다. 여창이 '성은 동성이고, 관위는 한솔, 나이는 29세'라 답하였다. 백제가 반대로 물으니 또한 전과 같은 방법으로 대답하였다. 드디어 표를 세우고 붙어서 싸웠다." 여기서 백제군과 싸운 고구려군은 백합 지역을 지키던 부대의 전초병으로 판단되는데, 그 무장 상태와 양측의 대화 내용이 흥미롭다.

△ 쌍영총 기병

고구려의 무기로는 활, 철족, 명적, 철모, 끌형 무기, 환두대도, 단도, 도자刀子, 철부, 갈구리 등이 있었는데, 지금까지 출토된 유물은 활이 2점, 철촉 1995점, 명적 3점, 철모 44점, 끌형 무기 2점, 환두대도 13점, 단도 24점, 도자 11점, 철부 21점, 찰갑쪽 1046점, 갈구리 2점으로, 찰갑쪽을 제외한 무기의 총합은 2117점이었다. 활을 제외하고 고구려 병사들이 많이 소유했던 무기는 철모鐵矛였고, 그 다음이 철부鐵斧와 단도이고, 환두대도, 도자 순이었다. 고분벽화를 통해서 보면, 활을 든 궁수가 24명, 창을 든 창수가 73명, 환두대도를 소지한 도수刀手가 16명, 검을 든 검수劍手가 4명, 도끼를 든 부월수는 31명이었다. 이 가운데 보병은 궁수 24, 도수

16, 검수 4, 부월수 31, 도합 75명이고, 기병은 창수 73명이었다. 보병이 50.7%, 기병이 49.3% 정도로 5세기 무렵 고구려군의 절반이 기병이고, 절반이 보병이었던 것이다.

◦ 중국의 군대에 결코 뒤지지 않은 고구려 무장군단

동명왕으로부터 태조왕 전기에 이르는 기간에 고구려는 주변의 소국을 정복하였다. 이 때 정복한 소국들을 삼국사기의 기록을 통해서 보면, 동명성왕 2년(BC 36) 비류국, 동 6년에 행인국, 동 10년에 북옥저를 정복하였다. 유리명왕 22년(BC 13)에 국내성으로 천도하였고, 동 33년(AD 14) 서쪽으로 양맥을 정복하고, 현도군의 고구려현을 탈취하였다.

대무신왕 5년(22)에 부여를 공격하였으나 왕을 죽이는 데 그치고 퇴각하였다. 동 9년에는 개마국과 구다국을 정벌하였고, 대무신왕 20년에는 낙랑국을 정복하였다. 이 당시 고구려가 정복한 소국들은 대체로 함경남북도와 평안북도 북부지역 일대에 있었던 것으로 추정된다.

태조대왕 4년(56)에 동옥저를 정벌하고, 동 16년에는 갈사, 20년에는 조나, 22년에는 주나 등을 차례로 정복하였으며, 동왕 46년(98)과 50년에 책성(지금의 혼춘)을 순수하여 두만강 하류지역에 대한 정복을 일단락지었다. 이로써 고구려는 동쪽으로는 동해, 서쪽으로는 태자하 상류, 동북쪽으로는 소련 연해주 일대(북옥저), 남쪽으로는 청천강(살수)에 이르는 영역을 차지하였다.

태조왕 53년(105)에 요동군 6현을 침공한 것을 시작으로 한군현에 대한 고구려의 공세 및 충돌은 태조왕 1대에만 8회에 이른다. 태조왕은 나이가 100세에 이르자, 재위 96년에 동생 차대왕에게 왕위를 물려주었다. 그러나 차대왕(146~164)은 연나부 조의 명림답부에 의해 시해되고, 그의 동생 신대왕이 즉위했다. 신대왕(165~178)은 명림답부를 국상으로 임명하였는데, 이때부터 고구려에서 국상제도가 생기고, 연나부(삼국지의 절노부)출신이 권력을 잡게 되었다. 신대왕 8년에 한나라 군대가 침범하였으나 명림답부의 지혜로 이를 물리쳤다. 고구려군이 중국 한나라 군대에 결코 뒤지지 않는 막강한 군대였음을 보여준다.

고구려는 동천왕 16년(242)에 서안평을 공격하기도 하였으나 동 20년(246)에는 위의 유주자사 관구검의 침략을 받아 수도 환도성이 함락되고, 왕은 북옥저로 피신하는 사건이 발생하였다. 이 전쟁에서 철기, 즉 철갑기병이 처음 출동하였는데, 그 성과는 처녀출전이었던 때문인지 전과는 별로 좋지 않았다. 동천왕 20년에 관구검이 1만 명을 이끌고 침입해오자, 왕이 보병과 기병 2만 명을 이끌고, 비류수 위쪽에서 싸워 이겨서 3천여 명의 목을 베고, 다시 양맥의 계곡에서 싸워 3천 명을 죽였다. 그러나 정작 철기 5천을 거느리고 나가 싸운 전투에서는 적이 진영을 갖추고 결사적으로 싸우는 바람에 고구려군이 크게 패하여 죽은 자가 1만8천여 명이었다. 철갑기병의 첫 출격은 패배였던 것이다. 아마도 철갑기병을 전투에 투입한 초창기여서 제대로 작전을 구사하지 못한 탓이 아닌가 한다.

그러나 고구려군은 중천왕 12년(259)에 위의 침입을 양맥곡에서 격파하였고, 서천왕 11년(280)에는 숙신(말갈)을 공격하여 부용으로 삼았다. 이는 고구려군의 전투 수행능력이 빠른 속도로 회복되었음을 의미한다. 봉상왕 2년(293)에는 전연의 모용외가 침략해왔으나 고구려에 의해 쫓겨 갔다. 봉상왕 5년에 모용외가 또다시 침입하여 서천왕의 묘를 파헤치기도 하였지만 역시 고구려군에게 쫓겨 갔다.

중국에서는 265년에 위가 망하고 진이 일어나 280년에 삼국을 통일하였다. 그러나 301년 무렵부터 북방민족이 일어나면서 진은 점차 쇠약해지고 남으로 밀려나게 되니 역사에서는 이를 동진이라 한다. 이에 따라 낙랑군과 대방군은 그 후원 세력을 점차 잃게 되었고, 고구려는 그 기회를 놓치시 않고 이를 공략하였다.

미천왕은 재위 3년(302)에 현도군을 쳐서 무찌르고 포로 8천 인을 평양으로 옮겼다. 왕 12년에는 서안평을 탈취하였고, 14년(313)에 낙랑군을 축출하였으며, 15년에 대방군을 차지하여 400년 동안 이어온 중국 군현을 소멸시켰다.

고구려가 낙랑·대방군을 축출하고 대동강 유역을 장악하게 된 쾌감을 충분히 만끽하기도 전에 모용씨의 전연의 침입과 백제의 도전을 받게 되었다. 모용씨의 전연은 고국원왕 9년(339)과 12년에 대대적으로 침입해왔다. 고구려는 전연의 침입을 예상하여 북도에 정병 5만을 배치하고 소수병력을 남도에 배치했으나, 예상을 뒤엎고 전연의 군대는 남도로 침입했다. 환도성을 함락한 모용씨는 각종 만행과 약탈을 자행했다. 하지만 북도에서는 고구려군이 승리하였다. 이에 다급해진 모용씨는 미천왕의 무덤을 파헤쳐 시체를 가져가고, 왕모 주씨周氏와 왕비, 그리고 포로 5만을 끌고 갔다.

미천왕 시체는 이듬해 반환되었고 왕모의 생환은 13년 후에 이루어졌다. 이로써 전연과의 관계는 개선되었으나 고구려는 북진하는 백제의 도전을 받지 않으면 안 되었다. 369년에 백제를 공격하였지만 오히려 고구려가 패배하였고, 371년에도 근초고왕 부자가 이끈 백제군에 참패하여 고국원왕이 평양성전투에서 전사하는 불운을 당하였다.

313년과 314년에 고구려가 낙랑·대방군을 몰아내고 오늘날의 평안·황해도 지방으로 대거 남하를 시도했지만 북진하는 백제의 강력한 도전을 받았다. 고국원왕이 평양성 전투에서 백제군의 화살에 맞아 전사한 사건은 고구려의 남진정책에 커다란 위기였다. 가급적 주변국가를 자극하지 않고 민심을 수습하고 체제정비를 통한 국력강화의 필요성이 제기되었다. 마침 전연이 망하고 전진前秦이 들어서자 고구려는 전진과 우호관계를 맺어 서북 국경을 안정시키고 국가의 체제 정비를 해나갔다.

체제 정비의 효과가 제대로 나타나기도 전에 고구려는 소수림왕 5년(375)과 6년에 백제를 공격하였고, 소수림왕 7년에 백제는 평양성까지 북상하여 고구려를 침범하는 상황이 발생하였다. 384년에 중국에서는 전진이 망하고 다시 후연이 일어나 요동을 차지하게 되자, 고구려는 고국양왕 2년(385) 6월에 요동을 습격하고, 요동 현도 2군을 함락하여 남녀 1만 명을 잡아 개선했다. 그러나 고구려는 그 해 11월에 2군을 다시 빼앗겼다고 한다. 이에 고구려가 5개월여 동안 요동지방을 점령한 것으로 생각되기도 하지만, 410년에 후연이 신성과 남소성을 함락하여 700여 리의 땅을 개척하였다고 한 기록을 참고하면 385년 당시에 요동 일부 지역을 후연에게 빼앗기기는 했어도 대부분의 요동지역은 여전히 고구려의 소유였음을 알 수 있다. 특히 그 이듬해인 386년에 선비족의 탁발씨가 위왕魏王을 자처하고 후연을 압박하였고, 후연은 탁발씨에 계속 참패하여 수도를 요서의 용성(조양)으로 옮긴 사실에 주목하면 요동지방은 여전히 고구려의 지배 하에 있었던 것으로 보인다.

후연이 탁발씨의 공격을 받아 동방에 관심을 기울이기 어려운 상황으로 인하여 서북 국경이 안정되자 고구려는 고국양왕 3년 (386)에 백제를 침범하였다. 하지만 동 7년에는 백제가 고구려의 변경을 침범하여 오늘날 황해도지역을 두고 밀고 밀리는 상황이 계속되었다. 이 당시 고구려와 백제의 접전지역은 대체로 치양(백천)에서 수곡성(신계)을 잇는 선이었던 것으로 생각되고 있다. 고국양왕 9년(392)에 고구려는 백제의 후방을 위협하기 위하여 신라와 외교관계를 맺고 나물왕의 조카 실성實聖을 볼모로 삼았다.

◦ 광개토왕의 대제국 건설도 고구려 무장군단 덕분

고국양왕이 죽은 뒤 그 동안의 체제정비와 철갑기병을 중핵으로 하는 군사력 증강을 바탕으로 대외적인 정복활동을 강력하게 추진한 군주는 광개토대왕(391~413)으로 그의 능비에는 '국강상 광개토평안호태왕'이라 이름이 전한다. 광개토왕은 18세에 즉위하여 39세에 사망하였는데, 영락永樂이라는 연호를 사용하였다. 연호의 사용은 고구려가 중국의 지방정권이 아닌 독립국이었음을 명백히 보여준다.

광개토왕의 고구려군은 영락 5년(395)에 요하를 건너 오늘날 조양 북방에서 동쪽으로 흐르는 시라무렌강 유역에 살고 있던 거란 부족 가운데 하나인 비려를 정복하고, 양평(요양)·후성(심양)·역성·북풍(심양 서북) 일대를 순수하고 돌아왔다. 이는 385년 이후 요동이 여전히 고구려의 영토였음을 나타내는 것이다.

서북 국경의 안전을 확보한 광개토왕은 영락 6년(396)에 수군水軍을 동원하여 황해를 건너서 관미성(강화 교동)과 미추성(인천)을 공격하여 백제군이 이를 막기 위해 출동한 사이에 예성강에서 임진강 유역에 이르는 58개 성과 700촌을 점령하고 소수 병력으로 한강을 건너 백제 수도 한성에 침입하여, 백제 아신왕의 항복을 받고 왕제王弟와 대신 10명을 인질로 하여 개선하였다. 그러나 『삼국사기』에는 이 당시에 고구려가 여러 차례에 걸쳐 백제를 공격한 것으로 기록되어 있다.

영락 8년(398)에는 숙신을 정벌하여 영토가 목단강 유역에 이르렀다. 영락 9년(399)에는 백제가 맹세를 어기고 왜와 화통하였다. 광개토왕이 평양에 순시하여 내려오자, 신라가 사신을 보내, 왜인이 그 국경에 가득하고 성지城池를 쳐부순다며 도움을 청하였다. 이듬해 왕이 보병과 기병 5만 명을 보내 신라를 구원하게 하였는데, 남거성에서 신라성까지 왜가 가득하였다. 고구려군이 도착하자 왜적은 퇴각했다. 왜의 배후를 추격하여 임나가라의 종발성에 이르자 성은 즉시 항복하였다. 당시 고구려군은 신라의 구원 요청에 따라 보병과 기병 5만 명을 오늘날 강원도지역의 동해안을 따라 남하시켜 신라 국경 내에 침입한 왜구를 격파·섬멸하였던 것이다.

영락 10년(400)에 후연이 군사 3만 명으로 고구려의 신성·남소성을 함락하고 700여 리의 영토를 빼앗아 가자, 신라에 출동했던 고구려군은 소수의 병력만을 남기고 철수하여 영락 12년(402)에 후연의 숙군성을 정복하는 데 동원되었다. 숙군성은 요하 서편 대릉하 유역의 오늘날 요녕성 의현 부근에 있었다. 고구려의 공격을 받게 되자 숙군성에 있던 후연의 평주자사는 성城을 버리고 도망하였다. 숙군성 점령으로 고구려의 영토는 대릉하 유역까지 확대되게 되었다.

비문에 따르면, 영락 14년(404)에 왜倭가 또 다시 대방지역에 침입하였다. 왜가 백제군와 화통하여 석성을 공격하였으나, 광개토왕의 군대가 적의 길을 끊고 막아 사방에서 추격하여 살해하자, 왜구는 궤멸되어 참살된 자가 수를 헤아릴 수 없었다. 고구려에서는 4세기 대에 이미 찰갑이 사용되었으나, 일본에서는 가야를 통해 전파된 단갑短甲이 5세기에 유행하고, 6세기에 가서야 괘갑挂甲, 즉 찰갑으로 만든 갑옷이 등장한다. 이를 통해서 보아도 무기와 무장에서 훨씬 뒤진 왜가 고구려군에 궤멸된 것은 너무도 자연스런 일이었다.

『진서』에서는 404년에 고구려가 연군燕郡(오늘날 북경 일대)을 공략한 것으로 전한다. 아마도 요동반도 최남단의 여순 부근에서 수군을 동원하여 바다를 가로질러 연군을 점령하지 않았나 한다. 이처럼 고구려가 후연 깊숙이까지 침투해오자 영락 15년(405)에 후연은 고구려의 요동성을 침략해왔다. 하지만 후연은 패배하여 돌아갈 수밖에 없었다. 영락 16년(406)에도 후연이 고구려의 목저성을 공격해왔으나 3000여 리를 행군해온 데다 추위까지 겹쳐 수많은 병사들이 얼어 죽고 전투에서조차 고구려군에게 처참하게 패배해서 돌아갔다.

패배해 돌아간 후연왕 모용희는 모용보의 여러 아들들을 죽이는가 하면 각종 토목공사를 일으키는 등으로 실정을 거듭하여 민심이 크게 이반되었다. 특히 왕비 부씨符氏가 죽자 모용희는 슬픔을 견디지 못하여 실신하는가 하면 이미 대렴大斂이 끝났는 데도 관을 열고 시신과 교접하였으며, 백관들에게 곡을 하도록 강요하고 눈물을 흘리지 않으면 죄로 다스렸다. 이러한 해괴한 짓거리가 계속되는 동안 후연의 통치 질서는 완전히 마비상태에 빠졌다. 이 시기를 틈타 영락 17년(407)에 고구려는 보기步騎 5만 명으로 대규모 원정을 단행하여 무수히 많은 적을 죽이고 갑옷 1만 벌과 수많은 군자기계軍資器械를 노획하였다. 덕흥리고분의 묵서명과 벽화는 영락 17년(407)에 고구려군이 후연을 정복하고, 요하에서 북경 일대에 이르는 유주를 설치하고 진鎭을 유주자사로 임명하여, 유주 13군 태수의 내조를 받은 사실을 생생하게 보여주고 있다.

비록 9개월의 짧은 기간이었지만 고구려가 중국 베이징 일대까지 점령하였다는 사실은 우리 역사상 매우 자랑스러운 일이 아닐 수 없다. 고구려는 영락 20년(410)에 두만강 하류 장춘 일대에 있는 동부여를 공략하였다.

비문에는 광개토왕대에 공파한 성이 64, 촌이 1400개였다고 기록하고 있다. 이로써 고구려는 광개토왕대에 남으로 백제를 한강 유역까지 압박하였고 강원도지역을 차지하였으며, 서쪽으로 요동을 완전히 차지하고 한때 북경 일대까지 진출하였으며, 북으로 부여의 농안 일대에 이르고, 동으로는 숙신과 동부여를 점령하여 길림과 연해주 일대를 차지하는 대제국을 건설하여 한반도 북부와 만주대륙의 주인공이 되었다. 이러한 광개토왕 대의 대제국 건설은 철갑기병을 중심으로 한 고구려 무장군단의 활약에 힘입은 것이었다.

장수왕(413~491)은 재위 79년 동안 부왕 광개토왕의 사업을 계승하여 영토를 크게 확장하였다. 장수왕 23년에 고구려에 왔던 북위의 사신 이오李敖가 돌아가서, 당시 민호가 조위曹魏 때의 3배이고, 그 땅이 동서로 2천 리, 남북으로 1천여 리라 한 기록이 『위서』에 전해진다. 요동을 차지하고 있던 고구려가 북연을 사이에 두고 북위와 대립하고 있는 가운데 장수왕 24년(436)에 북위에 밀리던 북연왕 풍홍馮弘이 고구려로 망명해온 사건이 발생했다. 이 사건은 북위와 직접적인 충돌을 피하려는 고구려가 풍홍을 살해함으로써 일단락되었지만 남조의 송이 불만을 갖게 되었다.

장수왕 15년(427)에 고구려가 평양 천도를 단행하자, 이는 곧바로 백제와 신라에 커다란 군사적 위협이 되었다. 이에 433년에 신라 눌지왕과 백제 비유왕은 고구려의 남침에 공동 대응하는 나제동맹을 결성하였다. 이윽고 450년에 신라가 고구려의 변방 장수를 살해한 사건이 발생하였고, 고구려가 보복 침공을 감행했다. 마침내 신라는 자국 영토 내에 주둔하고 있던 고구려군을 모두 기습적으로 살해하여 제거해버렸다. 고구려는 이에 대한 보복으로 신라의 실직원(삼척)을 공격하였다.

장수왕 63년(475) 9월에 고구려는 3만 명의 병력으로 백제의 수도 한성을 공격하였다. 이 때 개로왕은 성문을 굳게 닫고 지키고 있었는데 고구려군은 바람을 이용하여 성에 불을 질렀다. 개로왕은 어찌할 바를 몰라 수십 명의 기병을 이끌고 성문을 나와 서쪽으로 달아났다. 하지만 고구려 장수가 그를 붙잡아 아차성 밑으로 끌고 가서 살해하고 말았다.

고구려는 그 이후에도 영토를 크게 확장했는데, 이를 두고『구당서』고려전에서는 고구려의 땅이 북으로 말갈에 이르는데 동서가 3천1백여 리, 남북이 2천 리라고 기록하고 있다.『위서』고구려전에서 고구려 땅의 동서가 2천 리, 남북이 1천여 리라고 기록과 비교하면, 말갈 정복으로 고구려의 영토가 장수왕대에 비하여 북쪽으로 2배나 더 넓게 확장되었음을 알 수 있다. 이는 고구려가 7세기 전반에 흑수말갈을 제외한 대부분의 말갈을 정복하고, 아무르강 이남, 우수리강 이서의 말갈 대부분을 그 영향권 안에 넣었음을 의미한다.

이 시기에 수나라와 당나라가 여러 차례에 걸쳐 침입하였지만 패배하여 돌아갔다. 수나라는 고구려와의 전쟁에서 패배가 원인이 되어 나라 자체가 망하였다. 당나라도 고구려와의 전쟁에서 여러 차례 패배하였다. 연개소문 사후에 고구려 내분이 없었고, 나

당연합으로 신라군이 당나라 군대를 돕지 않았던 들, 고구려군은
결코 당나라군에 패배하지도 나라가 망하지도 않았을 것이다. 당
시 세계 최강의 군대라고 말할 수 있는 수나라와 당나라의 군대
와 싸워서 승리를 거두었던 고구려의 무장군단이 어느 정도 강하
였는지는 이로서 그 해답이 자명해졌다고 할 것이다.

───────────── 참고문헌 ─────────────

『삼국사기』
『일본서기』
왕건군 저, 임동석 역, 『광개토왕비문연구』, 1985.
이인철, 『고구려의 대외정복연구』, 2000.
野上丈助, 『武具』, 1991.

일본은 왜 백제구원병을 파견했나

정 효 운(동의대학교)

○'백강'전투의 문제점은 무엇인가?

663년 '백강'에서 일어난 왜군과 당 수군의 전투는 여러 면에서 당시의 전쟁과 다른 양상을 보이고 있다. 첫째, 표면적으로는 왜와 당 수군이 충돌한 사건이지만 그 이면에는 백제 부흥을 위한 백제부흥군과 신라의 전쟁에 당과 왜 그리고 고구려가 참가한 전례를 볼 수 없는 동아시아 규모의 국제 전쟁이었다는 점이다. 둘째, 왜倭가 직접적인 이해관계가 없는 전쟁이었음에도 불구하고 어떤 이유로 출병을 하였는가 하는 점일 것이다. 이 점은 당唐의 경우도 왜 신라와 백제의 전쟁에 개입을 하였는가 하는 관점에서 접근해 봐야 한다. 셋째, 백제의 멸망이 660년 7월이었음에도 불구하고 이른바 왜의 구원병은 왜 3년 뒤인 663년 8월에 이르러 출병을 하였는가 하는 점이 고려되어야 할 것이다. 이럴 경우 왜의 파병 의도는 무엇인가 하는 점도 고찰할 필요가 있다.

◦ 왜의 백제 출병에 대한 종래의 견해

왜 왜가 직접적인 국가적 이해관계가 없는 전쟁에, 그것도 백제가 멸망한 이후에 대규모의 군대를 파견했는가라는 의문에 대해서는 종래부터 많은 해석이 제시되어 왔다. 일본 학계의 가장 고전적 해석에 따르면 4세기부터 6세기까지 '임나일본부'에 의한 임나의 직할 지배와 백제와 신라의 부용지배가 유지되어 오다가, 6세기 임나를 신라에 양도하는 대가로 '임나의 조任那調'를 조공 받아왔으나 그것이 잘 지켜지지 않기 때문에 '임나의 조'를 회복하기 위해서 파병하였다고 주장하였다. 이러한 역사 인식이 일본의 고대 한일관계사의 기본적인 틀을 이루고 있었다. 그러나 현재의 연구 수준에서 본다면 '임나일본부'설은 성립하기 어려울 뿐만 아니라 임나는 신라의 군사력에 의해 흡수되었으므로 '임나의 조'를 전제로 하는 왜의 백제 출병 요인은 재검토되어야 하는 시점에 있다고 할 수 있다.

최근의 견해를 몇 가지 요약해 보면 첫째, 왜왕권의 경제적 필요성의 측면에서 그 원인을 구하는 설이 있고, 둘째, 당의 위협에서 왜국을 지키기 위한 것이라는 대외적 측면에서 그 원인을 찾으려는 설이 있으며, 셋째, 대외적 긴장을 이용한 국가권력의 집중이라는 정치적 필요성에서 그 원인을 구하려는 설로 나눌 수 있다.

이들 견해 가운데 왜 왕권의 경제적 필요성, 즉 '임나의 조'를 부활하기 위한 측면에서 그 원인을 찾고자 하는 설의 경우에는 7세기 중반이란 시점에 왜가 동국東國지방을 포함한 전 지역의 국가적 전투력을, 당시의 왕권 혹은 기내畿內 호족 세력의 정치적,

경제적 이해관계와 밀접하게 관련되어 있었다고 추측하는 '임나의 조' 부활을 명목으로 집결할 수 있었는가가 문제가 될 것이다. 더구나 재지在地의 민중을 장악하고 있었던 지방 호족에 대한 이해관계의 조정 없이 그들을 이용할 수 있었겠는가 하는 점은 의문으로 남는다. 두 번째로 당의 위협이라는 대외적 위기의식을 통해 왜의 국가적 전투력을 집결시킬 수 있다고 보는 설은 백제가 멸망되기 이전의 동아시아의 정세가 과연 이후 전개되는 '백강전투'에서의 참패로 인한 대외적 위기감과 같은 강도로 왜 왕권 혹은 지배층 사이에 광범위하게 인식되고 있었는가 하는 점에서는 여전히 의문이 남는다. 당의 침략이라는 대외적 위기감은 '백강전투'에서의 참담한 패배로 인한 결과로 보는 것이 타당하다고 본다. 그러므로 왜의 백제 출병의 동기는 왜 국가 권력 구조와 대외적 긴장의 인식이란 측면에서 살펴보아야 할 것이다.

◦ 백제는 왜 멸망하였을까?

먼저 700여 년 간을 지속하였던 강국 백제가 660년의 신라와 당의 연합군에 의한 속전속결 전략에 의해 어이없이 멸망하는 과정을 간단히 살펴보기로 하자.

> 3월 당 고종이 소정방을 대총관으로 삼아 수륙 13만 명의 군으로 백제 정벌을 명하였다.
> 5월 16일 신라 무열왕이 김유신 등과 함께 경주에서 출발하였다.
> 6월 18일 무열왕 등이 남천정에 도착하였다.
> 6월 21일 무열왕이 태자 법민을 보내어 덕물도에서 소정방을 맞이하였다.

7월 9일 신라 김유신이 황산벌에서 백제 계백과 싸웠고 소정방은 기벌포에 이르렀다.

7월 12일 신라와 당의 연합군이 백제의 사비성을 포위하였다.

7월 13일 이날 밤, 백제 의자왕이 태자와 좌우대신을 거느리고 웅진성으로 달아났다.

7월 14일 사비성에 있던 왕자 융과 대좌평 천복 등이 항복하였다.

7월 18일 의자왕이 태자와 함께 웅진성에서 항복하였다.

불과 10여 일의 공격으로 백제는 멸망하였다. 백제 멸망의 원인은 의자왕의 전제적인 정치에 따른 실정으로 인하여 귀족들이 이반하는 대내적 요인과, 당시의 동아시아 정세 파악과 외교정책의 대응 부족이란 대외적 요인이 복합적으로 작용한 결과였다고 생각한다. 전자의 경우, 의자왕의 정치 지도력의 혼란은 655년 신라의 북쪽 30여 성을 획득한 대신라전에서의 승리 이후 두드러지게 나타난다. 충신을 죽이고 아들 41명을 최고의 관위인 좌평佐平에 임명하고 그들에게 식읍을 하사하는 등 정치에서 독재적 경향이 심화되었다. 후자의 경우, 수와 당의 거듭된 공격을 물리친 고구려 군사력에 대한 신뢰가 당과의 외교를 소홀히 하였기 때문이다. 당시 동아시아 정세는 군사대국이었던 고구려와 당의 대결이란 긴장 구도 속에 신라와 백제가 각각 참여하는 형태로 전개되었다.

엄밀히 말하자면 당의 대외적 관심의 대상은 고구려에 있었기 때문에 백제를 군사적 타도의 대상으로 생각하였던 것은 아니었다. 오히려 백제는 신라의 대외적 적대국이었던 것이다. 그렇다면 왜 당이 백제를 멸망시켰던 것일까? 백제 멸망 이전의 수와 당의 대고구려 원정은 신라와 직접적인 관계가 없는 당 왕조의 주변 국가에 대한 이른바 '고대 제국주의적 전쟁'이었다고 추정된다. 그러나 당 태종의 고구려 원정 실패 이후 아들인 고종은 국지적

침공을 통한 고구려 국력의 소모전을 전개함과 동시에 신라의 군
사적 이용가치를 인정하였다. 즉, 신라와 외교를 강화하여 위험
부담이 많은 요동지방을 통한 전면전보다 고구려의 후방에 있는
백제를 먼저 멸망시킨 연후에 고구려를 남북 양쪽에서 공격하려
는 방향으로 정책을 전환하였던 것이다. 이 점은 당의 군사력을
이용하여 백제의 멸망을 구상하고 있던 군사적 열세국인 신라의
전략과 부합되었다. 이처럼 신라와 당 양국의 국가적 이해관계의
일치가 백제의 멸망이란 결과를 가져왔던 것이다.

◦ 백제 멸망과 왜의 대응

백제 멸망 후 무왕의 조카인 복신을 중심으로 백제부흥운동이
일어났다. 백제 멸망과 거병 소식은 9월 무렵에는 왜에도 전해졌
다. 다음 달 10월에는 복신이 사신을 왜에 보내어 백제 재건을 위
해 왜군 출병과 함께 당시 왜에 체류하고 있던 풍장의 귀국을 요
청하였다. 이에 왜의 사이메이천황은 12월에 파병을 결정하였다.
이후 전개되는 '백강전투'까지의 과정을 연표로 간단히 정리하면
다음과 같다.

        660년 7월 백제 멸망
               9월 백제 멸망과 복신의 거병 소식이 왜에 전해짐
               10월 복신이 왜에 풍장의 귀국과 군사 파병을 요청함
               12월 사이메이천황이 백제 구원을 위해 병기 수리, 선박 준비,
                    군량을 저축함
        661년 4월 복신이 재차 풍장의 귀국을 왜에 요청함
               7월 사이메이천황이 츠쿠시의 아사쿠라 행궁에서 사망함

　　　 8월 덴치天智천황의 주도 하에 대백제 파견군 편성을 공포함
　　　 9월 풍장을 호송함
　　　 10월 덴치 천황이 사이메이천황의 상을 거행하기 위해 아스
　　　　　카로 향함
　　　 11월 사이메이천황을 빈소에 안치함
　　662년 정월 덴치천황이 복신에게 군수품과 식량을 제공함
　　　 3월 풍장에게 포布 3백 단을 하사함
　　　 5월 풍장을 백제왕으로 책봉함
　　　 12월 백제부흥군이 장기전을 위하여 거점을 주유성에서 피성
　　　　　避城으로 옮김
　　같은 해 왜가 신라 정벌을 위해 스루가국에 조선造船을 명령함
　　663년 2월 백제부흥군이 신라의 공격에 의해 거점을 재차 피성에서
　　　　　주유성으로 옮김
　　　 3월 왜가 대신라 정벌군을 파견함
　　　 5월 왜의 사신이 대신라 군사 파병을 고구려에 알리고 돌아옴
　　　 6월 풍장이 복신을 살해함
　　　　　풍장이 왜와 고구려에 구원병을 요청함
　　　　　왜의 대신라 정벌군이 신라의 2성을 획득함
　　　 8월 왜는 대신라 정벌군을 재편성하여 백강으로 파견함
　　　　　왜의 백제구원군이 백강에서 당과 싸워 패함
　　　 9월 주유성이 함락됨
　　　　　왜군과 백제의 유민이 왜국으로 퇴각함

◦ 일본은 왜 구원병을 파견했을까?

　이 연표를 중심으로 몇 가지 사실에 대해 검토하여 보기로 하
자. 백제 파병은 2회에 걸쳐 행하여졌다는 것을 알 수 있다. 1차는
661년 9월의 백제 왕자 풍장의 귀국을 호송하기 위한 5천 여 명의
출병이었다. 왜의 백제 파병은 660년 12월부터 시작되었지만 실제

의 파병이 1년여 뒤로 연기된 배경에는 첫째, 왜 왕권의 국가적 군사동원 체재의 미비와 더불어 661년 7월의 사이메이천황의 사망이란 요인이 1차적으로 작용하였다고 추측된다. 둘째, 백제 고지故地에 있어서 당군의 격퇴와 더불어 200여 성을 회복하는 백제부흥군의 전황의 반전이 있었기 때문이다. 이러한 백제부흥군에 의한 전세의 반전이 661년 4월에는 풍장의 호송만을 요청하게 되는 계기를 제공하였던 것이다. 이후 662년 정월과 3월에 군수품을 제공하고, 5월에 풍장을 백제왕으로 책봉하는 등의 여유를 가질 수 있게 되었던 것도 백제부흥군 전세의 우세가 유지될 수 있었기 때문에 가능하였다고 본다.

한편, 2만7천 명의 제2차 왜의 파견군은 663년 3월 신라를 향하여 출발하였다. 여기서 문제가 되는 점은 첫째, 1차 파견군 파견 이후 군대의 파견이 왜 1년 3개월이라는 시간이 걸렸는가 하는 점일 것이다. 이에 대한 일본 학계의 종래의 해석은, 당시 왜국의 정세로 보아 징발 가능한 선박이 대부분 일본 북쪽의 홋카이도 방면에 거주하고 있었던 에미시蝦夷 민족을 정벌하기 위해 출정하였기 때문이었다고 하였다. 그러나 이 시기의 에미시 정벌은 아즈마阿曇 씨족의 전승에 의한 것으로 실제로는 고구려 멸망에 따른 일본 동북지방의 혼란기에 나타난 사실의 반영이기 때문에 설득력을 가질 수 없다. 그렇다면 왜가 군대를 파견한 목적은 어디에 있으며 그것을 가능케 한 대외적 요인과 왜의 국내적 상황은 어떠했는가를 살펴보아야 할 것이다. 둘째, 만약 2차 파견군이 백제부흥군을 돕기 위한 군대라면 직접 백제부흥군의 근거지인 백강으로 가야할 것임에도 불구하고 왜 신라를 공격하여 2성을 탈취(6월)하였는가 하는 점일 것이다. 이 점은 661년 이후 백제부흥군의 전세의 호황, 662년 5월 풍장의 백제왕 책봉, 663년 6월 출병 왜군

의 신라성 공격 등의 제반 요인을 고려하여 판단하여야 한다는
사실을 보여주는 것이다.

◦ 왜의 출병은 신라 정벌을 위한 것이었다?

국가 지배층의 이해관계는 정치를 규제하는 요인으로 발전되
고, 외교는 정치권력의 이해관계에 따라 변화된다고 할 수 있다.
이러한 경우 전쟁은 외교의 무력적 표출이라 할 수 있고, 전쟁을
일으키는 요인은 국익, 즉 '국가적 이해'에 의해 좌우된다고 할 수
있다. 이와 같은 관점에서 본다면 전쟁의 동인動因이 어디 있는가
에 따라 파병의 성격도, 그것을 규제하는 주변적 정황도 달라질
수 있다. 군대를 외국에 파견하기 위해서는 2가지 상이한 의도가
존재한다. 구원과 침략이란 것이 그것이다. 이들 성격의 차이는
당사국 간의 이해관계에 의해 형성된다고 할 수 있다. 하지만 후
자의 경우 상대국의 의지와 관계 없이 수행할 수 있지만, 전자의
경우는 요청하는 상대국의 필요에 의한 요청이 없으면 성립하기
어렵다. 그러므로 전자의 경우는 요청하는 측의 군사적 열세라는
점이 전제조건으로 작용하여야 한다. 이런 의미에서 본다면 당시
의 한반도를 둘러싼 정세의 파악, 다시 말해 백제부흥운동기의 정
세 파악은 이 전쟁에서 왜군의 파견 동기를 고찰하는 데 유효한
시점이 될 것이다.

관련 사료를 전제적으로 고찰해 볼 때, 660년 백제 멸망 직후부
터 662년 말, 실제로는 663년 2월까지 백제부흥군의 유리한 전황
전개는 왜 왕권이 주도하는 대백제 출병의 동기를 상실하게 하였

다. 그러므로 집권자였던 덴치천황은 왜 내부 권력의 집중을 꾀하기 위해 '신라 정벌'을 위한 전쟁을 일으켰다고 추정된다. 덴치천황 2년(662) 3월의 가미스케노기미와카코上毛野君稚子 등의 출정이 그 실행이며, 6월에 신라의 두 성을 함락시킨 것이 그 결과로 볼 수 있다. 이 출정은 5월에는 군사동맹국이었던 고구려에도 전해졌다.

그러나 동아시아의 정세는 왜가 희망하는 대로는 움직여주지 않았다. 663년 2월 신라의 대백제 공세는 상황을 반전시켰다. 백제부흥군의 전황은 점점 악화되기 시작하였다. 5월에는 손인사孫仁師가 이끄는 당의 증원군도 백제에 도착하였다. 그 위에 6월 풍장이 복신을 살해함으로써 전개되는 내부 분열은 백제부흥군의 세력을 결정적으로 약화시켰다. 이 내분은 백제부흥군의 세력 열세를 가져왔기 때문에 부흥군은 재차 군사동맹국이었던 왜와 고구려에 파병을 요청하는 요인으로 작용하였다. 복신을 살해한 직후 풍장은 왜와 고구려에 사신을 보내어 구원군을 요청하였다. 이 요구에 의해 왜의 덴치천황은 8월에 중군과 후군의 신라 정벌군을 재편성하여 백강으로 병력을 파병하였다. 백제 재건은 신라 정벌의 전제조건이었기 때문이다. 이러한 과정에서 나타난 덴치천황의 의도는 백제의 국가적 의도와 관계 없지만 왜가 풍장을 백제왕으로 책봉하였기 때문에 백제는 이미 왜의 부용국이란 인식이 있었다고 생각한다.

이로 볼 때, 결국 '백제의 역'은 백제부흥군의 요청에 의한 사이메이천황의 군사동맹국인 백제 '구원'을 목적으로 한 전쟁에서 군권을 집중하여, 지배집단의 권력을 장악하려한 덴치천황의 신라 '정벌'이라는 '제국주의적 전쟁'으로 전환되던 것이다. 그 근저에는 7세기의 역사적 조건, 즉 수·당의 중국 통일이 가져온 강대한 권력 집중의 여파가 동아시아 제국을 뒤흔들어 자국의 권력 집중만이 아니라 타국의 권력마저 자신의 지배 하에 두려고 한 이른바 '고대제국주의적 사상'의 맹아가 있었다고 볼 수 있지 않을까?

일본이 백제를 위하여 수많은 병사를 파견한 원인에 대해서는 종래 여러 가지 주장이 제기되고 있지만, 국익과 관련된 '국가적 이해관계'란 점에 대한 관점이 부족하다고 본다. 이는 당이 신라를 도왔던 것이 백제로부터 신라를 구하기 위해 출병한 것이 아닌 점에서도 알 수 있다. 신라를 구원하기 위한 것이라는 명목을 내세워 신라마저 당의 지배 하에 두려는 야심이 있었던 것과 같이, 왜국도 백제국을 부흥시킨다는 명목을 내세워 신라까지 정벌해보려는 국가적 야심이 있었던 것으로 보인다. 물론 당의 의도가 처음부터 신라를 정복하려는 의사를 가졌던 것은 아니었을 것이다. 고구려를 목표로 하여 백제를 멸망시키고, 그 목적이 성취되자 신라까지도 자신의 영향력 하에 두려는 정책으로 바뀌었다고 생각된다. 이러한 양국의 정책 의도의 변질과 차이는 결국 당과 신라의 전쟁까지 유발시켰던 것이다. 이런 관점에서 본다면 왜도 처음부터 신라를 정복하려는 생각을 가졌다고 보기보다 전황의 반전과 국내 정세의 변화에 따라 외교 정책의 목적이 변화되었다고 볼 수 있다. 1차 파병의 경우, 신라와 당의 군사적 동맹노선에 대응하기 위해 655년 전후에 형성된 고구려·백제·왜의 군사동맹국 지원을 위한 파병이었으나, 2차 파병은 백제부흥군의 전황 호전에 따른 파병 동기의 상실에 따라 왜 국내 권력 장악을 위한 신라 정벌로 목적을 수정하지 않을 수 없었던 것이다. 전쟁을 한 국가의 강경한 외교 정책의 대외적 표현으로 정의할 수 있다면, 권력의 정치적 이해관계와 주변 정세의 변화에 따라 그 목적도 바뀔 수 있다.

─────────── 참고문헌 ───────────

변인석, 『백강구전쟁과 백제, 왜 관계』, 한울, 1994.
연민수, 「7세기 동아시아 정세와 왜국의 대한정책」 『신라문화』 24, 2004.
전영래, 「삼국통일전쟁과 백제부흥운동」 『군사』 4, 1982.
정효운, 『고대 한일 정치교섭사 연구』, 학연문화사, 1996.
최재석, 「663년 백강구전쟁에 참전한 왜군의 성격과 신라와 당의 전후외
        교정책」 『한국학보』 90, 1998.

고대 동아시아의 관문 다자이후

박 석 순(강원대학교)

◦ 동아시아 속의 다자이후

다자이후大宰府란 율령제 하의 일본 고대국가의 축전국筑前國(지금의 후쿠오카현)에 놓여졌던 특수지방관청을 말한다.

다자이후에 관련해서는 『일본서기』 스슌천황 5(591)년조에 「축자장군소筑紫將軍所」, 스이코천황 18(609)년조에 「축자 다자이후筑紫大宰」란 명칭이 보이기 시작하나, 본격적으로 그 조직과 시설을 갖추게 된 것은 백촌강 싸움(663) 패배 후에 보이는 「축자도독부都督府」(667), 「축자 다자이후」(671)라 할 수 있다. 제도적으로 다자이후가 성립된 것은 701년에 제정된 다이호령大寶令에 의해서였다. 이 고대 율령제 하의 다자이후는 중세 가마쿠라 막부의 성립 이후에는 실질적으로 변질된 것으로 추정되므로, 다자이후의 존속 기간은 아스카~헤이안 시대의 520여 년 간이라 할 수 있다.

한편, 다자이후는 대국사大國司로도 불렸던 것처럼, 천황의 명령을 받들어 서해도 9국 3도(824년부터는 2도)의 사무를 총관할 수 있는 권위가 부여되어 있었다. 「오키미大君의 멀리 있는 조정」, 「짐의 외조外朝」 등과 같은 표현은, 일본 고대국가에서 다자이후가 차지하는 중요한 위상을 그대로 드러낸 것이라 할 수 있다.

이에 따라 다자이후는 기본적으로 조정 아래의 일개 지방기구였음에도 불구하고, 대단히 방대한 조직을 갖추고 있었다. 제사를 담당하는 주신 및 정치를 주관하는 장관 이하 하급관리에 이르는 약 500명의 관리조직과 기능을 갖추고 있었으며, 4등관만 해도 12명으로 조정의 조직과 비견될 만하였다. 다자이후 장관은 3품·4품의 친왕과 종3위의 제왕신 상당관으로 8성의 장관보다 고위에 위치하였다.

무엇보다 이러한 다자이후의 중요성은 그 지리적 위치에 의해 표상된다. 다자이후가 있었던 큐슈 북부 지역은 고래로 일본열도를 한반도와 중국 대륙에 연결시키는 창구였던 것이다. 이곳을 통해 조몬(신석기)시대 말기 이래로 벼농사 문화, 지석묘와 옹관묘, 각 종의 청동기기, 스에키, 마구 등의 수많은 유적, 유물들이 사람들과 함께 일본열도로 들어왔다. 뿐만 아니라 한반도나 중국대륙으로 향하는 일본열도의 사람들은 대부분 이곳을 경유하는 것이 일반적이었다. 이렇듯 일본 고대국가에 있어서의 다자이후의 특수한 지위, 중요성이라는 것은 본디 그것이 놓여졌던 지정학적 위치에서부터 연유된 것이라 할 수 있다.

> … 축전 다자이筑前大宰는 멀리 변요邊要에 있으면서 항상 비상사태를 경계하며, 더불어 외국 사절에 대비하고 있어, 이것이 관장하는 것은 특히 다른 제도諸道와는 다릅니다(職員令集解 69大宰府條).

위의 표현에서 변방으로서의 다자이후가 담당하고 있었던 주요 역할 내용도 파악할 수 있다. 즉, 대외적으로 볼 때 다자이후의 기본적 기능이란 무엇보다 최전선의 변방지역으로서의 대외 방비적 기능과 외교적 기능, 이 두 가지로 요약된다고 할 수 있다. 그런데 정사 속의 사례를 살펴보면 공식적 외교 루트로 오고 간 사절뿐만 아니라, 다자이후를 오고 간 각종 외국 상인이나, 귀화 또는 표류한 외국인들에 대한 사무도 다자이후가 담당하였음이 드러난다. 이는 광의의 외교적 기능 안에서 이해할 수 있겠다. 따라서 이하에서는 일본 고대국가의 창구이자 관문으로서의 다자이후의 역할을 두 가지 방면─대외 방비적 기능, 외교적 기능─으로 나누어 구체적으로 살펴보고자 한다.

◦ 대외 방비적 기능

『직관지』 5에는 '살펴보건대, 축자 변방의 서해에 외적에 의한 비상사태의 우려가 있어서 다자이후를 두어 이를 지키고자 한지 이미 오래이다. 단지 언제 창설되었는지는 자세하지 않다'는 기록이 있다. 663년 백촌강 싸움이 실패로 끝나고 그 결과, 북큐슈지역의 대외 방비적 기능은 중요한 문제로 부각될 수밖에 없었다. 『일본서기』에 의하면, 이듬해 쓰시마, 이키시마, 축자국 등에 방인(변방방비 병사)과 봉화 시설을 두었으며, 축자국 다자이후 정청의 서북 평야부에 커다란 제방을 쌓아 물을 저장시켰다[水城]. 또한 다음해 665년에는 정청 북방에 백제 망명 귀족인 달솔 억례복류와 달솔 사비복부를 보내 오노성大野城, 기이성基肄城을, 667년에는

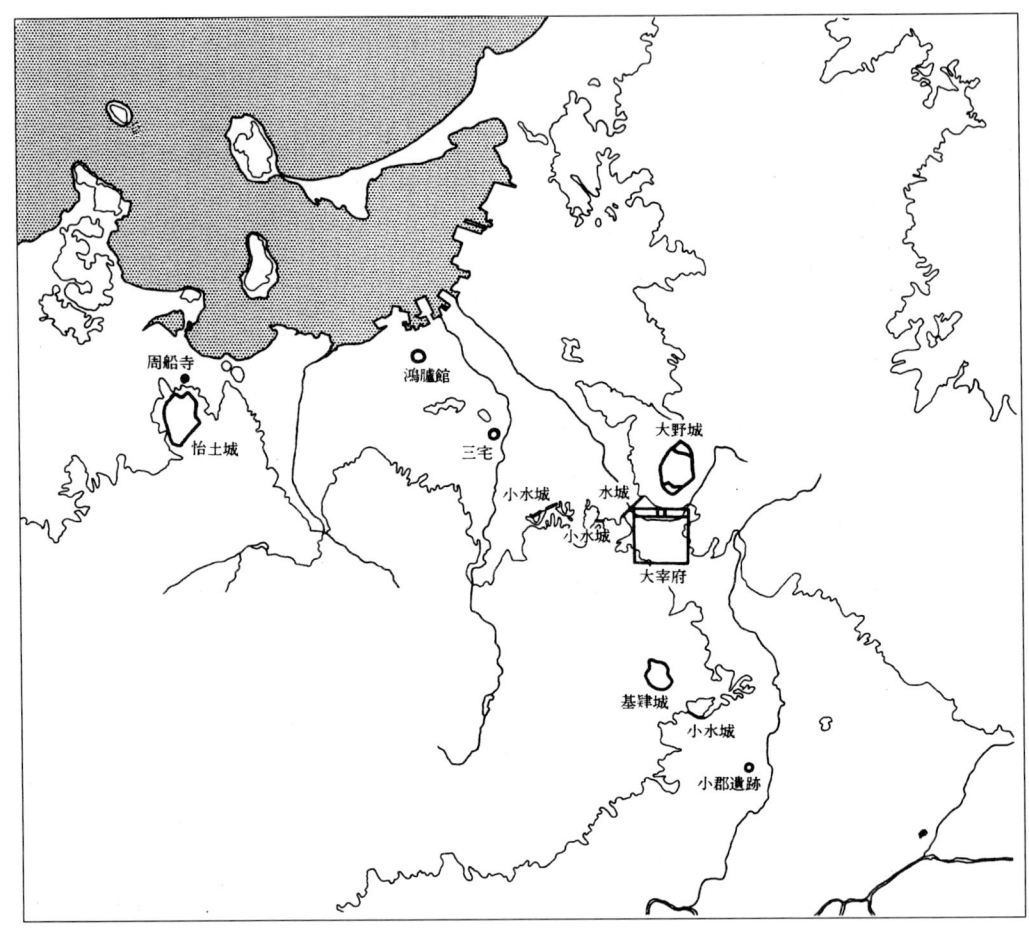

△ 다자이후의 위치와 관련 시설

쓰시마국에 가네다성金田城을 쌓는 등 방비 체제를 강화하였다. 이후 756년에는 역시 신라에 대한 방어용으로 하카타만 쪽에 이토성怡土城을 쌓았다(768년 완성). 직원령69다자이후조에서 규정하는 다자이후 장관의 직무로 '병사, 기장器仗, 고취鼓吹, 우역郵驛, 전마傳

馬, 봉후烽候’ 등의 내용을 담고 있는 것은, 대외 방비와 관련된 다자이후 역할의 성문화로 이해해 볼 수 있다.

다자이후의 많은 방어시설은 대외 전쟁을 치른 후의 위기감에서 나온 것이 틀림없으나, 그 후 고대 일본에 대외 전쟁은 두 번 다시 일어나지 않았다. 따라서 8세기 초기에 그 편찬이 완성된 율령체제 하의 다자이후의 기능은 실질적으로는 대외 군사적 행동을 위한 것이 아니라, 9세기 중반 이후에 가서 변방으로서의 방어기능, 또는 ‘적’ 등으로 간주하던 외국인의 불법적 침탈 행위에 대한 토벌을 그 주된 내용으로 하게 되었다. 당시의 정사 속에서 다자이후의 이러한 기능에 대해 방어적 의미로서의 ‘경고警固’라는 용어를 일반적으로 사용하고 있는 것은 그 때문이라 하겠다.

구체적으로 이러한 다자이후의 ‘경고’ 기능에 대해서는 연희식延喜式이란 상세법 속에 a.궁사와 그를 시중들 장정을 둔다, b.적선을 판별하여 봉烽 2거炬, 또는 3거(200척 이상)를 둔다, c.객관에 병마 10필을 나눠 두어 급속한 때를 대비한다라는 내용으로 정비되었다. 그밖에도『속일본기』759년 3월 경인조에 인용된「경고식」을 참고하면 하카타의 오호츠・이키・쓰시마 등의 요해 지역에 배 100척 이상을 두고 만일의 사태에 대비하도록 하였다.

백촌강싸움 이후 고대국가에서 다자이후가 대외 전쟁의 최전선이 되는 경우는 없었지만, 방위를 위한 군사 행위를 수행하게 된 것은, 이른바 ‘해적’에 대한 토벌을 통해서였다. 고대국가에서는 외국인과의 접촉・관계는 철저히 국가가 관리한다는 기본방침이 있었으며, 이러한 방침 위에서 특히 9세기 중반 이후에 중요한 문제로 떠오르게 된 것이 이 ‘해적’의 문제이다. 이에 대해서는 이 시기 신라에 대한 경계감, 적국의식이 고양되었기 때문이라고 보는 견해가 일반적이다.

그런데 사실은 이 같은 '해적'에 대한 문제는 갑자기 신라인을 대상으로 등장한 것은 아니었다. 해적은 이미 9세기 중반 이후 세토내해 항로를 중심으로 등장하고 있으며, "요즘 해적이 무리를 지어 오가는 사람들을 살해하고, 공사의 잡물을 약탈한다"라는 보고(862년 5월)가 올라옴에 따라 대대적인 해적 토벌이 이루어지는 등 조정 통제의 완화를 배경으로 지방세력이 성장하도 있음이 확인되며, 이 시기의 해적 문제가 비단 신라인에 국한된 것은 아니었음을 의미한다. 또한 신라에 대해 '적'으로 파악하려는 경계감 자체도 사실은 한반도와 관계가 시작된 이래 꾸준히 지속되어온 것이었으나, 그것이 9세기 중반 이후에 몇 가지 사건을 계기로 급격히 표면화된 것에 불과하였다.

백촌강싸움 이후 신라와 공식적인 교류관계는 곧 재개되었으나 일본 조정 측에서는, '신라는 쇼무천황대(724~748)로부터 옛 관례를 따르지 않고 항상 간심을 품고 걸핏하면 조공하지 않고 장사로 핑계 대고 나라(일본)의 정세를 엿본다'(『속일본후기』 쇼와 9년(842))고 판단하고 있었다. 이같은 인식은 일본 조정의 신라에 대한 기본적이고도 지속적인 인식이었다. 873년에는 당나라로 가려다 잘못되어 사츠마국(가고시마현)에 표착한 발해인 60명에 대해서, 그들이 스스로 발해인이라 하고 있음에도 불구하고 사실은 신라인이 사칭하는 것은 아닌가 의심하기도 하고, 같은 해 쓰시마에 표착한 신라인 32명에 대해서도 그대로 다자이후 고로칸에 감금하고, 이후 신라인이 표착하면 재빨리 돌려보내는 등 신라에 대한 불신과 경계감은 9세기 중반 이후에 보다 표면화되었다. 그 이유에 대해서는 당시의 일본 조정의 대외적 대응능력의 저하에서 그 주된 원인을 찾아볼 수 있다.

9세기 중반 일본 조정에서는 유래에 없었던 9세의 어린 세와清

和천황(858~875)이 즉위하게 되었고, 그의 어머니와 외조부인 후지와라 요시후사를 섭정으로 하는 체제가 출범되었다. 이러한 조정은 대외관계를 적극적으로 펼치지 못하였다. 신라와 공식적인 사절 교류도 끊어진 채, 상업 또는 표류 등의 비공식 루트로 큐슈 변에 나타나는 외국인들에 대한 폐쇄감이 고양되어 필요 이상의 위기감이 조성되었다. 조정은 다자이후에 빈번히 '경고'를 명하였고, 그로 인해 다자이후는 큐슈 북변에 출몰하는 이른바 '적'들을 토벌하는 기능을 활발히 수행하였다. 조정이 다자이후에 '경고'하고 '토벌'하도록 명을 내린 대상이 모두 '신라인' 또는 '신라적'으로 나타나고 있다는 점은 이 시대의 신라관을 상징적으로 보여준다.

그런데 이와 같은 일본 조정의 대 신라 경계감 속에서 다자이후의 방비적 역할의 증대라는 상황에도 불구하고, 다자이후를 중심으로 하는 북큐슈 지역은 오히려 신라인과 좀 더 현실적인 관계를 유지하고 있었다.

866년 7월, 히젠국(나가사키현) 군령급 4명이 공모하여 신라인 진빈장과 함께 신라국에 건너가 병노기계 기술을 배워 장차 쓰시마를 습격하려 한다는 밀고가 다자이후를 통해 조정에 보고되었다. 870년 11월에는 다자이후의 차관 후지와라元利萬侶가 신라의 국왕과 통모하여 국가를 해하려고 한다는 츠쿠시국(사가현)의 서기 사에키佐伯眞繼의 밀고가 조정에 보고되기도 하였다. 이러한 가운데 869년 6월에 신라 배 2척이 츠쿠젠국(후쿠오카현)에 나타나서 부젠국(후쿠오카·오이타현)의 공조선이 싣고 가던 견면絹綿을 약탈해 도망가는 사건도 일어났다. 이 사건은 당시의 일본 조정에 대단한 충격을 주었으며, 그 이듬해에 이르기까지 조정의 주요한 신사와 왕릉에는 그 일을 보고하고, 신명의 가호를 비는 사자들이 두루두루 파견되었을 뿐만 아니라, 신라인 20명이 그 관련 혐의를 받고 동북지방으로 강제이주당하기도 하였다.

이상과 같은 일련의 사건들은 그 진상은 모두 불분명한 것이었으나, 당시의 세와 조정에 있어서 신라에 대한 위기의식을 구체적으로 고양시키는 원인이 되었다. 그러나 한편으론 조정의 통제가 해이해진 틈을 이용해 큐슈지역의 유력 세력이 신라인과 이해관계를 함께 하는 모습을 간과할 수 없다. 다자이후를 중심으로 하는 북큐슈지역은 고대국가로의 발전 과정에서 조정의 명령을 받는 하부 지방으로 놓여지기는 하였으나, 그 지정학적 위치상 어쩔 수 없이 조정보다 더 가까운 한반도와의 관계를 현실적인 이해 속에서 인지하고 있었으며, 신라와의 교류를 추구하고 있었다고 할 수 있다.

결국 일본 고대국가에서 다자이후가 수행한 '경고' 기능이란, 9세기 이후 대외교류에 소극적으로 임하게 된 일본 조정을 대변하여, 서쪽의 변방기구로서 필연적으로 수행할 수밖에 없었던 경계와 자국 수호의 기능이었다고 할 수 있다.

◦ 외교적 기능 ─ 외교사절과 귀화자 · 표착자 및 상인 등의 외국인에 대한 기능

백촌강싸움의 실패라는 대외 전쟁의 경험을 통해 강고해진 다자이후의 군사적 기능은, 실질적으로는 9세기 중반 이후 조정의 통제를 넘어선 외국인에 대한 경고의 기능으로 활용되었다. 이에 비해 다자이후가 가지고 있었던 외교적 기능은, 외교사절보다 더 폭넓은 범주에서, 일본열도로 오게 된 귀화자 또는 표착자, 그리

고 교역을 위한 상인 등과 같은 일반 외국인을 상대로 하는 업무
로서 지속적으로 수행되었다.

· 외국사절에 대해

일본 고대국가의 외교대표권은 천황이 행사하였으며, 조정의
공식 외교 담당 기구로는 치부성 관하의 현방료가 있었다. 따라서
다자이후에서 처리할 외교적 대응도 다자이후에게 독사석인 판단
이나 외교교섭권은 부여되지 않는 것이 원칙이었다. 그러나 그 지
정학적 위치상 제일 먼저 사절들을 맞이하고, 또 내보내야 하는
다자이후는 조정의 명령을 바탕으로 하면서도 필연적으로 여러
가지 외교적 사무를 수행할 수밖에 없었다.

법적으로 보면 다자이후 장관의 직무는 다른 지역의 장관에게는
볼 수 없는 '외국사절'에 대한 기능, '귀화'에 대한 기능, '향연' 기
능 등이 부여되어 있었다. 또한 다자이후에는 외교사절을 위해 약
3800곡 정도의 비축미를 갖추고 있었으며 당 또는 신라인과의 접
촉에 대비한 통역관도 비치되어 있었다. 다자이후의 외국 손님이
묵는 고로칸에는 수객관이라는 관리를 두고 있었으며, 객관의 관
리와 수리를 위해 곡식 4만 속을 갖추고 있었다. 또한 만일의 급
박한 사태에 대비하기 위해 다자이후의 정액 병마 20필 가운데 10
필은 고로칸에 나누어 두기도 하였다.

그런데 율령제 하의 다자이후에 부여된 가장 실질적이고도 기
본적인 외교상의 역할은 무엇보다 사절의 도착 상황을 조정에 신
속히 보고하고, 그 명령을 직접 현지에서 수행하는 것이었다. 다
자이후에서의 공식 외국 사절에 대한 응대가 이루어졌던 것은 실
제, 신라관계가 전개되었던 호키寶龜년간(770~780)까지였으며, 적

어도 그 시기까지 다자이후는 대표적 외교 담당 창구로서 외교사
절을 처우하였다. 일본 조정은 일본의 호쿠리쿠도北陸道, 산인도山
陰道 지역에 주로 도착하는 발해사에게까지도 8세기 후반 무렵까
지 다자이후만을 공식적 외교 창구로 강조하였다.

　다자이후에서는 구체적으로 외국 사절에 대해 각종의 물건과
녹祿이 사여되었고, 향연도 이루어졌다. 이러한 내용은 사료상에
서 '안치'하고 '공급'하는 것으로 나타난다. 또한 8세기 후반 고닌
조光仁朝(779~781) 이후로는 당의 사절들을 위문하고, 방일한 이유
를 물어 조정에 보고하는 한편, 신라 사절이 가져온 외교문서에
대해서는 그 형식과 내용을 문제 삼아 선례와의 차이를 지적하고
그 필사본을 조정으로 올리는 것과 같은 외교문서 관련 사무도
겸하였다. 특히 761~762년, 778~779년의 당 사절의 방일, 779년
의 신라사 방일을 계기로 하여 다자이후의 외교 기능은 많은 진
전을 이루었으며, 조정 역시 다자이후의 외교적 역할의 중요성을
한층 더 인식하게 되었다.

　764년 하카타에 도착한 신라사는, 일본 승 계융戒融의 귀국 후의
소식을 궁금해 하는 당 칙사 한조채에게 전해줄 다자이후첩大宰報
牒을 요구하였다. 이 때 다자이후는 신라사가 가져온 신라국첩의
내용을 판독하고 이를 조정에 보고하였으며, 조정의 명령에 따라
신라집무성 앞으로 보내는 다자이후첩을 발행해 신라사에게 건넸
다. 이처럼 다자이후는 대외적 효용을 지닌 문서를 발행하기도 하
였다.

· 귀화자에 대해

　율령제 하의 일본 고대국가에서의 다자이후는 일본열도로 거주

지를 옮겨온 외국인 귀화자에 대한 사무도 관장하도록 규정되어
있었다. 구체적으로는 귀화해온 사람들에 대해 그들을 다자이후의
객관에 임시 거처하게 하고, 필요한 것을 공급하면서 더불어 감시
도 하였으며, 조정에 대한 보고도 수행하였다. 또 귀화자들을 사정
이 괜찮은 지역에다 본관을 정해주고 호적에 기입함으로써 안주시
키는 사무도 수행하였다.

실제 759년 신라인이 귀화하였을 때, 조정은 다자이후로 하여
금 여러 차례 불어서 이들이 돌아가길 원하면 식량을 지급하여
돌려보내도록 하였고, 816년 신라인 180명이 귀화했을 때에는 조
정의 명령에 따라 다자이후가 의복과 식량을 지급하고, 왕경으로
이송하는 업무를 수행하였다. 고닌弘仁년간(810~823)에는 집중적
으로 신라인이 귀화하였고, 조정은 다자이후의 보고를 통해서야
그 사실을 파악할 수 있었다.

· 표착자에 대해

752년 조정이 다자이후에 내린 칙의 내용의 의하면, "735년에
고故 다자이후 차관 오노아손野朝臣老이 다카바시무라지高橋連牛養를
남도에 보내 패를 세웠는데, 이미 그 패가 20년을 경과하여 썩어
부셔졌으니 다시금 비를 세우고, 비마다 도착지 섬 이름 및 정박
지, 물 있는 곳, 행로 섬이름 등을 적어서 이곳에 표착한 배가 돌
아갈 방향을 알 수 있도록"하였다. 이 내용은 연희잡식 속에 계승
되어, 다자이후가 표착인을 파악하고 관리할 수 있도록 법제화되
었다.

사례에서 보면 다자이후는 지속적으로 신라 '표착'자를 파악하
고 있었다. 신라 하대의 혼란과 기근 속에 일본으로 오는 표착자

△ 다자이후 정청政庁 정전正殿 유적지

가 증가하였는데, 일본 조정은 774년 이후 귀화의 경우는 구별하여 단순한 신라인 표착자는 돌려보내도록 하는 방침을 표명하였으며, 실질적으로 이 사무를 다자이후가 수행하였다.

그런데 873년 5월 27일 쓰시마국에 발해인이 표착한 것을 보고하는 다자이후로 칙이 내려와 "… 관할 지역 관사가 자세히 조사하여, 이들이 실제 발해인이라면 위로하고 식량을 주어 돌려보낼 것. 만약 신라 흉당이라면 모두 감금하여 보고할 것. 더불어 관내 제국으로 하여금 엄중히 경계할 것"을 명하였다. 또 동년 12월 22일에도 쓰시마에 표착(9월 25일)한 신라인을 쓰시마 관리가 다자이후로 보냈으므로, 다자이후가 이들을 고로칸에 감금시켰다고 조정에 보고하자, 조정은 "부디 엄중히 조사하고 자세히 사정을 살핀 뒤 신속히 돌려보내라"는 명령을 내렸다. 마찬가지로 그 다음해에 쓰시마에 표착한 신라인에 대해 조정은, 다자이후가 온 이유를 묻고 신속히 돌려보낼 것을 명하였다. 즉 다자이후의 "표착" 보고로 조정이 표착자를 파악하는 체제를 이루고 있었으며(774년 이후는 "그 표착 연유를 물어" 보고하도록 함), 다자이후는 이들을 돌려보내거나(774년 이후) 감금하고, 조사 또는 수색하는 역할을 수행하였다.

· 상인에 대해

다자이후는 "사람도 물건도 많은 천하의 일도회一都會"라 불렸던 것처럼, 많은 외국 상인들의 내왕 속에 활발한 교역이 이루어졌던 곳이기도 하다. 정사의 사례에서 보면 9세기 이후 서해도 연변 제국을 중심으로 증가한 신라 상인과 당 상인의 도착 상황이 다자이후에 의해 파악되어 조정에 보고되었다.

그런데 외국 상인들의 내왕은 9세기가 되어 시작된 것은 아니었다. 이전 시기부터 이미 상업을 목적으로 오는 신라인들이 많았다. 당시 조정은 장사하려는 무리가 도착하면 그 가져온 물건은 민간들이 마음대로 교역하는 것을 허락하고, 끝나면 재빨리 돌려보낼 것으로 처리하는 등, 외국 상인들과의 교역활동 자체를 부정하지는 않았다.

835년 다자이후는, 근경에 신라상인의 왕래가 끊임없으니 이키섬의 방비를 위해 330명에게 무기를 지참하게 할 것을 조정에 건의하였다. 840년에는 신라인 장보고가 사자를 보내고 방물을 바쳤음을 다자이후가 조정에 보고하였다. 조정은 이에 대해 장보고의 사자는 그대로 돌려보내나 가져온 물건은 민간으로 하여금 교역하도록 허락하는 한편, 교역 과정에서 가격 등귀 현상이나, 구매자간에 경쟁으로 자산을 기울이는 일이 없도록 다자이후로 하여금 조처하도록 명하였다.

한편, 당 상인도 9세기 후반의 죠간貞觀년간(859~876)을 중심으로 다자이후에 도착하는 모습이 빈번해지고, 다자이후는 조정의 명령에 따라 그들을 '안치' 또는 '공급'하는 역할을 담당하였다. 이에 따라 사람들이 "경내의 물품을 귀하게 여기지 않고, 외국 상인이 가져온 물품을 존중하는 풍조도 만연하였다"라는 탄식을 자아내게 하였다. 885년 10월 20일 당 상인이 도착하였을 때에는 "왕신가사王臣家使 및 관내의 관리와 백성이 사적으로 비싼 값으로 외국 물건을 경매하는 것을 금"하는 법령이 발포되기도 하였다. 이 과정에서 다자이후는 사교역에 대한 관리와 감시의 기능을 수행하였다.

다자이후의 고로칸 유적지에서 8세기에서 11세기에 걸친 중국 도자기, 신라 도기, 이슬람 도기 등이 다량으로 출토되는 등 다자이후는 단순한 외국 사절에 대한 응대기능을 확장하여, 일상적인 대외 교역의 무대로 존재하고 있었던 것이다.

◦ 다자이후의 기능 약화와 변화

이상에서 살펴본 바와 같이 동아시아의 관문으로서 다자이후의 기능이란 주로, 일본 고대국가의 변방으로서의 방패적 역할과, 열도를 오가는 사람들을 맞아들이고 보내는 과정에서의 응대와 교섭, 교류의 역할을 수행하는 것이었다.

율령제 하의 일본 고대국가에서는 대외 전쟁이 일어나지 않았고, 이에 따라 다자이후의 실질적 대외 군사기능은 약화되었다. 그러다가 9세기에 들어 정치적 변칙 상태에 따라 조정의 대외적 대응 능력이 약체화되자, 다자이후가 이를 대신하여 변방으로서의 경계 기능을 강화하기에 이르렀다. 또한 외교적 기능에서도 공식사절에 대해서뿐만 아니라 조정의 예측을 뛰어넘은 개개인 또는 집단적 외국인의 도착에 대해 신속히 이를 파악하고 조정에 정보를 전달하며, 관련사무를 수행하는 제1선의 관사로서 지속적으로 활약하였다.

─────────────── 참고문헌 ───────────────

박석순, 「大宰府의 대외관련 업무 사례연구」 『歷史學報』 180, 2003.
박석순, 「일본고대국가 지방기구 大宰府의 외교기능에 대한 법제 연구」
　　　　『日本歷史研究』 19, 2004.
『國史大系』, 大宰府.
『日本思想大系3 律令』, 岩波書店, 1976년판.
『新訂增補國史大系26 延喜式』, 吉川弘文館, 1937년판.
田村圓澄 編, 『古代を考える 大宰府』, 吉川弘文館, 1987.

발해는 정말 일본과 함께 신라를 침공하려 했을까

구 난 희(고구려연구재단)

◦ 발해와 신라침공계획

발해는 우리 역사 속에서 가장 넓은 영토를 차지한 동북아 강국으로 우리 기억 속에 남아 있다. 그러나 일본 학자들의 글을 읽다 보면 이러한 발해의 웅혼한 기상은 찾을 수 없고 자국의 위기를 타개하기 위해 일본을 넘나들며 그들이 요구하는 불리한 외교조건을 감수할 수밖에 없는 나약한 모습으로 비춰질 때가 종종 있다. 이러한 인식의 차이는 어디서부터 기인한 것일까? 그것은 바로 발해가 자신들의 문헌기록을 남기지 않고 주변국 역사서 중의 일부 기록을 통해서만 자신의 역사를 문헌으로 남기고 있다는 데 그 원인이 있다고 하겠다. 특히 일본 측 사서에는 양국의 교류와 관련된 기록이 제법 남아 있어 발해사 연구에 중요한 근거가 되고 있다. 하지만 이 기록을 남긴 것은 일본이었고 그러다 보니 그들의 입장이 반영될 수밖에 없었다. 이렇게 입장 차이들을 보이는 크고 작은 사건 중에서 가장 그 단면을 잘 보여주는 것이 이른바 신라 침공 계획이다.

신라가 삼국을 통일하고 그 북방에 고구려 유민들이 발해를 건국하여 남북국 시대가 진행되고 있을 무렵, 동시대 기록인 일본의 『속일본기』에는 아래와 같은 군사 움직임에 관한 기록이 등장한다.

> ① 다자이후大宰府에서 행군식을 거행하였다(759년 6월).
> ② 가시이묘香椎墓에 제사를 지냈다(759년 8월).
> ③ 각 도에 배를 제조하도록 명하였다(759년 9월).
> ④ 미노국美濃國과 무사시국武藏國에 20명씩 신라어를 교습하게 하였다(761년 정월正月).
> ⑤ 각 국에 절도사를 보내어 선박 제조 및 군사조직을 점검하게 하였다(761년 12월).
> ⑥ 가시이묘에 제사를 지냈다(762년 11월).
> ⑦ 천하의 여러 신들에게 화살을 바쳐 제사를 지냈다(762년 11월).

일찍이 일본 학계는 위의 기록 중 ①, ③, ④, ⑥의 기사 말미에 기록된 신라 정벌을 위함為征新羅이라는 내용에 주목하였다. 이와 함께 동시대에 등장하는 ②와 ⑦의 기록도 ⑥과 동일한 상황으로 이해하고 ⑤의 기록은 ③의 사실을 확인하는 것이라 보고 이러한 일련의 군사적 움직임을 모두 묶어 신라정토계획이라 명명해 왔다.

일본 학계는 한걸음 더 나아가 이러한 일련의 군사 계획은 발해의 요청에 의해 이루어졌다고 해석하고 있다. 신라와 당의 긴밀한 연휴로 외교적으로 고립되었던 발해가 이를 타개하기 위해 신라를 침공하고자 하였으며, 이를 준비하기 위해 일본과 긴밀하게 교류하고 있었다는 것이 기본적인 가설이다. 이런 가설에 따르면 발해는 외세의존적이고 나약한 국가로 비춰질 수밖에 없다.

◦ 한정된 사료, 지나친 해석

발해가 당시 일본과 함께 신라를 침공하려 했다고 보는 근거는 무엇일까? 일본 학계는 신라 침공 계획과 발해 조정과의 관계를 연계하는 가장 중요한 근거로 이 시기 발해와 일본의 교류가 연이어서 이루어지고 있다는 것을 지적하고 있다. 즉, 양국이 긴밀하게 오가면서 신라를 침공하기 위한 긴밀한 협의가 이루어졌다고 보고, 급기야 양국이 은밀하게 군사동맹을 맺었다는 데까지 논리를 확대하고 있다. 물론 1990년대에 들어와서는 이러한 주장에 일정한 거리를 두고 다양한 수정론이 제기되기도 하지만 '발해와 신라의 대립, 발해와 일본의 우호'라는 기본 시각에는 큰 차이가 없다.

그렇다면 이러한 주장 내용이 얼마나 타당한 것인가를 발해와 일본 간의 교류 그리고 신라 침공 계획을 나란히 대비시켜 놓고 하나하나 짚어 보기로 하자.

발해사의 방문이 신라 침공 계획과의 관련이 깊다고 주장하는 근거는 다음과 같다. 첫째, 신라 침공 계획이 이루어지고 있다는 시점이 발해사 양승경楊承慶이 방문하고 돌아간 직후라는 점을 든다. 필시 양승경이 일본으로 하여금 신라 침공 계획을 함께 수행하기를 청했다고 보는 것이다.

〈표〉 발해·일본의 교류와 신라 침공 계획

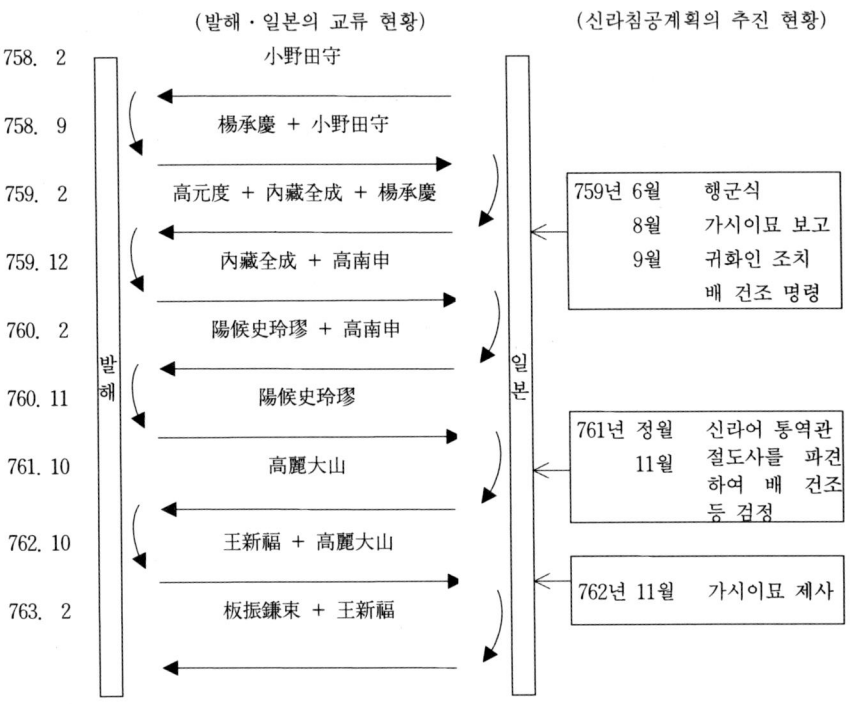

둘째, 발해사 고남신高南申이 일본을 방문한 이후 군사 배치 등에 관한 사항을 점검하기 위해 절도사를 파견하고 있다고 지적하면서 고남신이 파견된 것은 양승경 파견시 양국 간에 합의된 사항을 점검하고 구체적인 침공 계획을 재차 논의하고자 하는 데 목적이 있다고 본다.

셋째, 이러한 준비에도 불구하고 신라 침공 계획은 실행에 옮겨지지 못하고 말았는데 그 원인 역시 발해로부터 찾고 있다. 계획이 중도에서 무산되고 말았던 시점이 왕신복王新福의 파견 이후라

고 보고 파견된 왕신복이 이전의 사신들과 같이 무관이 아니라
문관이라는 데 큰 의미를 부여한다. 즉, 발해가 문관인 왕신복을
파견한 것은 신라 침공의 계획을 포기하였음을 말하는 것이라고
보고 계획이 무산된 원인을 여기에서 찾았다.

◦ 발해 사신이 자주 일본을 방문하게 된 배경

언뜻 보아서는 이러한 주장이 설득력을 갖는 것처럼 보일 수도
있다. 그러나 좀 더 세부적으로 당시 정황을 살펴보면 위의 주장
은 많은 의문을 불러일으킨다.

먼저, 양승경의 일본 파견은 발해의 단독 결행이 아니라 일본의
초빙에 의한 것이었다는 점이다. 다시 위 표를 살펴보면 양승경은
오노 다모리小野田守가 직접 발해로 가 초청해 온 사신임을 알 수
있다. 이는 양승경만이 아니다. 후에 일본에 파견된 고남신은 그
전에 발해에 온 일본 사신 우치쿠라 스네젠內藏全成과 함께 일본에
갔으며, 왕신복 또한 고마노 오오야마高麗大山와 함께 일본으로 갔
다. 이러한 사실로 보아 이 시기 집중적으로 이루어지는 발해사의
일본 파견은 모두 일본의 초청에 의한 것임을 알 수 있다. 이는
양국의 교류를 이루고자 하는 바람은 발해 측보다 일본 측이 더
강했다는 것을 반증해 준다.

둘째, 더욱 핵심적인 의문은 신라 침공 계획과 발해사의 파견은
그다지 큰 상관관계를 갖고 있지 못하다는 점에 있다. 고남신이
돌아간 것은 760년이며 군사조직이나 선박의 건조 상황을 점검한
것은 761년 정월에야 이루어지고 있기 때문이다. 뿐만 아니라 왕

신복의 파견 이후 신라 침공 계획이 무산되었다고 보지만 가시이 묘에 제사를 지낸다든가, 여러 신들에게 제사를 고하는 등의 일이 왕신복이 돌아간 이후에도 일어나고 있으므로 왕신복의 파견으로 신라 침공 계획이 무산되었다고 보기에는 많은 억측이 있다.

따라서 이 시기 양국의 잦은 교류는 오히려 일본의 내부적 필요에 의해 이루어졌던 것으로 보는 것이 타당하다. 이 시기 발해와 일본의 교류를 주도한 핵심적 인물은 당시의 정치적 실권자인 후지와라노 나카마로藤原仲麻呂였다. 그가 왜 발해와의 교류에 힘을 기울였는가를 밝히기 위해서는 그의 정치적 배경을 잠시 언급하지 않을 수 없다. 그의 정치적 발판을 마련해 준 것은 고묘황후였다. 그녀는 쇼무천황의 부인으로 후지와라 집안 출신의 황후였다. 황후가 된 후 그녀는 후지와라 집안의 권력을 더욱 강고히 하는 데 노력을 기울여왔다. 쇼무천황 말년에 천황권을 고켄 천황에게 양위하자 곧바로 시비츄다이紫微中台라는 새로운 기구를 설치하고, 그 장관으로 후지와라노 나카마로를 임명했다. 이는 쇼무천황이 천황권을 넘기더라도 계속적으로 후지와라 집안의 정치적 영향력을 행사하기 위한 그녀의 정치적 판단이었다. 비록 상징적 권력자는 고켄천황이지만 실질적인 권력자로서 후지와라 나카마로를 전면에 내세움으로써 계속적인 영향력을 발휘하고자 했던 것이다. 그러나 이러한 권력 구도는 그리 오래 지속될 수 없었다. 고묘황후의 노환이 겹치면서 나카마로와 고켄천황 사이에는 점차 권력을 둘러싼 갈등이 노골화되기 시작하였다. 이러한 권력 위기를 간파한 고묘황후는 고켄천황으로 하여금 자신을 봉양하도록 하고 다시 준닌淳仁천황에게 양위하도록 하였다. 일시적으로는 다시 준닌―나카마로―고묘로 이어지는 권력관계가 형성되지만 이 또한 고켄천황의 도전을 비켜 나가기는 어려웠다. 왜냐하면 양위

이후라 할지라도 고켄천황은 그의 의지에 따라 얼마든지 권력 행사가 가능했을 뿐만 아니라 고묘황후는 점차 연로하고 쇠약해져 갔기 때문이다. 이러한 집권 위기를 타개하기 위해 나카마로가 택한 것이 바로 758년 오노타모리를 직접 발해에 파견하여 발해 사신을 일본에 초청하는 일이었다.

발해와 교류를 통해 그가 얻었던 것은 무엇일까? 일차적으로는 먼 나라의 사신이 방문하였다는 것을 국내적으로 알리고 그들을 영접하는 연회를 통해 집권자의 대외적 정낭성을 과시할 수 있었을 것이다. 주목할 만한 사실은 양승경, 고남신, 왕신복 모두 정월 하정의례에 참석하고 있다는 점이다. 당시의 상황으로 보아 발해가 일본의 하정의례에 맞춰 사신을 파견해야만 할 필요성은 거의 없었다. 그렇다면 나카마로가 발해에 사신을 파견할 때 이미 발해 사신을 하정의례에 참가하게 하도록 치밀하게 계산되었던 것이 아닐까?

어쨌든 이러한 그의 외교 전략은 예상하지 않은 정치적 호기를 하나 더 제공해 주었다. 그것은 다름 아닌 안사의 난安史亂이라는 대륙의 혼란한 정세를 입수하고, 그것을 대외적 위기로 활용하는 것이었다. 당시 나카마로는 오노 타모리로부터 안사의 난에 관한 소식을 접하고 필요 이상의 반응을 보였다. 안사의 난을 보고받는 즉시 그는 안록산安祿山을 교활하고 미친 자라고 말하면서 급기야 사태가 불리해질 경우 일본(사료상으로는 해동海東)으로 침범해 올 우려가 있다고 크게 놀라고 있다. 이렇게 과도한 반응을 보인 의도는 무엇일까? 내부의 정치적 혼란을 외부의 위기로 전환하기 위한 데 있다고 본다. 과연 그는 양승경이 귀국한 이후 대륙의 정세를 극도의 위기 상황으로 몰아붙여 군사 조직을 개편하였다.

사정이 이렇게 되고 보니 발해 외교는 나카마로에겐 기대 이상의 선물을 안겨 준 셈이다. 오죽 발해 사신의 방문이 고마웠을까? 양승경이 고국으로 돌아가기 전 나카마로는 직접 그를 자신의 집인 다무라다이田村第에 초빙하여 성대한 환송연을 베풀기까지 했다.

하지만 대륙의 정세 불안을 대외 위기로 삼아 자신의 권력을 강화할 수 있도록 군사를 재편하기까지에는 다소의 추가적인 명분이 더 필요했던 것 같다. 그가 내세운 군사 재편의 목적은 대륙의 불안한 정세와 반란세력의 침공이 아니라 신라를 침공한다는 명분으로 둔갑하고 있었다.

이 당시 일본이 정말로 신라를 침공하려 했다고 보는 견해도 있다. 하지만 여러 가지 정황으로 보아 일본의 신라 침공에 대한 실행 의지가 그다지 강했던 것은 아니었던 것 같다. 우선 신라에 대한 적대감이 가장 고양되었던 것은 신라를 방문했던 오노 다모리가 방각 당했던 753년이었으나, 정작 이 시기에는 아무런 반응을 보이지 않다가, 759년에 이르러서야 이러한 공격적 움직임을 보이고 있다는 것이 그 첫 번째 이유가 될 수 있다. 두 번째로는 정작 침공의 대상국이었던 신라의 동태가 그다지 민감하지 않았기 때문이다. 753년 오노 다모리에 대한 방각 조치 이후 일본과 신라가 교류를 재개한 것은 760년 신라사 김정권金貞卷의 일본 파견이었다. 일본은 김정권에게 오노 다모리의 방각을 문책하기도 했으나 그는 자신이 신분이 낮아 잘 모르는 일이라고 회피하였고, 이에 일본은 사신의 신분이 낮다는 이유를 들어 그의 입경을 주선하지 않고 되돌려 보냈다. 하지만 이후 신라 역시 별다른 대응을 하지 않았고, 오히려 763년에 가서 대대적인 파견단을 보내는 것으로 이어지고 있다. 760년에 김정권이 일본을 방문했을 당시 필시 신라는 발해 사신과의 긴밀한 교류라든가 신라 침공 계획 등에 관한 사전 정보를 가지고 있었을 것이다. 그럼에도 불구하고 이를 중재하거나 좀 더 세부적인 정보를 얻기 위해 적극적으로 노력하지 않았던 것은 아마도 신라 침공 계획의 현실적 가능성이 그다지 크지 않았다는 것을 반증해주는 것이라 하겠다. 즉, 일본의 신라 정벌이란 명분만 있고 실질적 추진력은 없었던 정치적 이벤트에 불과했던 것이다.

◦ 발해가 취한 대일본 외교 전략

한편, 일본의 계속된 사신 초빙을 수락하고 일본으로 동행 사신을 파견한 발해는 이러한 교류를 통해 무엇을 얻고자 했을까? 적어도 일본학자들이 주장하는 것처럼 발해가 처한 국제적 위치의 열악함과 고립을 탈피하고자 일본과의 교류를 강력히 요청했던 것은 아니었다는 것이 확실하다.

오히려 발해는 일본이 가져다 준 기회를 적극 이용하여 자국의 국제적 위상을 높여 나가고 있었다. 우선적으로 발해는 일본에 대해 자신의 존재적 중요성을 강력히 인식시키고 있다. 즉, 일본으로 하여금 대륙의 정세를 입수하고 대응해 나가기 위해서는 자신들과의 교류가 긴요한 것임을 부각시키고 있다. 이는 오노 다모리가 일본에 돌아와 보고하는 내용을 통해 충분히 짐작할 수 있다. 다모리는 안사의 난을 보고하는 가운데 반란세력의 기세가 매우 크다는 것을 알리고 있다. 특히 이 내용 가운데 평로유휴사인 서귀도徐歸道가 반란세력을 막기 위해 발해에 군대를 지원해 줄 것을 요청하였으나 발해가 그를 의심하여 응하지 않았는데, 결국 서귀도가 반란세력과 결탁하게 되었다는 내용을 상세히 보고하고 있다. 여기서 오노 다모리가 전한 내용은 안사의 난을 둘러싼 수많은 사실정보 가운데 발해 조정이 선별한 내용이었을 것이다. 이런 점에서 본다면 발해는 반란세력의 확대와 이에 대한 발해의 면밀한 대처를 일본에게 좀 더 명확히 알리고 싶었던 것임을 알 수 있다. 다시 말해 대륙의 정세가 극도로 불안한 지경에 처해 있는 반면, 발해 조정은 매우 적절한 대처를 해 나가고 있음을 과시함으로써 일본으로 하여금 발해를 중심으로 대륙과 연계하지 않으면 안 된다는 의식을 유도하고 있는 것이라 하겠다.

더 나아가 발해는 자신들이 고구려를 계승한 국가라는 것을 일본에 분명히 인식시켜주고 있다. 이 시기 관련 기록에는 '고려高麗'라는 용어가 다른 어느 때보다 집중적으로 등장하고 있다. 고려국왕, 고려국사, 고려대사 등 고려를 사용한 용어가 가장 많이 등장하고 있다. 이는 바로 발해가 고구려의 옛 강역을 회복하면서 그들 스스로 대외적 자주성과 국력의 자신감을 일본에 표방한 것이라고 볼 수 있다.

○'발해의 신라 침공 계획'은 대륙 침략을 정당화하는 논리

지금까지의 내용을 정리해 보면 이 시기 일본은 자신의 정권 위기를 타개하고자 발해와의 교류를 적극 추진하였으며, 이러한 과정에서 발해로부터 입수한 불안한 대륙 정세를 이용하여 신라 침공 계획을 명분으로 삼아 군사 체제 개편을 단행하였음을 알 수 있다. 한편, 일본이 자신과의 교류를 필요로 하고 있다는 것을 감지한 발해는 이 기회를 이용하여 자국의 국제적 위상과 고구려 계승성을 강하게 일본에게 인식시키고 있었음을 알 수 있다. 따라서 발해가 신라를 침공할 계획을 세우고 일본으로부터 협조를 얻고자 교류를 추진해 왔다는 일본 학계의 주장은 설득력이 없다.

그럼에도 불구하고 왜 일본은 발해가 일본과 함께 신라 침공 계획을 추진하려 했다고 주장해온 것일까? 이 문제의 해답을 얻기 위해서는 일본이 발해사 연구에 관심을 갖게 된 배경을 살펴볼 필요가 있다. 일본의 연구 성과 중 현재까지 파악된 발해에 관한 가장 초기 기록은 1884년 일본 외무성이 발간한 외교교지外交志橋에 등장하는 양국 교류에 관한 기록이다. 발해사의 관심이 양국 간 교류사로부터 출발하고 있었던 것이다. 발해사 연구가 본격적으로 시작된 것은 1907년 남만주철도주식회사의 조사부가 개시되면서부터이다. 이렇게 시작된 발해사 연구는 1932년 만주국이 건국된 이후 더욱 집중적으로 이루어졌다. 이는 무엇을 의미하는가? 일본은 발해와의 교류사 연구를 통해 자신들은 동북3성(만주) 지역에 대해 이미 이전 시기부터 일정한 영향력을 미치고 있었음을 이론화함으로써 대륙에 진출하는 것을 합리화하려는 데 그 목적이 있었던 것임을 말해 주고 있다. 다시 말해 일본은 대륙침략이라는 정치적 필요 하에 양국 교류에 관심을 가졌으며, 그 목적은 가급적 일본이 외교적 우위에 있었음을 부각시키는 데 있었다.

이러한 논리를 좀 더 객관적으로 뒷받침하기 위해서는 다음과 같이 발해를 둘러싼 국제 정세를 불리하게 해석하는 것이 필요했다. 즉, 발해는 신라와 지속적으로 대립관계에 서 있었으며 당과의 관계도 호전되지 않았고, 이러한 조건으로 인해 일본과 긴밀한 관계를 유지할 수밖에 없었다. 따라서 발해는 일본이 주장하는 외교적 의례나 요구, 심지어 번국藩國의 의례까지도 수용할 수밖에 없었다. 대략 이러한 구도를 통하여 궁극적으로는 종주국 일본과 조공국 발해라는 양국관계의 기본 시각을 마련하고자 했던 것이다. 발해가 신라를 침공하고자 일본과 긴밀하게 교류하고 있었다는 가설은 바로 이러한 과잉 인식이 만들어낸 허구의 시나리오라 할 수 있다.

─────────── 참고문헌 ───────────

和田軍一,「淳仁期における新羅征討計劃について」『史學雜誌』35-10・11, 史學會, 1924.

酒寄雅志,「8世紀における日本の外交と東アジアの政勢」『國史學』130號, 國史學會, 第一書房 復刊, 1977.

上田雄・孫榮建 共著,『日本渤海交涉史』, 彩流社, 1994.

河內春人,「東アジアにおける安史の亂の影響と新羅征討計劃」『日本歷史』561, 1995.

왜구는 일본 호족들이 조종한 해적 집단이다

나 종 우(원광대학교)

○ 침략자 일본의 뿌리

우리나라와 일본은 오랜 옛날부터 지리적으로 근접한 곳이라는 특수성 때문에 어떤 형식으로든 관계를 맺어왔다. 그러나 역사적으로 자세히 살펴보면 양국관계는 일본의 침략으로 평화가 깨지는 경우가 많았고, 이 때문에 대부분의 한국인에게 일본인은 침략자로 인식되어왔다.

왜인이 우리나라에 침입하기 시작한 기사는 삼국시대부터 보인다. 『삼국사기』의 「신라본기」에는 박혁거세 때부터 침입하였다고 기록하고 있고, 광개토대왕비문도 당시의 침입 상황을 말해주고 있다. 왜로 인한 피해가 컸던 것은 신라 문무왕이 왜구를 진압하기 위하여 해중릉海中陵을 만들 것을 유언하였다는 기사에서 잘 알 수 있으며, 신문왕의 감은사 창건에 얽힌 설화 속에서도 왜구에 대한 고심을 읽을 수 있다.

이처럼 우리는 일본을 인접 국가로서 우방이라고 생각하기보다 침략자로 생각하고 항상 경계해왔다. 이렇게 일본이 우리에게 가깝고도 먼 나라가 되어버린 것은 무엇보다 고려 말의 왜구 침입부터라고 할 수 있을 것이다. 그리하여 일본 하면 으레 왜구의 침략을 연상하게 된다.

왜구에 대한 한일 양국의 시각차는 현격하다. 우리의 입장에서는 그 피해를 위주로 연구가 이루어짐으로써 당시 동아시아의 정세나 국내 상황 등이 조금은 소홀하게 다루어지는 느낌이다. 한편, 일본의 경우는 우리나라에 침입한 왜구만을 다루고 있는 것이 아니라 중국에 왕래하던 왜구까지 왜구 전반을 다루고 있다. 그러면서 조선에 침입한 왜구는 아주 적은 규모에 불과했고, 또한 왜구는 일본인과 고려·조선인의 연합이라는 시각을 애써 부각시킴으로써 그들의 침입을 희석시키려고 하고 있다. 다른 한편으로 왜구를 빛나는 해양사의 일부로 보는 시각도 많은 편이다.

일본 학자들은 조선에 침입한 왜구는 아주 소규모라고 말하면서도 한편으로는 "고려 말기에 이르러서는 고려의 국정은 모두 왜구 방어에 주력할 정도였고, 역사는 오직 왜구의 내왕을 기록하는 것과 같이 되었다"라고 말하고 있다. 이러한 말 속에는, 왜구는 소규모이고 별것이 아니었는데 고려의 국세가 미약하여 그 정도에도 휘청거렸다는 빈정거림 같은 것이 들어 있다.

이러한 왜구의 성격과 규모, 영향 등을 살펴보는 것은 중세 한일관계를 규명하는 중요한 작업의 하나이다.

고려 말 조선 초에 침입한 왜구에 대한 우리의 기록은 1223년(고려, 고종 10년)부터 1443년(조선, 세종 25년)까지 220년 동안에 주로 집중되어 있는데, 이 기간 동안 문헌에 보이는 침입 기록만도 648회에 이른다. 이 가운데 고려시대가 519회, 조선시대가 129회를 차지해 고려 말에 왜구의 활동이 가장 극심했음을 보여준다.

◦ 대규모로 곡식과 사람을 빼앗아가다

왜구란 무엇인가? 『고려사』에는 '왜적' '왜노' '해도' '구' 등으로 표현되어 있다. 이러한 명칭에서 알 수 있듯이 왜구는 왜가 바다를 통하여 침구행위를 한다는 의미로 쓰였다. 『고려사』에 보면 '왜구'라는 말이 하나의 용어로 사용되기 시작한 것은 적어도 1278년(충렬왕 4년) 이전부터임을 알 수 있다.

왜구라는 말은 중국어에서는 '난쟁이'라는 경멸적인 의미로도 쓰이고 있다. 왜구라는 명사에 대하여 일본 학자들은 "이 말은 원래 중국과 조선에서 기인한 것이지 일본에서 발생한 것은 아니다"라고 하면서 "13세기에서 16세기에 걸쳐 중국 및 조선의 연안에서 활동한 해적 집단을 총괄해서 일컫는 것이다"라고 하고 있다. 또 어떤 이는 메이지시대 이래로 그 실체가 본격적으로 해명되지도 않은 채 일본 역사에서 명사로 취급되어 왔고, 일반적으로 유포되어왔다고 말하기도 한다. 그런가 하면 다른 이는 왜구라는 것은 그 내용을 자세히 살펴보면 매우 다양하여 무장 상인 · 일본인 해적 · 조신인 해적 · 포르투갈인 해적, 그리고 그들의 연합단체를 의미하는 경우도 가끔 있으므로 왜구를 일본인 해적이라고는 보는 견해는 수정되지 않으면 안 된다고 말한다.

그러나 이것은 어떤 경우이든 왜구라는 말이 본래 '일본인의 침략' 또는 '일본인 침략자'라는 의미로 쓰이고 있으므로, 이러한 인

상을 없애기 위한 항변으로 왜구의 주체가 일본인만이 아니라는
것을 강조한 궁색한 변명에 지나지 않는다. 일본인 학자 가운데도
어떤 이는 "왜구에 대한 일본 사료는 전체적으로 결여되어 있는
데, 이것은 왜구를 일본의 역사에서 말살·제거하려는 의도를 보
이고 있다"라고 말하는 이도 있다. 이런 점들을 종합해보면, 왜구
라는 말은 우리나라와 중국 연안에서 해적 행위를 하던 일본인
해적 집단에 대한 총칭으로 사용된 용어라고 할 수 있다.

이러한 왜구에 대한 언급이 13세기에서 17세기 초까지 우리나
라와 중국의 역사서에는 자주 보이고 있으나, 일본의 역사서에는
거의 나오지 않는다. 이 또한 일본인 스스로 왜구의 해적 행위를
숨기려는 의도라고 보인다.

'하치망대보살八幡大菩薩'이라고 쓴 깃발을 바닷바람에 휘날리며
머리를 풀어헤친 왜구들이 일본도日本刀를 메고 배 위에 서서 바다
를 누비고 다녔다. 이러한 왜구의 배를 '바한선'이라고도 하고('바
한'이라는 말은 '해적'이란 의미로 쓰이는 베트남 방면의 속어이
다) 배에 하치망대보살의 깃발을 달고 다녔기 때문에 '하치망선'
이라 불리기도 했다.

그렇다면 우리나라에 침입한 왜구의 규모는 어느 정도였을까?

왜구의 선단은 처음에는 2~3척의 적은 규모였지만, 점차 증가
하여 20~30척, 많은 경우에는 200척에서 500여 척의 대선단으로
침입한 경우도 있었다. 왜구가 사용한 배의 크기는 보통 70t 이하
의 것으로 탑승 인원은 작은 배라 할지라도 20명 이상이나 되어
매회 침입 때마다 상당수의 왜구가 침입하였음을 알 수 있다. 이
와 같은 왜구의 규모에 대하여 『고려사』에는 왜구가 쌀 4만여 석
을 약탈하여 싣고 갔다고도 하였고, 왜적 3000명을 진해현에서 대
파하였다고도 하였으며, 말을 탄 왜구 700명과 보병 2000명의 침

구도 기록하고 있다. 이러한 규모로 미루어볼 때 왜구는 단순한 오합지졸 수준의 해적이 아니라 그 배후에 유력한 토호가 있어서 직접 조종을 하고 있었다고 볼 수 있다.

왜구는 약탈, 살인, 방화를 일삼고 조창과 조운선을 불태웠으며, 때로는 두어 살짜리 어린애들의 머리를 깎고 배를 갈라 쌀, 술 따위와 함께 하늘에 제물로 바쳤으니, 그 잔학상을 가히 짐작할 수 있다. 과연 그들이 섬기던 신이 그러한 그들의 제사의식을 받아주었을지 의심하지 않을 수 없다.

왜구의 침구 목적은 여러 가지로 생각할 수 있으나 가장 큰 것은 미곡의 약탈이었다. 따라서 그들은 처음에는 조세를 운반하는 조운선과, 양곡을 저장하는 조창을 습격하다가 점차 내륙 깊숙이 침입하게 되었다. 이렇게 그들이 처음에 미곡을 약탈 대상으로 삼은 이유는 왜구의 근거지를 살펴보면 잘 알 수 있다.

왜구의 근거지는 보통 초기에는 대마도, 이키섬, 히젠肥前(현재의 나가사키지방)이었다. 대마도나 이키섬은 섬 전체가 산이 많고 논은 불과 3~5% 정도밖에 되지 않아 도저히 농업만으로는 먹고 살기가 어려웠다. 그래서 왜구가 되어 쌀이나 콩 같은 곡식을 약탈의 대상으로 삼았던 것이다. 후에는 이 지역민 외에 무사단인 마츠우라松浦당이 가담하여 해적단을 만들어 우리나라 연해와 내륙까지 침입하게 된다. 그러나 왜구의 발생 요인은 이러한 농업상의 어려움뿐만 아니라 당시 일본 정세에서도 찾을 수 있다.

당시 일본은 남북조의 쟁란기로 정권이 양분되어 있었고, 중앙통치가 지방까지 미치지 못하였으며, 57년이라는 긴 기간 동안 사회적 불안이 증대되어 있었다. 이러한 사회정세 속에서 농지를 잃은 농민과 전쟁에 동원되었으나 보상을 받지 못한 하급 무사들, 그리고 가마쿠라 중기 이후 변경지방까지 침투했던 상품화폐경제

의 압박 등 여러 요인이 복합적으로 작용하여 막부의 통제력이
미치지 못하는 변방민들이 해적이 되었다.

다음으로 왜구의 약탈 대상은 사람이었다. 『고려사』에 보면 이
에 대한 많은 기사가 보이는데 「나세羅世전」에는 왜적 50여 척이
강화도에 침구하여 부사 김인귀를 죽이고 1000여 명을 포로로 데
려간 사실이 보인다. 또한 「정몽주전」에는 정몽주가 사신으로 일
본에 갔다가 돌아올 때 윤명尹明 등 포로 수백 명을 데리고 왔다고
하였다. 그때 정몽주는 왜구에게 끌려간 고려인 포로가 많음을 알
고 그들을 송환하기 위하여 많은 노력을 기울였다.

정몽주는 왜구의 포로가 된 양가良家의 자제를 일본에서 데려오
기 위하여 여러 재상들에게 각자 얼마씩의 비용을 내도록 하여,
포로로 있다가 데리고 온 윤명에게 편지를 주어 여러 차례 파견
하였다. 해적 두목은 이 편지를 보고 처음에는 100여 명의 포로를
돌려보냈고, 갈 때마다 얼마씩 포로를 보내주었다. 물론 그때마다
적당한 대가를 지불하였음은 말할 나위가 없다. 즉, 왜구들은 처
음부터 사람을 데려와 노예로 부리거나 팔 것을 계산에 넣고 납
치해갔던 것이다. 정몽주는 일본에 갔을 때 포로들이 노예 같은
생활을 하고 있는 것을 보고 불쌍히 여겨 대가를 치르고라도 데
려오고자 하였던 것이다. 하여튼 왜구들은 사람을 상품처럼 사고
파는 야만적이고 비인도적인 행위를 서슴지 않았다.

◦ 가짜 왜구는 극소수에 불과했다

이와 같은 왜구의 침구와 만행은 우리나라 남해안 및 서해안

일대에 극심하여 조세를 실은 조운선이 운행할 수 없었을 뿐만
아니라 연안에 사는 사람들은 두려움으로 벽지로 피해가서 해안
의 마을에는 사람이 살지 않는 토지가 많을 정도였다. 또한 살아
가기 어려운 농민이나 부랑자들은 간혹 왜구와 합류하거나, 때로
는 "우리들은 왜구이다"라고 하면서 가짜 왜구[가왜仮倭]로 활동
을 하였다. 그들은 대부분 교주交州와 강릉도江陵道의 재인才人(천한
일에 종사하던 천민), 화척禾尺(도살업 등의 천한 일에 종사하던 천민)들이었
는데, 당시 이 지역에 왜구 출몰이 비교적 적은 점을 이용해 그런
흉내를 내는 정도였다.

그러나 일본인들은 이런 가왜를 매우 크게 취급하면서 왜구의
피해보다 오히려 가왜의 피해가 더 컸다고 주장한다. 그리고 가왜
를 근거로 왜구가 일본인과 고려 · 조선인의 연합이었던 사실이
명백하다고 주장한다. 그러나 이러한 주장들은 일본인들이 스스
로 침략성을 조금이라도 감추려는 기도에 불과한 것이며, 그 많은
침구 기록 가운데 불과 몇 건에 불과한 가왜의 기록으로 왜구가
일본인만의 해적이 아니라는 주장은 설득력이 미약하다.

이러한 사실은 고려나 조선 정부에서 취한 왜구에 대한 대책에
서도 잘 나타나고 있다. 왜구에 대한 대책은 크게 나누어 군비의
확충과 외교적 노력, 그리고 회유책과 통교 규정을 제정하는 일이
었다. 모든 경우가 일본으로부터 침입해오는 왜구를 대상으로 한
대책은 아니었다.

이상에서 살펴보았듯이 왜구라고 하는 것은 고려 말에 등장한
일본인 해적 집단이 분명하다. 그리고 그들은 단순히 변방민들의
도적 집단이라기보다 호족들이 뒤에서 자금을 대주고 조종하는
집단이었다. 이러한 사실은 그 규모면에서 살펴볼 때 자명하다.
이러한 왜구로 인하여 고려 말의 한일관계는 공적인 관계가 성립

되기 어려웠고, 조선에 들어와서는 대마도 정벌이라는 강경책으로
그 뿌리를 뽑고자 하였으며, 회유책으로 관직·토지·주거 등을 제
공하기도 하였던 것이다. 이와 같은 무력 토벌과 회유정책으로 세
종 연간 이후에는 한반도에서 왜구의 모습이 사라지게 되었다.

─────────────── 참고문헌 ───────────────

국사편찬위원회 편, 『한국사』8, 1977.
나종우, 『한국중세대일교섭사연구』, 원광대출판국, 1996.
신석호, 「여말선초의 왜구와 그 대책」『국사상의제문제』3, 1959.
이현종, 『조선전기 대일교섭사연구』, 한국연구원, 1964.
田中健夫, 『倭寇と勘合貿易』至文堂, 1963.
田村洋幸, 『中世日朝貿易の 研究』三和書房, 1967.
井上秀雄, 『日本と 朝鮮の 二千年』太平出版社, 1971.

고려의 의사 파견 요청을
일본은 왜 거절했는가

남 기 학(한림대학교)

○ 일본에 의사 파견을 요청한 고려의 첩장

1079년 11월, 고려는 문종文宗의 중풍을 치료하기 위하여 일본
에 의사 파견을 요청하였다. 문종은 1년 전인 1078년 7월, 귀국하
는 송宋의 사신을 통하여 의사와 약재를 구하였으며, 송의 황제
신종神宗은 1079년 7월에 한림의관翰林醫官 형조邢慥 등을 파견하고
100종 이상의 약재를 보내왔다. 고려는 즉시 감사의 사신을 송에
파견하였고, 송은 이듬해 6월에 재차 다른 의사를 파견하고 있다.
이러한 가운데 별도로 일본에도 파견 요청이 있었던 것이다. 이
사건은 어떠한 시대적 배경에서 이루어진 것이며, 고려와 일본 양
국 정부의 입장은 어떠했는가? 이것은 고려와 일본의 교류사 및
상호인식을 살피는 데 빼놓을 수 없는 흥미롭고도 중요한 문제이
다. 먼저 고려가 일본에 보낸 첩장을 검토해 보자.

　　고려국 예빈성高麗國禮賓省이 대일본국 대재부大日本國大宰府에 첩牒
을 보낸다.
　　당성當省이 엎드려 성지聖旨를 받들건대, 귀국에 풍질風疾을 잘 치료
하는 의사가 있다고 들었다. 지금 상인 왕칙정王則貞이 고향에 돌아가
는 참에 통첩한다. 왕칙정이 그곳에 이르러 풍질의 연유를 설명하고
요청할 지니 상급의 의사를 선택하여 내년 이른 봄에 보내주기 바란
다. 풍질을 치료해서 만약 효험이 나타난다면 반드시 큰 보수가 있을
것이다. 지금 우선 화금花錦 및 대릉大綾·중릉中綾 각 10단段, 사향麝香
10제臍를 왕칙정에게 지참케 하여 지대재부知大宰府의 관원에게 보내
니 신의의 표시로 수령하라. 첩은 이상과 같다. 당성이 받든 성지는 앞
에 적은 대로이다. 청컨대 귀부貴府는 만약 풍질을 빨리 잘 치료하는
좋은 의사가 있다면 보내주도록 허용하고 필단疋段과 사향을 수령하
라. 삼가 첩을 보낸다.

　　　　　　　　기미년십일월 일첩己未年十一月 日牒　　　　소경임개少卿林槩
　　　　　　　　　　　　　　　　　　　　　　　　　　　　　생生
　경최卿崔
　경정卿鄭

『고려사高麗史』에는 위의 첩장은 물론, 고려가 일본에 의사 파견
을 요청한 사실조차 기록되어 있지 않다. 고려는 외교를 관장하는
예빈성에서 일본 큐슈 다자이후 앞으로 첩장을 보내면서 왕칙정
이란 인물에게 첩장을 맡겼다. 그는 대재부에 거주하는 중국계 상
인으로 추정되며 국적은 일본인이다. 당시 고려와 송은 상호 사신
단을 파견하는 중에도 상인을 통해 외교문서를 전달하는 경우가
자주 있었다. 따라서 정식 외교 관계가 없는 일본, 그것도 지방 관
부에 보내는 문서를 위해 구태여 사신단을 파견하지 않았을 것이
다. 종래 일본에서의 연구는 이 사건에 대하여 일본의 의술에 대
한 높은 신뢰 혹은 일본에 대한 고려의 우호적 자세를 강조해왔
다. 그러나 근년 오쿠무라 슈지奧村周司는 고려의 주체적 입장에서

이 첩장을 새롭게 해석하였다.

즉, 첩장에서 상급의 의사를 파견하라든가 치료의 효험이 있으면 보수를 주겠다든가라는 문면은 상의하달적인 자세를 느끼게 한다는 점, 본래 중국의 천자의 의사나 명령에 사용되는 '성지聖 旨'라는 용어를 사용한 배경에 고려가 일본보다 상위라는 국가자세가 있던 점, 송 혹은 요遼의 연호를 사용하지 않고 간지干支를 사용한 것은 고려의 자립적인 자세를 보여주고 있고 책봉관계에 구속되지 않는 외교外交 방침을 관철하고 있는 점, 왕칙정이란 인물은 고려 최대의 국가적 제사인 팔관회에 조하朝賀하여 고려와 조공관계를 가진 상인이었을 가능성이 있는 점, 그리고 고려의 정치이념상 그는 첩장을 부여받을 만한 충분한 이유가 있었던 점 등을 지적하였다. 『고려사』에 의하면, 왕칙정은 1073년 7월에 송영년松永 年 등 42인과 함께 고려국 동남해도에 와서 교역을 하고 있고, 같은 해 11월에 개최된 팔관회에 송·여진·탐라·일본인 등이 예물·명마를 헌상했을 때 함께 참여했을 것으로 짐작된다.

고려는 중국(당시의 요)의 책봉을 받아 중화제국의 책봉체제에 포함되면서도, 다른 한편 고려의 자립성을 견지하고 그 지배질서를 주변의 여러 세력에까지 미치는 독자적인 지배체제를 형성하고 있던 것, 그리고 그 체제 안에 일본과의 외교관계도 포섭하려는 자세가 있었다고 오쿠무라는 지적하고 있다. 사실 고려는 국초 이래로 중국 중심의 천하와 다른 독자적 천하를 설정하고, 고려의 군주를 자체적으로 천자·황제라 하며, 국가 제도의 대부분에서 천자국·황제국으로서의 제도를 사용해 왔다. 이규보李奎報의 글에서도 중국과 다른 또 하나의 천자국 고려를 중심으로 사해四海가 일가一家가 된다든가, 그러한 고려에 여진[夷]과 남송[夏]이 찾아온다는 기술이 보인다. 이러한 국제인식은 고려 전기부터 내려오는 다원적 천하관의 계통으로 이해되고 있다. 고려 건국 이래 13세기 후반에 이르기까지 요·금·몽골로 이어진 북방왕조, 송(남송), 고려가 공존하며 대립하는 동아시아의 국제적 상황이 계속되었고, 고려는 이들 세력에 사대를 취하면서도 자체적으로는 독자적인 천하의 중심으로서 자신의 위치를 설정하려 했던 것이다.

이와 같은 고려 중심의 독자적인 천하관과 국가의식에서 볼 때 일본도 그 질서세계 속에 포함될 수밖에 없었음은 일본 상인의 고려 팔관회 조하 사실이 단적으로 말해주고 있다. 또한, 문종대인 11세기 후반부터 큐슈 각지의 지방 관인·민간 상인들이 고려에 건너와 방물方物을 바치고 있는데, 이것은 팔관회에서의 외국인 조하와 마찬가지로 진헌進獻－회사回賜의 조공관계에 바탕을 두고 있었다고 보인다. 문종대는 고려의 문물과 경제가 번성했고 대외교역도 매우 활발하여 일본 상인들이 가장 빈번하게 도래한 시기였다. 문종에 대하여 "동쪽에 있는 왜에서 바다를 건너 보배를 바쳤다"라고 이제현이 칭송한 대로이다. 왕칙정이란 인물은 그 대표적인 상인의 하나였고, 조정은 그를 고려의 덕화를 받는 '조공국'의 사자로 예우함으로써 일본을 고려의 조공국으로 자리매김했던 것이다. 문종의 일본인 의사 파견 요청은 이러한 고려의 국가의식과 당시의 대일관계를 배경으로 하여 이루어진 것이었다.

○ 고려의 첩장에 대한 일본의 대응

그렇다면 상대국 일본은 고려의 첩장에 대하여 어떻게 대응하였을까? 여기에 또한 일본의 국가의식과 고려에 대한 외교 자세가 잘 나타나 있다. 일본 측의 움직임을 추적해 보자.

고려의 첩장을 수리한 큐슈의 다자이후는 이듬해 1080년 2월, 중앙의 태정관 앞으로 첩장과 함께 보고서를 올렸다. 보고서는 상인이 고려와 일본을 왕래하는 것은 고금의 예로서 작년 무역을 위해 고려에 건너간 일본의 상인 왕칙정이 고려 예빈성의 첩장과 예물을 가지고 돌아온 것, 왕칙정에 의하면 고려는 의사가 큐슈에 있다는 것을 듣고 첩장을 보냈다는 것, 다자이후는 대외 업무에 대한 중앙정부의 재결을 얻기 위해 예불을 수령하지 않고 있다는 내용이었다.

다자이후의 보고에 따라 수도 헤이안경平安京(오늘날의 교토)에서는 1080년 4월, 태정관 공경들의 심의'陣定'가 열리게 되었다. 여기에서는 의사를 파견해야 한다는 의견이 대체로 다수를 점했다. 후지와라노 요시나가藤原能長는 고려국은 일본을 위해서 충절을 다하고 있으므로 만약 의사를 보내지 않는다면 신의에 어긋난다는 의견을 내고 있다. 또한, 외교 실무자는 5세기 초 일본의 요청에 응하여 신라에서 보내준 의사에 의해 인교允恭천황의 병이 치유된 전례를 제출하기도 하였다. 고려와의 신의를 중시하면서 고려 국왕에 대한 인도적 배려를 하는 태도가 엿보인다.

그로부터 5개월 후인 1080년 윤8월 5일 다시 공경들의 심의가 열려, 의사를 파견해야 할 것인가 아닌가, 파견한다면 누가 좋겠는가, 반첩返牒은 어떻게 하면 좋겠는가에 대하여 의논하고 있다. 그 중에서 미나모토노 츠네노부源經信는 다음과 같은 의견을 내었다. 즉, 일본과 고려는 오랜 동안 맹약을 맺었고 중고中古 이래 조공은 끊어졌지만 약탈을 노리는 적대관계는 없었다. 첩장이 오면 반첩을 보낸다는 관계에 있었다. 이번 의사의 파견 요청도 지금까지의 경위를 감안하여 요청에 응하여야 할 것이다. 다만, 그 경우에 최고위의 의사를 제외하고 2명을 선발해야 한다. 또한, 고려가 요청한 후 시일이 많이 경과했기 때문에 우선 다자이후에서 첩장을 보내 고려 국왕의 병상을 묻고, 재차 요청이 있으면 파견하는 것이 좋겠다라는 것이었다. 이렇듯 아직 인선은 미정이지만, 의사의 파견 자체에 대해서는 수긍하는 분위기가 강했다.

그러나 윤8월 14일에 열린 심의에서는 대세에 변화가 나타난다. 만약 의사를 파견했다가 효험이 없었을 경우 일본이 수치를 당하게 되므로 파견하지 않는 것이 좋겠다는 미나모토노 도시자네源俊實의 의견이 제시되었고, 여기에 동조하는 공경도 많았던 것이다. 그리하여 찬반양론 속에서 마침내 결론을 내린 것이 23일이었다. 전날 공경의 최고위인 간파쿠關白 후지와라노 모로자네藤原師實는 이 문제에 관해 고심을 하던 중 꿈을 꾸었는데, 망부亡父인 요리미치賴通가 나타나 고려에 의사를 파견해서는 안 된다고 고한 것이 계기가 되어 더 이상 파견은 검토하지 않고, 오로지 어떤 구실로 파견을 거절할 것인가를 논의하기에 이르렀다. 실로 어처구니없는 결말이었지만, 거절의 이유가 된 '일본의 수치'에 대한 우려는 당시 일본의 귀족들에게는 절실한 의미를 지닌 것이었다.

이어서 9월 3일 간파쿠의 저택에서 열린 회의는 파견 요청을 거절하는 명분과 구실 찾기를 위한 것이었다. 여기에서는 '고려국 첩장'의 문제점을 끄집어내는 작업을 행하여 다음과 같은 6개조를 작성하였다. 첫째, '고려국예빈성첩 대일본국대재부'의 '첩' 글자 아래에 '상上'의 글자를 붙이지 않은 점. 둘째, 첩장을 함函에 넣어 봉함하지 않고 첩장 자체를 봉함하는 봉지封紙였던 점. 셋째, 간지를 기입하고 연호를 기입하지 않은 점. 넷째, '일日' 글자의 위를 공백으로 하고 구체적인 일부日付를 기입하지 않은 점. 다섯째, '성지'라는 말은 송 등의 대국이 칭하는 것이고 '번국蕃國'이 칭할 말이 아닌 점. 여섯째, 첩장을 정식 사자에게 부여하지 않고 상인에게 맡긴 점. 이상의 6개조는 정식으로 의사 요청을 거절하는 반첩을 작성할 때의 골격이 되고 있다. 실제로는 당초 의사 파견 여부를 결정하는 데에 문제시되지 않았던 고려 첩장의 형식과 용어가 이 단계에서는 마치 파견을 거절하는 진정한 이유인 것처럼 둔갑하고 있는 것이 흥미롭다.

이상의 경위를 거쳐 10월 2일에는 다자이후에 태정관부太政官符가 내려져, 고려에 의사를 파견하지 않고 방물도 놀려보낼 것, 다자이후는 고려의 예빈성에 반첩하고 사자를 파견할 것, 상인 왕칙정은 일본 측의 정보가 고려에 알려질 우려가 있으므로 파견하지 말고 법에 따라 처벌할 것 등의 방침이 전해졌다. 다자이후가 반첩한다고 했지만 통례에 따라 중앙정부가 반첩의 원안을 작성하였다. 결국 고려에 보낸 첩장은 다음과 같은 것이었다.

○ 의사 파견 요청을 거절하는 일본의 반첩

일본국 다자이후가 고려국예빈성에 첩을 보낸다.
　　방물을 반환함
그쪽 성省이 보내온 첩은 아래와 같다(이하 고려의 첩장 내용을 인용). 귀국과 맹약을 맺은 지 오랜 시간이 지났고 화친은 백대에 미치고 있다. 지금 귀국의 국왕이 병상에 누워 의사에 의한 치료를 해외에 구하고 있는데 이는 참으로 동정할 만한 일이다. 그런데 첩장에 기술된 말은 크게 고실에 어긋나 있다. 처분處分이라고 해야 할 것을 성지聖旨라고 말한 것은 번왕蕃王이 칭할 바가 아니다. 변경에 있으면서 상방上邦을 참월하는 것은 국가 간에 지켜야 할 법을 어긴 것이다. 하물며 상인의 선박에 맡겨 첩장을 보내고, 일정한 지위에 있는 사신을 보내지 않았으며, 첩장을 함에 봉하여 보내지 않는 것도 예禮에 어긋난다. 따라서 귀국의 첩장'双魚'은 조정'鳳池'에 보낼 수 없다. 어찌 편작扁鵲과 같은 명의名醫를 귀국'鷄林'에 파견할 수 있겠는가. 귀국에서 보내온 방물도 모두 반환한다(이하 생략).

조랴쿠承曆 4년(1080) 월 일

　반첩문에서는 고려 국왕의 일은 동정할 만하다고 하면서도, '성지'라는 말은 '번왕'의 국가인 고려가 칭해서는 안 되며, 일본의 조공국으로 취급한 발해국과 마찬가지로 고려도 '처분'이란 용어를 사용해야 한다고 말하고 있다. 또한, 정식 사신을 파견하지 않고 상인을 통해 문서를 전달한 것 등이 결례라고 꼬집고 있다. 요컨대 상국上國인 일본에 대해서 고려가 '번국(=조공국)'으로서의 예의를 어겼기 때문에 다자이후는 고려의 첩장을 조정에 올릴 수 없다는 것이었다. 일본은 고려가 의사 파견을 요청한 후 아무 회답도 없이 1년을 끌다가 결국 첩장의 결례를 구실로 요청을 거절한 것이었다. 더욱이 일본 측의 첩장은 고려 측의 간결하고 사무적인 첩장에 비하여 곳곳에 중국의 옛 문헌에 나오는 문자들을 끌어오는 등 다분히 현학적인 수사에 흐르고 있다. 반첩문은 당시의 대학자이자 문장가였던 오에노 마사후사大江匡房가 담당했는데 완성까지 무려 2개월 이상이 소요되었고, 그간 오에노 등 관련자들은 국가의 위신이 자신들의 손에 걸린 양 자구의 수정에 그야말로 심혈을 기울였던 것이다. 자국의 외교문서의 수려한 문장을 뽐내는 듯한 이 첩장을 보고 시급을 다투고 있던 고려는 과연 어떤 생각을 했을까?

　일본 조정의 귀족들은 당초 고려의 요청에 대해서 대체로 수용하려는 생각을 가지고 있었지만, 만약 의사를 파견했다가 효험이 없었을 때 일본의 국가적 위신이나 체면이 손상당할 것을 우려하여 결국 파견하지 않기로 하였음은 앞서 살펴보았다. 하지만 위의 반첩에는 그러한 본심이 표현되어 있지 않고, 오히려 일본 상국관에 입각하여 '번국'인 고려의 결례를 지적한다는 다분히 형식적이고 명분론적인 주장을 펴고 있는 것이다. 고려를 번국시하는 일본 조정의 상국관 혹은 대국의식은 일본의 전통적인 대외관에 따른 것으로, 본래 현실적 근거가 없는 공허한 관념에 불과했지만, 내심 '상국'으로서의 국가적 체면 손상을 우려하는 소심성의 반작용으로 인해 외교문서의 표면에 강하게 표출되었다고 보인다.

이처럼 귀족들의 자기만족적인 관념으로서의 대국의식과 소극적인 대외 자세의 벽에 부딪혀 양국 정부 간의 모처럼 우호적인 관계 수립의 기회가 상실되어 버리고 말았다. 송이 고려의 요청에 즉각 응하여 의사를 보내주었고 이를 계기로 양국관계가 한층 돈독하게 되었던 사실을 떠올린다면, 일본 지배층의 소극적·폐쇄적인 대외 자세와 국제적 시야의 결여가 크게 부각된다. 일본은 10세기에 등장한 송과 고려의 적극적인 외교교섭에도 불구하고 정식 국교를 맺으려 하지 않았으며, 그 후에도 외국과 공적인 관계를 기피하는 소극적인 외교 자세를 유지하여 왔다. 11세기 후반 고려의 일본인 의사 파견 요청은 그러한 외교 자세를 탈피할 수 있는 하나의 계기가 될 수 있었지만, 일본은 결국 기회를 살리지 못하고 자기만의 세계 속에 칩거했던 것이다.

13세기 초의 설화집 『속고사담續古事談』에는 고려의 의사 파견 요청에 대하려 미나모토노 츠네노부가 "고려의 왕이 악창에 걸려 죽는들 일본과 무슨 상관이 있겠는가"라고 주장하여 의사를 보내지 않기로 결정했다고 기술되어 있다. 이것은 사실과 다른 것으로, 후세인의 관념이 투영되어 가필된 이야기이다. 문종의 '풍질'이 '악창'으로 바뀌고, 고려 국왕에 대한 일말의 동정조차 내팽개친 냉소적인 태도가 두드러진다. 일본은 국제 현실과 동떨어진 관넘적 세계 속에서 자국 우위의 입장을 지키려고 하는 자기만족적인 태도를 벗어나지 못한 채 고려에 대한 냉담한 멸시의 태도마저 드러내기에 이르렀다.

───────────── 참고문헌 ─────────────

羅鐘宇, 『韓國中世對日交涉史研究』, 圓光大學校出版局, 1996.

南基鶴, 「고려와 일본의 상호인식」 『日本歷史研究』 11, 2000.

盧明鎬, 「東明王篇과 李奎報의 多元的 天下觀」 『震檀學報』 83, 1997.

森克己, 「日麗交涉と刀伊賊の來寇」 『朝鮮學報』 37·38 合併輯, 1966.

이영·김동철·이근우 공저, 『전근대한일관계사』, 한국방송대학교출판부, 1999.

張東翼, 『日本古中世 高麗資料研究』, 서울대학교출판부, 2004.

田島公, 「海外との交涉」, 橋本義彦編 『古文書の語る日本史 2 平安』, 筑摩書房, 1991.

石井正敏, 「日本·高麗關係に關する一考察」 『アジア史における法と國家』, 中央大學出版部, 2000.

小峯和明, 「大江匡房の高麗返牒」 『中世文學研究』 7, 1981.

奧村周司, 「医師要請事件に見る高麗文宗朝の對日姿勢」 『朝鮮學報』 117, 1985.

青山公亮, 「高麗國よりの來牒に對する日本政府の態度」, 同『日麗交涉史の研究』, 明治大學, 1955.

삼별초의 대일 외교

나 종 우(원광대학교)

○ 삼별초의 진도 입거

1270년 임연林衍 부자의 몰락은 항몽파의 몰락과 무인정권의 소멸, 그리고 왕권의 회복을 의미하는 것이었다. 그러나 이 과정에서 당시 고려 원종은 임연을 제거하겠다는 구실로 몽고에 군대를 청하였으니, 고려는 스스로 몽고의 압력 아래 들어간 셈이 되었다. 그러나 그렇게 쉽게 되지는 않았다. 1270년(원종 11) 삼별초의 항거가 시작되었기 때문이다.

삼별초 항거의 시작은 원종이 삼별초를 혁파한다는 통고와 그 명단을 압수함으로써 불안해진 배중손이 야별초 지유指諭 노영희盧永禧 등과 함께 1270년 6월 1일 봉기하면서부터 시작하였다. 이때 배중손 등은 사람을 시켜서 "몽고병이 이르러 인민을 살육하니 무릇 나라를 구하고자 하는 자는 다 모이라 하니, 나라 사람들이 크게 모였다가 혹 달아나 사방으로 흩어져 배를 다투어 강을 건너다가 익사하는 자도 많았다"라고 하였다. 당시 삼별초가 봉기하였을 때 강도江都의 분위기는, 개경으로 환도 할 때의 혼란이 몽고의 침입으로 강화도로 천도 할 때보다 더 심하였다고 하였다. 이러한 혼란 가운데 삼별초는 사람의 출입을 금하고 강을 순시하면서 "무릇 양반으로 배에 있어 내리지 않는 자는 다 베이리라" 하니 듣는 자들이 두려워하여 내리고, 혹 배에서 그대로 개경으로 향하고자 하는 자는 삼별초가 쫓아가서 활을 쏘니 감히 움직이지를 못하였다. 한편, 배중손과 노영희는 삼별초를 거느리고 저자에 모여 승화후承化候 온溫을 왕으로 삼아 관부官府를 설치하고 대장군 유존혁劉存奕과 상서좌승尚書左丞 이신손李信孫으로 좌우승선左右承宣을 삼았으며, 한편으로는 그들에게 호응치 않은 이백기李白起 등을 길 가운데서 목 베었다.

여기서 고려 역사상 중요한 한 가지를 발견할 수 있다. 배중손, 노영희 등이 새로운 왕을 옹립하고 관부를 설치하고 관원을 임명한 것은 구도舊都로 돌아간 개경 정부에 대하여 새로운 정부의 탄생을 의미하는 것이니, 이는 고려 역사상 처음으로 두 개의 정부가 생긴 것을 의미한다. 특히 삼별초에 의해서 새로운 정부가 탄생된 것은 몽고에 굴복하지 않고 백성을 배반한 왕을 국왕으로 인정치 아니함과 동시에, 국민 대다수의 여망대로 끝까지 몽고와 항쟁하기 위해서는 새로운 정부가 필요했던 것이다. 여기서 주목할 것은 삼별초의 항거가 단독 반란이 아닌 새로운 정부의 수립이라는 점이다. 당시에 개경으로 환도한 원종 정부는 이미 몽고의 수중에 장악되어 있는 바나 다름없었으나 삼별초의 정부는 독자적으로 몽고에 항전할 정부의 탄생을 의미하는 것이었다.

당시 삼별초가 왕으로 추대한 승화후 온은 누구인가? 그는 왕족으로 원종의 6촌이다. 삼별초는 왕족인 그를 구심점으로 봉기의 명분을 세우고자 했던 것이다.

　이렇게 하여 탄생한 삼별초 정부는 개경으로 돌아간 정부에 대하여 새로운 정부를 표방하고, 몽고와 개경 정부의 이중적인 압박에 맞서는 보다 장기적인 항쟁 근거지가 필요하였으며, 이러한 근거지로 진도를 택하게 되었다.

◦ 진도를 선택한 삼별초

　진도에 거점을 설정한 삼별초 정권은 무엇보다 독립적인 정부를 표방하였다는 점이 주목된다. 삼별초 정부는 성격상 이전의 무인정권을 계승했다고 볼 수 있다. 다만 종래의 무인정권이 고려 왕실을 배후로 삼아 집권의 명분을 삼았던 데 비하여, 진도 정부는 고려 왕실과 결별하고 독자적인 신정부를 수립하였다는 점에 차이가 있다고 할 수 있다. 삼별초의 반몽 세력은 몽고에 의해서 관리되는, 몽고의 간섭 아래 놓인 개경 정부 대신 진도 정부야 말로 고려의 정통을 계승한 진정한 고려 정부라고 스스로 자임하였던 것이다. 삼별초가 승화후 온이라는 왕족을 왕으로 추대한 것도 신왕조의 개창이 아닌 고려 정통 정부의 계승이라는 의도를 처음부터 분명히 한 것이었다.

　삼별초 정부가 그들의 근거지를 강화에서 진도로 옮긴 것은 우선 좋은 지리적 조건 때문이었다. 진도는 강화와 같이 육지에 가까우면서도 많은 인구를 수용할 만한 곳이며, 전략적으로 볼 때도 육지와 진도 사이의 바다에 격량이 자주 일어나기 때문에 방어에 유리한 이점이 있는 곳이다. 육지와 인접해 있어서 수시로 본토를

드나들며 대몽 항쟁을 펼칠 수 있었고, 또한 울둘목이라 부르는
내륙 간 해협은 임진왜란 때 이순신 장군이 대첩을 거둔 그 유명
한 명량 해협으로 물살이 거세어 수전에 약한 몽고가 쉽사리 쳐
들어올 수 있는 곳이 아니었다.

다른 한편으로 진도는 전라·경상의 조운선漕運船이 개경으로
향하는 길목이기 때문에 이곳을 차단하면 개경 정부에 경제적인
타격을 가할 수도 있었다. 거기에 진도의 비옥한 토지도 중요한
요인의 하나였다. 예로부터 진도에서는 한 해 농사로 삼년을 먹을
수 있다고 할 정도로 토지가 비옥한 섬이었다.

이곳 진도에서 삼별초 정부는 몽고와의 장기적인 항전을 준비
하고 성을 쌓았는데 소위 용장산성龍藏山城이다. 둘레가 13km이고
성안의 면적은 258만 평에 이르는 큰 규모이다. 이정도 규모이면
개경(20km)에는 못 미치지만 강화(7.5km)보다 훨씬 큰 규모이다.
이 정도 규모의 성을 단 9개월 만에 완성하였으니 당시 삼별초의
의지를 잘 알 수 있다.

○ 진도에서의 삼별초의 활동과 민심의 호응

진도로 천도한 삼별초 정부의 활동은 먼저 성곽, 궁궐, 관아의
조영과 같은 내부적인 정비 작업과 함께 전라, 경상 연안 지역의
확보를 위한 공략에 힘을 기울였다. 연안 지역의 확보야말로 몽고
와 개경 정부에 대항할 수 있는 독자적인 세력의 구축을 가능케
하는 것이기 때문이었다. 그 일은 우선 진도에 인접해 있는 전라
도를 제압하면서부터 시작되었다. 이는 남부지역 일대의 삼별초

에 대한 지지와 호응 분위기가 팽배한 데서 가능한 것이었다. 이러한 사실은『고려사』에 보면 삼별초가 봉기하여 진도를 점령하였을 때 그 기세가 매우 치열하여 각 주 군에서는 그 소문만 듣고도 진도까지 찾아와 배알하는 자도 있었다고 하였다. 그리하여 진도 입거 직후인 1270년(원종 11) 8월부터 다음 달인 9월에 걸쳐서 삼별초군은 나주와 전주에 진입을 시도하였다. 1단계의 전라도 공략으로 나주·전주·장흥 등을 차례로 공격해 전라도 연해를 삼별초의 세력권 아래 넣어 진도 정부의 입지를 강화시킨 다음 제2단계로는 제주에 상륙해 관군을 패퇴시키고 제주를 후방기지로 확보하였다. 제주 확보 이후 제3단계로서 경상도 남부 지역 일대에 대한 지배권 확보에 주력하였다.『고려사』원종 세가 12년 3월조에는 삼별초가 경상도 금주(김해), 밀성(밀양), 남해, 창선, 거제, 합포 등지까지 미치고 있음을 볼 수 있다. 당시 경상도 연안 지역의 거점은 남해도였을 것으로 추정하고 있다. 이곳에는 처음 삼별초의 강화도 봉기시 좌승선左丞宣에 추대되었던 대장군 유존혁이 주둔하고 있었다.

한편, 진도의 측근에 있는 완도에도 삼별초의 주요 세력이 배치되어 있었다. 완도는 진도의 외곽으로 신라시대 청해진이 설치된 정략적 요충지였다. 당시 완도에는 송징宋徵장군이 주둔하여 있었는데, 송징 장군에 대하여 사서史書에는 나와 있지 않지만『신증동국여지승람』이나『완도군지』에는 그에 대한 기사가 나와 있는데 그는 진도 정부 산하에서 일정한 세력을 가지며 군사활동을 전개하였다.

진도 삼별초 정부의 남해 연안 세력권의 확보와 관련하여 주목할 만한 유적의 하나로는 연해 장성沿海 長城이다. 19세기 윤정기尹廷琦의『동환록東寰錄』에 의하면 이 성은 삼별초의 거점 진도에서

시작되어 전라도 남부 연해 지역인 강진, 장흥, 고흥 등지를 횡단
하여 경상도 연해까지 이어졌다고 전하고 있다.

삼별초 정부에 대한 지방민의 호응은 우선 1271년(원종 12) 밀
성(밀양) 사람들이 봉기해 부사를 죽이고 인근의 청도와 선산까지
진출한 적이 있었다. 그들의 명분은 진도의 삼별초 정부를 따르자
는 것이었다. 그 무리가 수천에 달하였으며, 주모자 집단이 지방
의 유력한 세력이었다거나 일선현의 현령이 연루되었던 것을 보
더라도 이들은 폭넓은 지지 기반을 가지고 있었음이 틀림없다. 비
슷한 시기인 1271년 1월에는 개경에서 진도에 호응하는 관노官奴
들의 움직임이 있었다. 관아의 노비들이 무리를 모아 관리를 죽인
뒤 진도에 투항하려 했던 것이다. 개경의 이런 소식이 전해지자
인천 앞 바다의 대부도大部島에서도 백성들이 반란을 일으켜 섬에
들어와 약탈을 자행하던 몽고군 6명을 죽이고 봉기하는 사태가
발생하였다. 대부도는 경기지역의 대표적인 입보처로서 1256년
(고종 43)에는 입보민들이 조직한 별초군이 인천지경에까지 진출,
몽고병 1백을 격퇴하는 등 활발한 활동을 전개하였던 곳이다.

이러한 일련의 움직임들은 관군에 의해 저지되지만 당시의 민
심은 진도의 삼별초 정부에 쏠려있었음은 부인할 수 없다.

◦ 삼별초의 대일 외교문서 「고려첩장불심조조」

삼별초의 진도 입거는 무너졌지만 이 시기의 삼별초의 활동 가
운데 특히 주목할 만한 것은 그들 나름대로 정통성을 지녔다는
자부심을 갖고 자기들의 시대가 올 것을 굳게 믿고 있었다는 점
이다. 그래서 그들은 몽고와 싸우는 한편, 일본에 사자를 보내어

일본과 협력하여 함께 싸울 것을 제의하였다.

일본책 『길속기吉續記』(당시 일본 귀족의 일기) 문영文永 8년 (1271) 8월 4일에 보면 고려에서 보내온 문서 가운데 몽고병이 와서 일본을 공략할 것이라는 것과, 쌀을 팔아달라는 것, 구원병을 청한다는 것을 볼 수 있다. 이 문서에 대하여 일본에서는 해석이 구구하였으며, 고려 정부에서 보낸 것이라는 설이 지배적이었다. 그러면서도 한편으로는 고려 정부가 그런 말을 한 것은 우스운 이야기다. 아마도 다른 곳에서 보내왔을 것이라는 설이 대두되기도 하였다. 그런데 뒤에 「고려첩장불심조조高麗牒狀不審條條」라는 문서가 발견됨에 따라 앞의 고려 정부는 개경 정부가 아닌 삼별초의 진도 정부임이 밝혀지게 되었다.

1977년 일본 도쿄대 사료편찬소에서 발견한 이 문서는 고려의 외교문서를 접수한 일본인 관리가 의아한 대목을 조목조목 적어놓은 것이다.

이 자료는 삼별초가 진도에 입거해 있던 때인 1271년(원종 12)에 일본에 보낸 외교문서를 가마쿠라 막부가 교토京都의 조정에 보내면서 논의가 시작되었다. 즉, 3년 전의 고려첩장과 비교하여 이해가 안 되는 부분과 문서의 내용 중 잘 알 수 없는 부분을 뽑아 정리한 것이었다. 즉, 이 문서는 1271년(원종 12, 일본 문영 8) 진도 정부가 일본에 보낸 문서와 3년전인 1268년(원종 9, 문영 5) 강도江都 정부가 보낸 문장을 일본 측 실무자가 비교하여 의문점을 메모한 것이다. 1268년의 문서는 몽고의 요구에 따른 것인 데 비하여 1271년 보낸 것은 진도의 삼별초 정부가 항몽의 입장에서 작성된 것이기 때문에 전체적인 뜻이 상반될 수밖에 없고, 진도의 삼별초 정부 역시 '고려' 정부를 칭하였던 관계로 문서의 접수자는 상당한 혼란이 있었던 것이다.

1271년에 작성된 「고려첩장불심조조」는 12개의 항목으로 되어 있는데 해석이 비교적 정확하게 이루어질 수 있는 것과 중요한 것을 추려서 살펴보면 다음과 같다.

첫 번째 항목에서, 일본인 관리가 특히 이상하게 여긴 것은 몽고에 대한 고려의 태도변화였다.

그 이전, 그러니까 1268년(고려 원종 9)의 외교문서에서는 몽고의 덕을 찬양하더니 이번에 보내온 문서(1271)에서는 몽고를 오랑캐로 표현한 것을 지적하고 있다.

두 번째 항목에서는, 1268년의 문서(개경정부)에서는 몽고의 연호인 '지원至元'을 기록하였는데 두 번째 글에는 연호를 쓰지 않은 것을 지적하고 있다. 이에 대하여 도쿄대 무라이 쇼스케 교수는 삼별초가 연호를 사용하지 않은 것을 몽고의 지배 아래 있지 않다는 뜻으로 풀이 했다. 즉, 개경의 고려 정부가 몽고에 굴복했기 때문에 이제 삼별초가 고려의 정당한 정부를 계승한다는 의미를 가지고 있다고 보는 것이다.

세 번째 항목에서는, 전에는 몽고의 덕에 귀의해서 군신의 예를 맺었다고 하였는데 이번에는 오랑캐의 풍습이 싫다고 했다는 것이다. 그런데 이 외교문서가 작성된 1271년은 고려가 몽고에 굴복해서 간섭 아래 들어간 때이며, 몽고의 강요에 의해 강화에서 개경으로 다시 환도한 뒤였다. 그런 상황에서 고려가 몽고를 비하하는 표현을 하기는 불가능했을 것이다. 뿐만 아니라 오랑캐의 풍습은 성현들이 미워하는 바가 되어 강화로 옮긴지 40여년 만에 진도로 천도하였다고 하였다. 강화에서 개경이 아닌 진도로 천도했다고 되어있다는 것이다. 이점에 대하여는 『고려사』 세가 원종 11년 6월조에는 배중손과 노영희 등이 삼별초를 거느리고 진도에 들어가 거점으로 삼았다고 나와 있다. 그렇다면 일본에 외교문서

를 보내서 진도로 천도했다고 밝힌 당사자는 바로 삼별초였던 것
이다. 이는 한 나라의 정부만이 취할 수 있는 행동인 것이다.

다섯 번째 항목에서는, 표풍인漂風人을 일본으로 호송한 일을 말
하고 있다. 이는 삼별초의 진도 정부가 바다에 조난된 일본인 표
류민들을 일본에 보낸다고 말한 것이다.

일곱 번째 항목에서는, 삼별초 진도 정부의 정당성과 정통성을
말하고 있다. 이 조항에는 우리 본조本朝가 삼한三韓을 통합했다고
하였는네 이 때 본조라는 것은 고려 왕조를 말하며, 후삼국을 통
일한 고려의 정통성이 삼별초의 진도 정부라고 자인하고 있는 것
이다. 실제로 삼별초는 앞에서 언급한 바와 같이 새 국왕을 추대
하고 정부기관을 설치한 것은 그들의 봉기가 단순한 폭동이 아니
라 몽고에 굴복한 국왕과 개경 정부를 부인하고 새로운 독립 정
부를 세우는 것이 목표였으며, 그러기에 삼별초 정부는 자주독립
을 지키는 자기들의 진도 정부가 정통성을 지녔다고 주장하였던
것이다.

여덟째 항목에서는, 지금은 비록 도읍이 옮겨지고 외적이 계속
침입하여 나라가 소란의 와중에 있으나 천시天時가 돌아오면 사직
을 안녕 시킬 수 있을 것이라는 것이다.

아홉째 항목은, 호기胡騎 수만 병을 청했다는 기사이다. 이 기사
는 두 가지로 해석 할 수 있는데 하나는 몽고에 저항하기 위해 병
력을 요청한다는 것이고, 또 하나는 개경의 고려 정부가 몽고의
기병 수만 명의 출병을 원한다고 하였으니, 이는 몽고와 야합한
개경 정부가 삼별초를 치기 위하여 몽고병을 끌어들인 것과, 이렇
게 되면 결국 일본이 화를 입게 될 것이라는 것을 말하는 것 같
다. 그러나 위의 기사를 면밀히 검토해 볼 때 두 번째의 견해가
더 타당할 것 같다.

◦ 삼별초 대일 외교의 성격

앞에서 「고려첩장불심조조」를 통하여 진도의 삼별초 정부가 일본에 보낸 외교문서를 살펴보았다. 그렇다면 이 첩장을 통하여 나타난 당시 삼별초 정부의 대일 외교 성격을 어떻게 이해할 수 있을까. 이점에 대해서는 이 문서와 관련된 『길속기』의 내용과 함께 생각해 볼 수 있다. 우선 몽고와 몽고에 굴복한 개경 정부에 대한 비판으로 개경 정부와 다른 고려의 정통성을 지닌 삼별초 정부를 인식시키려 했다는 점을 들 수 있다. 이러한 사실은 문서의 제목을 '고려첩장高麗牒狀'이라고 한 데서도 찾아 볼 수 있다.

다음으로는 일본 표류인을 돌려보내는 등 우호 관계를 갖고 싶다는 것이며, 그 다음으로는 일본이 몽고의 통교 요청을 거부한 데 대하여 몽고의 책망이 있을 것이며, 복종하지 않는다면 일본을 공격할 것이니, 일본 정부는 진도의 삼별초 정부와 연대를 하자는 것으로 생각해 볼 수 있다. 즉, 진도 정부와 일본의 공동적 운명내지 진도 정부의 일본에 대한 배려가 담겨 있다는 것이다.

당시의 삼별초 진도 정부는 일본이 몽고에 대하여 거부하는 것을 알고 있었기 때문에 일본과 협력하려는 생각으로 이런 문서를 보내고 제의했었다고 볼 수 있다. 이러한 제의를 통하여 삼별초 정부는 항몽 전쟁의 전개에 있어서 공동 대처를 주장하는 입장으로서, 군량, 병력 등의 실질적인 문제를 타개하기 위한 목적이 있었다고 볼 수 있다.

진도의 삼별초 정부는 몽고군의 대규모 공세를 목전에 두고 여러 면에서 상대적 열세에 있던 군사력을 일본과 연대하는 방법으로 타개하려 하였던 것 같다. 그러나 앞의 사료의 문맥을 보아도 알 수 있듯이 당시 일본인은 국제 정세에 어두웠고 그렇기 때문에 앞에 보내온 문서와 발송지가 다르다는 것 자체를 모르고 있었다.

그렇기 때문에 일본과 연대는 이루어지지 못했고 삼별초의 진도정권은 1271년(원종 12) 5월의 대공세에서 봉기한지 1년 만에 붕괴되었으며, 남은 집단은 제주도로 옮겨 재기를 기약하게 된다.

―――――――――――――― 참고문헌 ――――――――――――――

나종우, 「13세기의 한일관계―몽고의 일본원정을 중심으로」『韓國思想史』(석산 한종만박사화갑기념논문집), 원광대 출판국, 1991.
나종우, 「고려무인정권의 몰락과 삼별초의 천도 항몽」『원광사학』 4집, 1986.
이우성, 「삼별초의 천도항몽운동과 대일통첩―'진도정부'의 한 자료」『한국의 역사상』, 창작과 비평사, 1982.
유영철, 「고려첩장불심조조의 재검토」『한국중세사연구』 창간호, 한국중세사연구회, 1994.
윤용혁, 『고려 삼별초의 대몽항쟁』, 일지사, 2000.
石井政敏, 「文永八年來 日の高麗使について―三別抄の日本通交史料の紹介」『東京大學史料編纂所報』 12, 1978.

고려 · 원 연합군의 일본 정벌

김 대 중(전쟁기념관)

◦ 일본 정벌에 동원된 고려

고려는 1274년(충렬왕 즉위년) 10월과 1281년(충렬왕 7) 5월, 두 차례에 걸쳐 원나라(몽고가 1271년에 원으로 개칭함)가 단행한 일본 정벌에 동원되었다. 일본 원정을 위해 고려는 병력과 전함, 그리고 병기와 군량미 등을 부담하였다. 그 결과 고려는 인적·물적으로 엄청난 피해를 보았다. 고려·원 연합군(이하 여원 연합군)의 이름으로 이루어진 일본 정벌은 고려로선 원치 않은 것이었다. 그럼에도 불구하고 고려가 일본 정벌을 피할 수 없었던 것은 무엇 때문이었을까? 또 여원 연합군은 어떻게 편성되었으며, 전쟁은 어떻게 진행되었을까? 고려는 원의 일본 정벌에 동원되어 무엇을 얻고 무엇을 잃었을까?

◦ 한국·중국과 대비된 일본의 왕성한 연구와 관심

여·원 연합군의 일본 정벌에 대한 우리나라에서의 연구는 일본의 그것에 비해 상당히 소홀하다. 개설서나 교과서에서도 사실을 중심으로 간단히 다루고 있다. 그 이유는 크게 두 가지로 이야기할 수 있다. 하나는 일본 정벌이 결과적으로 실패한 전쟁이라는 점이다. 다른 하나는 원의 식민지적 간섭을 받았던 고려가 불가피하게 전쟁에 동원되었기 때문일 것이다. 이러한 경향은 중국도 우리와 크게 다르지 않다. 최근 대륙 잡지에 소개된 정도이다. 그다지 들추고 싶지 않은 역사라는 점에서 수긍이 간다.

이에 반해 일본에서의 이 주제에 대한 연구는 매우 깊이 있게 다루어지고 있다. 『몽고습래관계문헌목록』에 따르면 1880년대부터 2001년 10월까지 약 1천 편에 달하는 논저를 수록해 두고 있다. 일본은 자국 최대의 역사적 승전으로 바로 '일본 정벌'을 생각할 정도다. 일본에서는 이 전쟁을 전쟁이 발발한 연호를 따서 '분에이文永의 역役', '고우안弘安의 역役'이나 '이국합전異國合戰'이라고 불렀다. 또 상대방에 대해서는 '원구元寇'라고 하며 '몽고습래蒙古襲來'라는 비칭을 사용하기도 한다. 이로 미루어 보아 '일본 정벌'에 대한 일본의 평가에는 국수주의의 바탕이 되고 있다는 평가도 있다. 여원 연합군의 일본 정벌이라는 전쟁에서 승리자는 바로 일본이며, 일본은 자신들이 신의 보호를 받는 신국이라는 확신을 얻었다고 여긴다. 이때 그들을 도와 준 자연현상이 바로 '카미가제神風'라는 것이다. 그리고 이 전쟁을 일본인의 지혜와 단결을 과시한 방어전이었다고 말한다. 또한 신무기를 앞세운 몽고 야만 유목민의 침구를 문명 일본이 침입을 격퇴한 역사적 사건이라고도 한다.

일본에서는 학문적 연구만이 아니라 일반 대중의 관심도 높아졌다. 2001년 봄부터 일본 국영방송에서는 '일본 원정' 당시의 집권자였던 호조 토키무네北條時宗를 세계 최강의 군대를 막아낸 영웅으로 묘사한 대하드라마를 방영하였다. 많은 제작비를 투입하였고, 시청률도 높았다고 한다. 최근 일부 내부에서 일고 있는 국수주의적 경향과 무관하지 않은 것으로 이해하는 견해도 있다. 또 같은 해 후쿠오카시립박물관에서는 호조 토키무네와 그의 시대라는 이름으로 특별전을 개최한 바 있다. 확실히 우리의 관심과 상당한 차이가 있다.

◦ 일본 정벌의 거점이 된 고려

고려가 원의 일본 정벌에 동원된 시기는 고려가 원의 간섭 하에 놓여 있을 때였다. 이러한 고려의 현실은 충렬왕이 원 세조의 딸을 왕비로 맞아 부마국이 된 이후 양국의 왕실이 일가의 관계에 놓이면서 심해졌다. 한마디로 원의 식민지적 간섭을 거부할 수 없던 것이 고려가 처한 현실이었다. 그 첫 시련이 바로 원의 일본 정벌에 고려가 동원된 일이었다.

원의 일본 정벌은 세계제국을 건설한다는 목표 아래 단행되었다. 실제로 쿠빌라이는 천하통일을 이루어 몽고 대제국을 건설할 꿈을 가지고 있었다. 원이 일본을 정복할 계획을 세운 동기에 대해서는 송대 이래 형성된 동아시아 교역권 및 정치적 질서를 재건하려는 것에서 비롯되었다는 견해가 있다. 또 원이 고려 · 일본 · 남송의 연결을 막으려는 의도에서 나온 것이라고 하기도 한다.

고려는 일본에 가장 근접해 있어서 거점으로 알맞았다. 원이 군량미와 함께 전함까지도 고려에서 얻을 수 있다면 일본 정벌을 한결 유리한 조건에서 할 수 있게 된다. 원이 일본 정벌에 고려를 끌어들인 의도가 바로 이 점에 있었다. 자국의 전쟁에 남의 나라를 끌어들이며 전쟁에 소요되는 비용은 공동으로 부담하자는 것이다. 원은 고려에게 일본을 정벌하기 위한 부담을 지우는 조건을 만들어갔다. 원의 간섭을 받아야 했던 고려가 원의 제안을 거부하는 데는 많은 어려움이 있었다.

원은 고려로 하여금 그들 사신이 일본을 초유招諭하는 데 다리역할을 해달라고 하였다. 원이 일본 정벌에 고려를 끌어들이려는 속셈이었다. 원 세조는 고려와 우호를 다져가는 과정에서부터 고려를 일본의 초유에 이용할 생각을 갖고 있었던 것이다. 고려가 몽고에게 이러한 요구를 받은 것은 1266년(원종 7)의 일이다. 몽고의 사신 흑적黑的과 홍은弘恩이 일본에 들어가는데 고려의 초유사를 요구하였던 것이다. 고려는 원의 요구를 그대로 받아들일 수는 없었다. 우리의 의지와 관계 없이 전쟁에 휩쓸려들 것이기 때문이었다. 그렇다고 해서 원의 요구를 단호하게 거절할 수도 없었다.

고려 정부는 이장용李藏用을 중심으로 하여 소극적인 방법으로 원의 요구에 협조하는 길을 택하였다. 초유사 송군비宋君斐·김찬金贊을 임명하여 원의 사신을 호송케 하였다. 그러나 초유사로 파견되었던 이들은 거제도에 이르러 풍파가 험해지자 귀환하였다. 그 다음해에 몽고는 또 일본 초유를 고려에 위임하였다. 그러나 이번에는 일본 측에서 이를 받아들이지 않았다. 10여 차례에 걸쳐 몽고인과 고려인이 일본에 파견되었으나 구류되거나 피살되어 결국 몽고의 일본 초유책은 실패로 돌아가고 말았다.

일본 초유책에 실패한 원은 고려를 거점으로 병력과 전함과 군량미를 확보하여 일본을 정벌하려고 하였다. 이러한 목적에서 원이 고려에 설치한 것이 바로 둔전경략사였다. 군량미를 확보할 전담 기관을 둔 것이다. 뿐만 아니라 전쟁에 필요한 함선과 군사 동원까지도 부담시켰다. 1274년에 단행되었던 제1차 일본 원정에 동원된 2만5,000명 가운데 고려 군사가 무려 8,000 명이나 되었다. 또 뱃사공 6,700명, 전함 900척이 동원되었다. 제2차 일본원정에는 고려는 군사 1만 명, 사공 1만5,000명, 전함 900척, 군량 11만 석을 부담하였다. 많은 부기도 제작하여 전쟁에 참전해야 했다. 이러한 부담은 몽고와 오랜 전란을 겪은 고려로선 감당하기 어려운 일이었다.

◦ 실패로 끝난 원의 일본정벌

1274년에 단행된 일본 정벌에 몽한군蒙漢軍은 원의 도원수 흔도忻都 또는 홀돈忽敦, 부원수 홍다구洪茶丘가 지휘하였다. 고려의 군사는 삼별초의 항쟁을 진압하였던 김방경金方慶이 지휘하였다. 고려와 원의 연합군이 900여 척에 나누어 타고 합포(현재의 마산)에서 출항한 것은 10월 3일이었다. 2일간 항해 끝에 출격하여 대마도의 사스가우라佐須浦를 점령하였다. 이로부터 10여 일 후인 14일 이키 섬의 서안을 침공하였다. 이어 16, 17일 양일 간에는 기타큐슈北九洲 연안에 침입하여 다수의 주민을 포로로 삼았다. 19일 여원연합군의 한 부대가 이마즈今津에 상륙하였고, 동시에 다른 한 부대는 하카타博多의 북방인 가고하라鹿原에 상륙을 시도하였다. 그리고 또 다른 부대는 하카다 하코자키箱崎 방면에 상륙을 시도

하였다. 여기서 왜군의 저항은 만만치 않았다. 원정군은 결사적으로 저항하는 왜군을 무찌르며 진격을 하였으나 겨울 석양이 깃들어 계속 공격을 하기가 어려웠다. 후퇴하여 전함으로 돌아올 수밖에 없었다.

다음날 재진격을 하였으나 왜군을 완전히 진압하지 못하고 석양이 기울자 다시 해상으로 완전 철수하였다. 이날 밤부터 태풍이 세차게 몰아쳤다. 일본에서 말하는 이른바 카미가제神風인 것이다. 전함들은 동요하고 전복하고 침몰하였으며 군마는 놀랐다. 더욱이 고려의 원정군은 해전에 미숙하였다. 태풍의 소용돌이와 산채 같은 파도로 원정군은 철수하지 않을 수 없었다. 공방전에서는 왜군을 무찔러 승리를 거듭하였지만, 예상치 못한 태풍 때문에 원정군은 비참한 모습으로 합포항에 돌아왔다. 돌아오지 못한 여원 연합군은 1만3,500명이나 되었다.

제1차 원정에 실패한 원 세조는 이후에도 일본 정벌의 야망을 포기하지 않았다. 일본에 초유사를 계속 파견하면서 전쟁 준비를 하였다. 이를 위해 원은 1280년, 고려에 정동행성征東行省을 설치하였다. 고려의 충렬왕도 전과 달리 일본 정벌에 적극적인 자세를 취하였다. 원과 관계를 좋게 하는 것이 고려 왕실에 유리하다고 판단하였기 때문이다. 당시 고려 출신으로 원나라의 장수를 지낸 홍다구의 횡포를 견제하기 위한 것이기도 하였다. 일본 정벌에 대한 충렬왕의 입장 강화는 고려의 부담을 크게 하였다.

제2차 일본 정벌을 위한 병력은 고려에 위치한 정동행성 휘하의 고려군과 몽한군, 중국의 강남지방에 위치한 정일본행성征日本行省 휘하의 강남군으로 구성되었다. 강남군만도 10만여 명의 병력이 출정하였다. 원은 1차 정벌 때의 실패를 되풀이하지 않기 위하여 몽한군 3만 명 이외에 송宋에서 항복해온 장수 범문호范文虎

가 지휘하는 강남군 10만을 더 출전토록 하였다.

출전은 1281년 5월에 있었다. 김방경 휘하의 고려군과 흔도·홍다구 지휘 하의 몽한군 등 동로군東路軍은 900척의 배에 나누어 타고 합포를 떠나 이키 섬壹岐島으로 향하였다. 강남군도 3,500척의 배를 동원해 현지를 떠나 이키 섬으로 향하였다. 양군은 이곳에서 만나 합공하기로 하였던 것이다. 그러나 강남군은 실제로 약속한 날보다 훨씬 뒤에 도착하여 작전에 큰 차질을 가져왔다. 더욱이 또나시 태풍을 만난 원정군은 10만여 명의 병력을 잃게 되는 타격을 받았다. 뱃길을 돌릴 수밖에 없었다. 이후 원 세조 쿠빌라미는 계속 일본 원정을 준비하였지만, 1294년 그가 세상을 떠나면서 뜻하던 일본 정벌의 꿈은 이루지 못하였다.

○ 남의 전쟁에서 얻은 것은 희생뿐이다

여원 연합군의 두 차례에 거친 일본 정벌은 완전히 실패로 끝났다. 이로 인한 고려의 피해는 매우 컸다. 인명피해뿐만 아니라 원정에 동원되었던 군량미와 군선 등 모두가 고려의 지원으로 이루어진 것이었다. 일본 원정으로 고려는 많은 것을 잃었다. 고려는 인구의 격감과 농촌사회의 피폐로 이를 회복하는 데는 많은 노력과 기간이 필요했다.

전쟁에 동원된 고려가 얻은 것은 원 간섭기의 식민지적 제도와 거기에 붙어 성장한 세력가들이었다. 제2차 일본 원정을 위해 설치되었던 정동행성의 만호萬戶, 천호千戶, 총파摠把 등 원의 군관직에 고려의 장군 43명이 임명되었다. 일부 관직은 계속 남아 원의 대 고려 견제책에 이용되었다. 여기에 소속된 사람들의 자손들은 그 관직을 이어받아 출세의 길로 나아갔다. 원나라에 붙어 출세하였다고 하여 부원세력 혹은 부원배라 불렸지만, 이들은 분명 권문세족으로서 고려의 새로운 지배세력으로 자리 잡아 갔다. 이렇듯 고려와 원 관계라는 특수한 상황은 몽고어 통역관을 비롯한 원에 매를 바치기 위하여 설치된 응방鷹房에 소속된 사람, 그리고 원 공주의 사속인이었던 겁령구㤼怜口를 필요로 하였다. 이들 권문세족은 원 간섭기에 새로운 지배세력이 되었지만, 정치적 출세를 기반으로 한 농장의 확대는 결국 국가 재정의 궁핍을 초래하였다. 이러한 현실은 고려 말 성리학에 기반을 두었던 신진사대부의 비판을 받으면서 고려 왕조는 비틀거리기에 이르렀다.

고려는 일본 원정에서 두 차례 동원되었다. 이때 고려가 부담한 것은 병력과 전함, 그리고 병기와 군량미 등이었다. 이러한 부담은 고려가 짊어지기에는 무거운 것이었다. 몽고와의 항쟁이 끝난 지 얼마 되지 않은 시기여서 다른 나라의 전쟁을 지원하는 것은 현실적으로 어려웠다. 그러나 고려의 현실은 원의 간섭을 피할 수 없었다. 따라서 고려는 원의 요구를 따라야 했다. 원정군에도 차출되고 전함도 만들어 제공해야 했다. 병기도 만들고 군량미도 부담하였다. 동원된 군사는 목숨을 걸고 원을 위해서 이해관계가 없는 일본과 싸워야 했다. 그러나 이들에게 돌아온 것은 전쟁에서의 패배와 그에 따른 희생뿐이었다.

──────────── 참고문헌 ────────────

고병익, 「원과의 관계의 변천」『한국사』7, 국사편찬위원회, 1973.

김철민, 「원의 일본원정과 여 · 원 관계」『건대사학』3, 1973.

민현구, 「고려후기의 권문세족」『한국사』8, 국사편찬위원회, 1974.

박형표, 「여몽연합군의 동정과 그 전말」『사학연구』21, 1969.

이재범, 「여원연합군의 일본정벌과『동방견문록』」,『군사』50, 2003.12.

中村榮孝, 「13 · 4세기의 동아정세와 몽고의 습래」『암파강좌 일본역사』
    6, 1963 ;『일선관계사의 연구』, 길천홍문관, 1965.

中村榮孝, 「문영 · 홍안양역간에 있어서 일 · 려 · 원의 관계」『사학잡지』
    37-6 · 7 · 8, 1926 ;『일선관계사의 연구』, 길천홍문관, 1965.

靑山公亮, 「홍안의 역과 고려」『사학잡지』, 36-10, 1925 ;『일려관계사의
    연구』, 명치대학문학부, 1955.

旗田巍,『원구』, 중앙공론사, 1965.

3부
한일교류와 인물

왕인 박사는 일본에서 무엇을 했나

백 승 충 (부산대학교)

○ 일본 국민의 대은인으로 숭앙받은 왕인 박사

백제인 왕인王仁 박사는 고대 일본에 백제 문화, 나아가서는 선진적인 한반도 문화를 전해준 대표적인 인물로서 기억되고 있다. 이것은 고대 시기 두 나라가 문화적으로 밀접했음을 반영하는 동시에 정치적으로도 불가분의 관계였음을 의미한다. 현재 일본에는 왕인 박사와 관련된 많은 유적들이 남아있는데, 이를 통해 고대부터 오늘날까지 일본인들의 마음속에 왕인 박사를 어떻게 새기고 있는가를 쉽게 살필 수 있다.

오사카大阪에서 북쪽으로 자동차를 타고 1시간쯤 가면 히라카타시枚方市 후지시카촌藤坂村이란 곳이 있다. 이곳은 일본 고대국가 형성의 요람지로서 군사·외교적으로 가장 중요했던 가와치국河內國의 영역이었다. 이 마을의 동북 쪽에는 오하카타니御陵谷라 일컫는 곳이 있는데, 여기에 바로 일본 국민들이 '문학의 시조' 또는

'국민의 대은인'으로 숭앙하고 있는 왕인 박사의 묘가 있다.

묘역 주변은 '왕인공원'으로 조성되어 있으며, 묘석에는 분쇼文政 10년(1827년)에 미야지신노宮幟仁親王가 친필로 쓴 '박사왕인분博士王人墳'이라는 비문이 행서체로 새겨져 있다. 왕인의 묘비는 이 밖에도 하나 더 있다. 앞의 묘비에서 40~50보 떨어져 있는 울창한 소나무 숲 속 반반한 분지에 40~50평 정도의 터를 닦고 돌담으로 주위를 쌓았는데, 그 안에 묘석 둘이 서 있다.

그 가운데 장방형의 묘석에는 해서체로 '박사왕인묘'라고 새겨져 있다. 이것은 1720년 무렵 당시 영주였던 구구우에몬久具右衛門이 명승名勝이 없어질 것을 염려하여 건립한 것으로 전한다. 다른 하나는 4~5척을 사이에 두고 토단 위에 세워진 원형의 자연석이다. 돌 표면에 파놓은 글자는 유구한 세월 동안 풍우에 씻겨 그 흔적만 약간 남아 있을 뿐 알아보기 어렵다. 고색창연한 이 돌이야말로 1600여 년 전부터 전래된 유일한 묘석일 것으로 생각된다.

비문 이외에도 오사카 부근의 사카이시堺市에는 왕인 박사를 모시는 도하라다이묘신사東原大明神社가 있고, 마츠라바라초松原町에는 왕인성당지王仁聖堂址가 남아있다. 그리고 오사카 이쿠노구生野區를 중심으로 주변 일대는 옛 세츠노국攝津國 백제군百濟郡으로서, 왕인 박사가 야마토大和 조정으로부터 받은 10시현市縣 지역으로 전해지고 있다.

조국 백제를 떠나와 이역에서 일생을 마친 왕인 박사! 그가 조국 문화를 해외에 전수하여 개발하는 데 사명을 다하였고, 이웃나라를 깨우치는 데 몸을 아끼지 않았던 그 위업의 흔적이 바로 여기에 있는 것이다.

한편, 일본의 수도 도쿄 북동쪽에는 우에노上野 공원이 있는데, 일본국민들에게는 여러 가지 의미에서 마음의 고향이라고 할 수 있다. 이곳에는 도쿄국립박물관과 국립과학박물관을 비롯한 많은 박물관이 있으며, 평소에는 물론 벚꽃이 피는 봄이면 '하나미花見'라고 하는 꽃놀이를 즐기기 위해 많은 사람들이 모여든다.

특히 패전 후 재건 과정에서 많은 사람들이 돈벌이를 위해 상경했는데, 오갈 데가 없을 경우 잠자리로 이용한 곳이 바로 우에노 공원이었다. 따라서 일본인들에게 우에노 공원은 마음의 고향이며, 공원 구석구석에는 그들의 아련한 추억이 스며 있다.

이러한 우에노 공원의 수복 울창한 경내에 의연하게 서 있는 두 개의 비碑가 있다. 바로 왕인 박사에 관한 비이다. 하나는 대리석으로 만들어진 높이 3m 정도의 비이고, 다른 하나는 약 1.5m 되는 비이다. 큰 비의 앞뒤는 한문으로 가득 차 있고, 작은 비는 일문으로 앞뒤를 메웠다. 비문의 내용은 물론 이곳에서 활동한 왕인 박사의 위업에 관한 것이다.

이상의 유적 외에도 일본의 고등학교 국사 교과서에는 대륙 문화의 전래를 이야기하면서 짧게나마 왕인 박사에 대해서 기술하고 있다. 어쨌든 일본 국민들은 왕인 박사를 고대에 그들에게 선진문화를 전해준 '대은인'으로 추앙하고 있다.

○ 왕인 박사는 언제 일본으로 건너갔나

백제인 왕인, 그는 언제 일본에 건너가 어떠한 일을 하였기에 수많은 세월이 지난 오늘날에 이르기까지도 고국인은 물론 이국인들에게까지 숭모의 대상이 되고 있는가?

일본의 『고사기古事記』(712년)와 『일본서기日本書紀』(720년)[이 두

책의 끝 글자를 따서 보통 기기記紀라고 합쳐 부른다]에는 왕인 박
사에 대하여 다음과 같이 적고 있다.

이 천황[오진應神 천황] 시대에 … 백제의 국왕인 조고왕照古王이 암
수 말 한 필씩을 아치키시阿知吉師에게 주어 헌상하였다. 그리고 천황은
백제국에게 '만약 현인이 있으면 보내도록 하라'고 명하였다. 그리하여
그 명을 받아 헌상된 사람이 와니키시和邇吉師였다. 그에게 『논어』 10권
과 『천자문』 1권, 모두 11권을 주어 함께 바쳤다. 이 와니키시는 후미
노비토文首들의 선조이다. 그리고 기술자 두 명을 보냈는데, 그 중 한
명은 한인韓人의 대장장이로서 이름은 다쿠소卓素라 했으며 다른 한
명은 오인吳人의 베를 짜는 사람으로서 사이소西素라 했다[『고사기』
오진기應神紀].

오진천황 15년에 백제왕이 아직기阿直岐를 보내 양마 2필을 바쳤으
므로 그로 하여금 사육을 담당하게 하였다. 아직기는 또한 경서를 잘
읽었으므로 태자의 스승으로 삼았다. 천황은 아직기에게 '그대보다 나
은 박사가 또 있는가?'라고 말하였다. '왕인王仁이라는 사람이 있습니
다. 이 분이 낫습니다'라고 대답하였다. 백제에 사신을 보내어 그를 데
려오게 하였다. 16년 봄 2월에 왕인이 왔다. 태자는 그를 스승으로 삼
아 여러 전적典籍을 배웠는데, 통달하지 못한 것이 없었다. 왕인은 후
미노비토書首(문서를 담당하는 씨족) 등의 시조이다. 이해에 백제 아화왕
阿花王이 죽었다. 천황은 직지왕直支王을 불러, '그대는 본국에 돌아가
서 왕위를 계승하시오'라고 말하였다[『일본서기』 권10, 오진기 15년
추8월 · 16년 춘2월].

위의 두 사료를 읽으면 적잖은 거부감을 느낄 수도 있다. 즉, 백
제의 왕이 왜의 천황에게 말을 "헌상하였다"느니 『논어』와 『천자
문』 등을 백제에서 "바쳤다"느니 하는 등 왜를 주체로 한 서술로
일관하고 있기 때문이다. 그리고 백제의 왕위 계승에 왜의 천황이
직접 간여했던 것처럼 기술되어 있는 것도 위의 두 사료의 사실

성에 대한 의구심을 갖게 한다. 더구나 왕인 박사 관계 기록이 우리 측 사서인『삼국사기』『삼국유사』등에는 일말의 편린도 남아 있지 않음을 생각할 때, 왕인 박사의 존재 자체까지도 의심할 수 있다. 그러나『고사기』와『일본서기』가 8세기 전반 당시의 일본 천황지상주의적 사관 아래에서 편찬되었기 때문에 일본 중심의 이와 같은 서술은 어쩌면 당연한 것인지도 모른다.

　우리는 고대의 역사 기술에 대해 논리적인 설명이라든지 객관적인 사실 전날을 바랄 수는 없다. 오히려 서술 배경을 바탕으로 논리적이고 객관적인 방법으로 당대의 사실을 캐내는 작업이 중요한 것이다. 그리고 고대 한일관계의 기록이 부분적으로는 우리 측 기록보다 일본 측 기록이 인명의 나열 등 비교적 상세하고 기기記紀의 내용이 상호 일치한다는 점 등을 고려한다면, 왕인 박사 관계 기록은 어느 정도 사실성을 반영하는 것으로 인정하여도 좋을 것이다. 즉, 위 사료에서 분명하게 확인할 수 있는 내용은 문명의 선진국인 백제가 왕인 박사 등을 통해서 후진국인 왜에 그것을 전해주었다는 것이다.

　그런데 왕인 박사의 도래渡來 연대에 대해서는 일본 측 기록 내에서도 일치하지 않는다. 앞의 사료에서 보듯이『고사기』에는 왕인 박사의 왜 도착을 응신천황대로만 쓰고 있다. 즉, 응신천황대에 백제 조고왕에게 현인을 보내달라고 하니 화이길사라는 사람이『논어』10권과『천자문』1권을 가지고 왔고, 이밖에 야공冶工 · 직조공織造工 등도 함께 보내왔다고 하였다. 여기서 '와니'는 왕인을 뜻하고, '길사'는 귀인貴人 · 대인大人을 의미한다. 그러나 이와 같은 기록을 166~213년에 재위한 제5대 초고왕대의 사실로 보기에는 문제가 있다. 그 보다 오히려 근초고왕(재위 346~374년)으로 보는 것이 타당할 것이다.

반면 『일본서기』에는 응신천황 16년 을사乙巳, 즉 285년으로 되어 있어 보다 구체적으로 왕인 박사의 도래를 기록하고 있다. 그런데 왕인 박사가 도래한 그해에, 백제에서는 아화왕阿花王(재위 392~404)이 죽었기 때문에 일본에 와 있던 직지왕이 귀국해 즉위하였다고 하였다. 이 인물이 전지왕腆支王(재위 405~419)이다. 이렇듯 같은 사서 속에서도 왕인 박사의 도래 연도를 285년과 405년으로 달리 기록하고 있는데, 응신기의 기년은 2갑자(120)를 내려 보는 것이 일반적이므로 405년이 타당하다고 생각된다.

그러나 여기서 주의할 점은 왕인 박사의 도래 시기를 405년으로 단정할 까닭은 없다는 것이다. 왕인 박사의 도래는 왕인 개인의 도래가 아니라 사료에서도 보이는 것처럼 선진 문화를 가진 전문 기술자들의 도래이다. 왕인 박사는 그러한 집단들 중에 대표적인 인물이다. 따라서 백제 근초고왕대에 마한을 통합하여 전남 지역으로 진출한다든가, 중국의 동진東晉과 국교를 맺는 등 남북조의 선진 문물을 대거 수용한다든가, 왜와의 통교가 4세기 후반대 이후부터 활발해지고 있는 점 등을 참고해 볼 때, 백제의 선진 문화가 왜에 전파되는 것은 백제와 왜가 처음으로 통교를 맺는 4세기 후반부터였던 것으로 보는 것이 옳을 듯하다.

이 점은 『일본서기』와 『속일본기』에 왕인 혹은 왕인의 도래와 유사한 설화가 응신천황과 속고왕速古王·귀수왕貴須王과 관련되어 있다는 사실을 통해서도 어느 정도 확인할 수 있다.

『일본서기』에서는 응신 20년에 경전에 능한 아치노오미阿知使主·쓰카노오미都加使主 부자가 대방帶方으로부터 17현의 당류를 끌고 왔는데, 왕인의 후손이 가와치후미西文 씨가 되고 아치노오미의 후손은 히가시노후미東文 씨가 되었다고 한다.

『속일본기』에서는 응신천황의 요청으로 백제의 귀수왕이 그의 손자 지소왕辰孫王을 보냈는데, 그는 왜에서 태자의 스승이 되어 '서적을 처음 전하고 유풍儒風을 크게 일으켰다'고 하였으며, 아치노오미의 후손은 '아직기사阿直(岐史)'가 되고 지소의 후손은 '진사津史'가 되었다고 한다.

즉, 4세기 후반 백제와 왜가 공식적인 외교관계를 맺은 이후 광개토왕대 고구려 남정(400)에 대하여 군사적으로 연합하여 공동대응하기까지 양국이 정치·문화적으로 다양하게 접촉했을 가능성은 쉽게 심작할 수 있다.

그런데 최근 일본인 학자들 사이에는 기기記紀에 보이는 왕인 박사 관련 기사에 대한 문제점을 제기하며, 왕인 박사 관련 기록을 후대(6세기)의 도래전승으로만 보려는 경향도 있다. 문제점으로 삼은 것은 첫째, 『논어』를 계체기繼體紀(507~530)에 도래한 오경박사五經博士에 의해 전해진 것으로 봄으로써 왕인 박사가 가지고 온 것을 부정한 것이다. 둘째, 『천자문』도 중국 남조南朝 양梁의 무제武帝(재위 502~549) 때 주흥사周興嗣가 만든 것이기 때문에 시대적으로 오진조와 맞지 않다는 점이다.

그러나 계체기 7년조(513)를 보면 백제가 오경박사 단양이를 왜에 보냈다는 기록만 나올 뿐, 그가 『논어』를 가지고 왔다는 말은 나오지 않는다. 그리고 지금까지의 연구 결과에 의하면 이때의 오경박사는 교대로 왜에 갔기 때문에 오히려 그 이전에 이미 『논어』를 비롯한 경서가 왜에 전해졌을 가능성이 높다. 『논어』는 원래 20편으로 된 것인데 후한後漢 때 석경본石經本이 10권, 하안집해본何晏集解本 역시 10권이었다고 한다. 그러므로 왜에 유입된 『논어』는 이들 가운데 하나였을 것으로 추측된다.

또한 『천자문』의 경우 일본에서 헤이안平安시대 이후 유행한 것이 6세기 양梁의 주흥사가 지은 『천자문』이기는 하지만, 그 이전의 『고천자문古千字文』[진한秦漢시대의 상앙 혹은 위魏의 종요가 편찬했다고 함]이 있었음도 유의해야 할 것이다. 따라서 왜에 처음 유입된 『천자문』이 지금으로서는 어떤 『천자문』인지 알 수 없는 것이다.

따라서 두 사서의 5세기대 이전 기록이 많은 문제점을 내포하고 있는 것은 사실이지만 왕인 관계 기록에 국한해 볼 때 상호 일치하고 있으므로 위의 기록은 4세기 후반이나 5세기 초반의 사실을 반영하는 것으로 보아도 무방할 것이다.

◦ 왕인 박사와 그 후예들이 일본 고대문화에 끼친 영향

그러면 『논어』와 『천자문』으로 상징되는 왕인 박사가 가지고 간 선진 문화는 '문자전래'라는 직접적인 사실 이외에 당시의 왜에 어떠한 영향을 끼쳤을까?

왕인 박사는 왜에 건너가 왜왕에게 장가長歌를 지어 왕을 축하하였다. 크게 감동한 왜왕은 그를 두 황자인 우지노와키이라츠코菟道稚郎子와 오호사자키노미코토[大鷦鷯尊, 16대 닌토쿠仁德천황]의 스승으로 삼아 모든 전적을 습득하게 하였다. 이것이 일본에 유풍儒風이 전래된 시원이며, 이로부터 유학이 흥성케 되었다. 그리고 일본 학교교육 역시 여기에서 시작되었다. 또한 그는 함께 데리고 간 기술자를 활용하여 토지와 전답을 개발하여 생산력의 획기적인 제고를 꾀하였으며, 말의 사육을 장려하여 교통과 운수 등에도 개혁을 가져와 고대 산업을 크게 발전시켰다.

왕인 박사가 정착한 가와치국의 후루이치군古市郡은 고대 시기 유력한 정치적 거점이었다. 세토나이瀨戸內 항로는 대외관계에 중요한 코스로서 오사카만大阪灣에서 야마토국大和國으로 통하는 길목이며, 정치·문화 및 경제적 위치가 매우 높이 평가되는 곳이었다. 일본 고대국가 형성의 요람지인 이곳을 왕인 박사는 활동의 본거지로 삼고 있었던 것이다.

그리고 이 지역 일대를 중심으로 4세기 말부터 거대한 왕묘를 중심으로 한 고분군이 만들어졌는데, 대표적인 것이 후루이치古市 고분군과 모즈百舌鳥 고분군이다. 바로 고분시대 중기의 시작인 것이다. 일본 고고학계에서는 고분시대 중기를 이전과 전혀 다른 양상을 보이는 시기로 설명하고 있다. 그 새로운 양상은 획기적인 선진 문물의 도입으로 설명할 수 있는데, 왕인이 도래하여 활약한 시기를 기점으로 새로운 변화가 일어났음이 고고학적으로도 증명되고 있는 것이다. 즉, 왕인 박사로 대표되는 바 4세기 후반부터 한반도에서 건너온 도래인渡來人들은 일본 고대국가 형성에 결정적인 역할을 하였던 것이다.

후미노비토文首 씨들의 조상인 왕인 박사가 세상을 떠난 뒤 그의 위업을 전승한 자는 가와치국에 정착했던 그의 후예 가와치노후미였다. 그러나 왕인 박사를 시조로 한 씨족은 결코 하나만이 아니었다.

후미文 씨는 고대에 두 갈래가 있었다. 하나는 야마토노아야노이타이東漢直라 칭하여 황실 동쪽에 있는 야마토국 다케치高市郡를 본관으로 하고 있고, 다른 하나는 서쪽에서 자리 잡고 있어서 가와치노후미라 칭하는데 본관은 가와치국이다. '후미文' 씨는 뒤에 '후미書' 씨로 개칭하였다. 이 외에 왕인의 후예로서 가와치노후미 씨계의 성씨는 가와치노후미西文·다케후武生·구라藏·후나船·츠

津·후지이葛井 등이 있다. 이들은 야마토 조정의 문필과 외교·군
사 등 각 분야에서 활약하였다.

왕인 박사의 후예들은 불교계에도 진출하여 도쇼道昭·지쿤慈
訓·교슌慶俊 등과 같은 명승들이 속출하였다. 특히 설법과 사회사
업을 병행한 생활불교를 펴 민중의 구제자로 이름 높았던 7세기
대의 교키行基大僧正도 왕인의 원손遠孫이었다.

4세기 후반 왜에 도래한 왕인 박사와 그 후손들은 일본 고대 문
화의 꽃이라고 일컫는 아스카飛鳥 문화와 나라奈良 문화의 창조에
중요한 부분을 담당하였다. 그리고 그 뿌리는 오늘날에도 일본 문
화 곳곳에서 살아 숨쉬고 있는 것이다.

그 동안 고대 한일관계사는 진실 그대로 알려지기보다 '임나일
본부설任那日本府說'로 대표되듯이 근대 일본 제국주의에 의해 왜곡
되었음은 두말할 것도 없다. 최근 양심 있는 양국 학자들의 연구
노력에 의해 왜곡된 부분이 점차 개선되어가고 있기는 하지만, 고
의적 왜곡과 무관심으로 아직도 많은 부분이 베일에 가려 있다.
왕인 박사에 대한 관심과 연구도 일본인들만의 몫일 수는 없다.
그 업적을 적극적으로 발굴하고 알려야할 의무는 오히려 우리에
게 있는 것이다. 1,500여 년 전 조국을 떠난 왕인 박사를 비롯한
당시의 문화 전수자들이 더 이상 '귀화인'으로 불리지 않도록 하
기 위해서도 우리의 관심과 깊이 있는 연구가 필요할 때이다.

──────── 참고문헌 ────────

金達壽, 『日本の中の朝鮮文化』, 講談社, 1972.

金貞淑, 「百濟文化의 海外傳播 －王仁」 『韓國人物五千年』 1(古代의
　　　人物), 日新閣, 1978.

金昌洙, 『왕인 박사－일본에 심은 한국－』, 창명사, 1975.

김병인, 「왕인의 ‘지역 영웅화’ 과정에 대한 문헌사적 검토」 『한국사연
　　　구』 15, 2001.

문안식, 「왕인의 도왜와 상대포의 해양교류사적 위상」 『한국고대사연구』
　　　31, 2003.

이경재, 『일본 속의 한국문화재』, (주)미래M&B, 2000.

홍상인, 『왕인』, 웅진문화, 1991.

井上秀雄, 『古代東アジアの文化交流』, 溪水社, 1996.

千寬宇, 『人物로 본 韓國古代史』, 正音文化社, 1987.

平野邦雄, 『歸化人と古代國家』, 吉川弘文館, 1993.

왜의 오왕들은 왜 고구려를 증오하였는가

이 재 석(고려대학교)

◦ 5세기 왜왕들의 고구려에 대한 경계 의식

5세기 초 왜국은 3세기 중반 이래로 한동안 단절되어 있던 중국 왕조와의 외교적 교섭을 재개하였다. 『송서宋書』에 보이는 소위 '왜倭의 오왕五王'으로 알려져 있는 왜왕 찬讚·진珍·제濟·흥興·무武 다섯 왕이 그 주인공이다. 왜왕들의 대중국 외교는 결과적으로 당시 남조南朝의 왕조 송(427~478)과의 교섭에만 편중되는 특징을 보이는데, 『송서』 왜국전의 기록은 5세기 왜국을 이해하는 데 있어서 대단히 귀중한 사료이기 때문에 당시 왜국의 국제관계사 및 왕권발달사 문제와 관련하여 이전부터 많은 관심을 모은 바 있다. 예를 들어 '사지절도독·왜·백제·신라·임나·가라·진한·모한칠국제군사안동대장군왜국왕'이라는 왜왕들의 자칭 칭호가 단적으로 시사하고 있듯이 그들의 외교 기록은 어찌됐든 당시 한반도 제국諸國과도 무관하지 않은 형태로 남아 있으며, 특히 왜왕 무는 『일본서기』 속의 오하츠세노와카다케大泊瀬幼武天皇(유라쿠雄略천황)으로서 사이타마현埼玉縣 이나리야마稻荷山 고분에서 출토된 철검명문 속의 '와카다케루' 대왕과도 동일인물이라는 인식이 일본 학계에서 정설로 자리 잡게 되면서 현재는 5세기 말의 그의 치세가일본 고대에서 매우 획기적인 시대였다는 점이 강조되고 있다.

그런데 당시의 왜왕들은 고구려에 대하여 매우 적대적인 감정을 가지고 있었다. 그것을 단적으로 보여주는 것이 『송서』 왜국전에 실려 있는 478년 왜왕 무가 바친 상표문이다. 전문을 소개하면다음과 같다.

> 封國偏遠, 作藩于外. 自昔祖禰, 躬擐甲冑, 跋涉山川, 不遑寧處.
> 東征毛人五十五國, 西服衆夷六十六國, 渡平海北九十五國. 王道融
> 泰, 廓土遐畿. 累葉朝宗, 不愆于歲. 臣雖下愚, 忝胤先緖. 驅率所統.
> 歸崇天極. 道遙百濟裝治船舫. 而句驪無道圖欲見呑. 掠抄邊隸虔劉
> 不已. 每致稽滯以失良風. 雖曰進路或通或不. 臣亡考濟, 實忿寇讐
> 壅塞天路, 控弦百萬, 義聲感激, 方欲大擧. 奄喪父兄, 使垂成之功,
> 不獲一簣. 居在諒闇, 不動兵甲, 是以堰息未捷, 至今欲鍊甲治兵, 申
> 父兄之志, 義士虎賁, 文武效功, 白刃交前, 亦所不顧. 若以帝德覆
> 載, 摧此强敵, 克靖方難無替前功. 竊自仮開府儀同三司其余咸仮授
> 以勸忠節.

여기서 왜왕 무는 선조들의 정복 활동("동으로는 모인毛人을 정복하기를 55국, 서로는 중이衆夷를 복속시키기를 66국, 바다를 건너 해북海北의 95국을 평정하였습니다")을 거론하는 한편 왜국의대송對宋 조공을 방해하는 고구려의 무도함을 규탄하고 있다. 그리고 그는 이미 자신의 부형父兄인 왜왕 제와 홍의 시대에 고구려를 정벌하려고 준비하였다는 점을 언급하면서 아울러 이제 자신도 본격적으로 고구려 정벌에 나설 것임을 피력하고 있다. 위의 상표문 내용대로라면 그야말로 부자 2대에 걸쳐 대고구려 정벌 준비가 이루어지고 있었던 셈이 된다.

게다가 5세기 왜왕들은 대송 외교에서 왜국뿐만이 아니라 고구려 이남의 한반도 전역(제주 지역은 제외)에 걸친 군사권을 자칭하며 이것을 정식으로 승인해줄 것을 송조에 요청하고 있었다. 『송서』왜국전에 보이는 "사지절도독왜백제신라임나진한모한육국제군사안동대장군왜국왕使持節都督倭百濟新羅任那秦韓慕韓六國諸軍事安東大將軍倭國王 혹은 사지절도독왜백제신라임나가라진한모한칠국제군사안동대장군왜국왕使持節都督倭百濟新羅任那加羅秦韓慕韓七國諸軍事安東大將軍倭國王"이 그것이다. 이것은 간단히 말하자면 왜倭뿐만이 아니라 백제百濟·신라新羅·임나任那·가라加羅·진한秦韓·모한慕韓 등 합계 칠국七國의 군사권을 도독都督하고 있는 안동대장군安東大將軍이자 왜국왕倭國王이란 의미이다. 이러한 군사권 칭호 청구가 어떤 의미를 가지는 것이며 또한 왜왕들의 의도가 무엇이었는가에 대해서는 여러 가지 해석이 있으나, 적어도 이러한 행위 자체가 고구려를 강하게 의식한 것이란 점에 대해서는 이론異論이 없다.

○ 대고구려 적대감의 기원

그런데 5세기 왜의 왕들은 왜 이렇게 고구려에게 적대감을 품고 정벌 운운할 정도로 긴장하고 있었던 것일까? 필자는 그 배경으로서 역시 광개토왕 비문에 보이는 고구려와 왜의 전투에서 비롯되었다고 보는 것이 가장 합당하다고 생각한다. 왜냐하면 이 교전 건을 제외하고서는 왜국의 왕들이 고구려를 적대시하여야 할

이유를 발견하기 어렵기 때문이다. 주지하는 것처럼 비문에는 왜
와 관련하여 다음과 같은 기사가 보인다.

ⓐ 百殘新羅舊是屬民由來朝貢而倭以辛卯年來渡海破百殘□□□
　羅以爲臣民 〈소위 신묘년조〉

ⓑ (영락 9년) 百殘違誓與倭和通王巡下平穰而新羅遣使白王云倭
　人滿其國境潰跛城池以奴客爲民歸請命太王 (하략) 〈백제와 왜
　의 화통 및 왜의 신라 침입〉

ⓒ (영락 10년) 敎遣步騎五萬往救新羅從男居城至新羅城倭滿其中
　官軍方至倭賊退…自倭背急追之任那加羅從拔城城卽歸服安羅
　人戍兵拔新羅城□城 (하략) 〈고구려와 왜－가야의 전투〉

ⓓ (영락 14년) □倭不軌侵入帶方界□□□□□石城□連船□□□
　□□□□□□平穰□□□□相遇王幢要截盪刺倭寇潰敗斬殺無
　數 〈왜의 대방계 침입〉

위의 비문 내용을 통하여 우리는 왜가 한반도 남부로 출병하였
다는 점(ⓑⓒⓓ), 가야 세력이 왜병과 연대하여 반反고구려－신라
라인에 가담하고 있었다는 점(ⓒ), 그리고 이 가야－왜 세력의 배
후에 백제가 있었다는 점(ⓑ) 등을 알 수 있다. 그리하여 전체적으
로 4세기 말 5세기 초의 고구려와 백제의 전쟁은 고구려－신라
연합 라인과 백제－가야 제국－왜 연합 라인의 대결로 전개되고
있었음이 이 비문을 통하여 알 수 있다.

종래 광개토대왕 비문 속의 왜에 관한 연구에서 가장 문제가 되
었던 것은 『일본서기』에 나오는 진구神功황후의 삼한 정벌 전승을
연상시키는 소위 신묘년 기사(ⓐ)였으나, 비문 구조 속에 이 기사가
배치된 이유와 의의 및 그 내용의 신빙성에 대해서는 이미 기존의
연구에서 해명된 것처럼 역사적 사실과 별개의 차원으로 생각되는
문제이기 때문에 여기서 다시 재론할 필요는 없을 것이다.

그런데 왜는 영락 9~10년과 동 14년에 있었던 두 번의 일련의 전투에서 참담한 패배를 당하였다. 고구려 군대 '보기오만步騎五萬'(ⓒ)이 동원되었다거나 '왜구궤패참살무수倭寇潰敗斬殺無數'(ⓓ)라는 표현에는 고구려 중심의 과장된 면도 있었는지 모르나 실제 왜군이 받은 타격은 상당하였을 것으로 추정된다. 따라서 어떤 형태로든 이 전투에 참가하였던 왜군들에게 고구려에 대한 적개심이 쌓여갔을 것임은 지극 당연하고도 충분히 예상되는 일이다. 그리고 이 감정은 곧 그들을 파견하였던 왜국 내부의 파견 주체 세력들에게도 공유되는 것이었다고 봐도 무방할 것이다.

광개토왕 비문의 내용에서 위와 같은 사항이 추정 가능하다면, 그 연장선상의 일로서 앞의 5세기 왜왕들의 반고구려 의식이 표출되어 나타났다고 보면 논리상 무리가 없다. 적어도 필자는 양자는 서로 연결된 내용이라고 보는 것이 가장 자연스럽다고 생각한다.

그런데 왜는 왜 한반도에서 벌어진 전쟁에 참전하였던 것일까? 만약 왜가 이 전쟁에 참가하지 않았더라면, 그래서 고구려와 싸워 패전의 기억을 갖지 않았더라면, 아마도 5세기 왜왕들이 그렇게 고구려를 규탄해야 할 까닭도 없었을지도 모른다. 그러나 일은 그렇게 진행되지 않았다. 종래 왜의 출병 이유에 대해서는 왜의 한반도 남부 지배에서 구하는 견해도 있었다. 이것은 소위 임나일본부설로 대표되는 과거 일본 학계의 전통적인 통설이었다. 그리고 오늘날 일반적으로 유통되고 있는 견해로서는 고구려 세력의 남하로 인해 한반도 남부 특히 가야 지역으로부터 철 자원 등의 수입이 곤란하게 된 사정에서 구하는 학설을 들 수 있다. 이 견해는 과거처럼 직접적으로 지배의 문제를 언급하고 있지는 않으며 주로 교역의 문제에 더 큰 비중을 두고 접근하고 있는 점이 특징이다. 게다가 앞에서 언급한 왜왕들의 고구려 정토 계획에 대해서도 이러한 이유의 연장선상에서 설명되고 있는 것이 보통이다. 주로 고구려의 세력 남하 자체가 왜국에게는 위협이었다는 견지에서 4~5세기의 문제를 바라보고 있는 것이 일본 학계의 일반적 설명이라고 해도 좋을 것 같다.

물론 고구려의 세력 남하가 왜국에게 위협을 주었다는 것은 틀린 것은 아니라고 생각한다. 특히 광개토왕의 군대와 전쟁을 경험한 이후의 현실 상황에서, 과거 파병과 관련되어 있던 왜국 내부의 지배층들이 왜국의 주된 위협 세력으로서 고구려를 의식하고 있었다는 것은 충분히 그럴 수 있는 일이다. 하지만 모든 문제의 발단을 고구려의 남하에서 구하는 것은 잘못이라고 생각한다.

예를 들어 광개토왕 비문에 보이는 전쟁에 왜국이 참가하게 된 이유까지 고구려의 남하 때문이라고 말하기는 어렵다고 생각한다. 즉, 고구려의 남하로 인해 한반도 남부 특히 가야 지역으로부터 철 자원 등의 수입이 곤란하게 되었다는 상황을 상정하여, 그러한 연유로 왜국의 출병이 이루어졌다고 이해하는 견해는 실증과 논리 양면에서 문제점을 안고 있다. 즉, 먼저 실증의 측면에서 가야로부터의 철 수입이 어렵게 되었다는 사실을 입증하기가 쉽지 않다는 것이다. 그리고 또한 논리의 문맥상 선후 관계가 전도되어 있다고 생각하기에 타당하지 않다고 생각한다. 왜냐하면 위의 논리는 ①고구려의 남하⇒②철 자원 등 문물 유입이 곤란해지는 상황의 발생⇒③출병의 단행 등으로 이루어져 있는데 설사 백보 양보하여 가야 지역으로부터 자원 유입을 곤란하게 할 정도로 고구려 세력의 남하가 한반도 남부에까지 미치고 있었다고 가정하더라도 그것은 왜군의 출병으로 인해 결과적으로 가야 지역까지 고구려와의 전쟁에 휘말리게 된 탓에 그렇게 된 것이지 그 역은 아니다. 고구려 세력으로 하여금 낙동강 유역에 출현하게 만든 직접적인 동기 제공은 바로 왜의 출병이었던 것이다. 만약 왜가 신라를 공격하는 사건이 발생하지 않았다면 신라가 고구려에게 구원을 요청하는 일도 발생하지 않았을 터이고, 그렇게 되면 고구려 군대가 한반도 최남단에까지 일부러 내려와야 할 이유도 없었을 것으로 추정된다. 고구려군의 한반도 남부로의 진격은 당초 예정에는 없었던 군사 행동으로 보이며 그것은 어디까지나 신라의 구원 요청이라는 돌발적 상황 전개에 대한 적극적 대응이었던 것이다. 이상과 같은 이유로 고구려의 남하를 전제로 왜군의 출병 논리를 강구하는 것은 잘못이라고 생각하는 것이다.

왜의 참전 이유는 백제와의 관계에서 그 해답을 구해야 한다. 대고구려 전쟁에 왜를 끌어들인 것도 백제이고, 왜의 전투 수행 과정 또한 백제와의 연대를 전제로 하고 있었다. 이것은 예를 들어 왜의 대방계 침입이 왜군의 독자적 작전으로 이루어질 수 있는 사안이 아니라는 점에서도 극명하게 드러난다. 6세기에 보이는 백제와 왜의 관계는 백제의 선진 문물 제공과 왜의 군사적 지원이 상호 교환되는 일종의 용병관계로 이해되고 있는데 이러한 관계의 선구적 형태가 바로 비문에 나타난 4세기 말 5세기 초의 양국관계였다고 생각한다.

◦ 5세기 왜왕들의 주장과 현실

한편, 5세기 왜왕이 천명하고 있는 고구려에 대한 정벌 주장은 얼마만큼 현실성이 있는 것이었을까? 대고구려 정벌 주장 자체는 충분히 있을 수 있는 일이다. 그것은 앞에서도 언급한 것처럼 패전 당사자이기도 한 왜국의 입장에서 본다면 그에 대한 복수를 표명하는 것은 어찌 보면 자연스러운 일이기도 할 것이다. 그러나 그것이 과연 현실적으로 가능한 일이었는가 하는 점은 별개의 문제이다.

　그 현실적 가능성은 높지 않았다. 왜냐하면 한반도에서의 세력 구도가 변하였기 때문이다. 고구려 정벌이란 처음부터 왜국 혼자의 힘으로는 달성될 수 없고 백제와 연대가 필수불가결한 것이었다. 다시 말해 실제 고구려 정벌이 단행되느냐 못 되느냐의 주도권을 쥐고 있었던 것은 백제였다는 것이다. 그런데 백제는 대고구려 대항 전선에서 새로운 파트너를 선택하였다. 그것이 바로 신라로서 소위 나제동맹羅濟同盟의 결성(성립 시기는 433년 이후 455년 이전의 어느 시점으로 생각됨)이 그것이다. 나제동맹의 성립은 과거 광개토왕 시절의 역학 구도에 근본적인 변화를 초래하였다. 즉, '고구려—신라 연합 라인 대 백제—가야 제국—왜 연합 라인'이 나제 동맹의 성립으로 인하여 '고구려 대 백제—신라—가야 라인'을 주축으로 하는 새로운 대립구도가 생겨난 것이다.

　나제 동맹의 성립은 과거와 같은 왜의 한반도에서의 대고구려 군사 활동 가능성을 결과적으로 소멸시키는 결과를 가져왔다. 나제 동맹의 결성이란 반고구려 전선에 신라가 가담하기 시작한 것을 의미하지만 한 가지 특징적인 점은 왜왕이 배제된 형태로 가시화되었다는 것이다. 과거처럼 신라가 고구려 라인에 가담해 있을 때에는 백제는 왜의 도움이 긴요하였으나 이제 상황이 바뀌어 신라와 군사적 공조가 가능해진 이상 구태여 바다 건너 왜의 세력을 끌어들일 필요가 그만큼 줄어들었다. 게다가 실제 나제 동맹만으로도 반고구려 전선이 충분히 기능하며, 또 고구려의 압력을 막아내는 데 성공하고 있으면 왜를 개입시킬 필요는 더욱 사라지게 되는 것이다. 그런 점에서 나제 동맹은 왜가 한반도 정세에 직접적으로 개입할 수 있는 조건을 약화시키는 역할을 하였다고 할 수 있다.

종래 나제 동맹을 바라보는 일반의 관점은 주로 한반도의 상황 자체에 초점을 맞춰 삼국의 정치 군사적 관계 속에서 바라보는 것이었다고 할 수 있을 것이다. 물론 이러한 시점은 기본적으로 타당하다고 생각한다. 그런데 앞에서 언급한 것처럼 나제 동맹의 성립이 한반도의 역학 관계에 중대한 변화가 일어나기 시작하였음을 의미한다면 그것은 당연히 왜국에게도 무언가 영향을 미치는 것이었음에 틀림없다. 왜냐하면 왜국도 한반도의 역학 관계에 한 축을 담당하고 있었기 때문이다. 따라서 나제 동맹의 성립과 그것이 가지는 의미는 비단 한국 고대사 안에서 해소되고 마는 문제가 아니라 왜국을 포함한 동아시아 국제 관계사의 차원 속에서 바라볼 필요가 있을 것이다.

한편, 이렇게 실현 가능성이 별로 없는 왜 왕의 고구려 정벌 주장이었지만 그렇다면 왜 왜 왕은 이런 주장을 계속하였을까? 거기에는 상당한 정치적 의도가 있었다고 생각된다.

당시의 왜국은 소위 '전국적 수장 연합 체제'였다고 일컬어지고 있다. 즉, 당시의 왜 왕권은 전국적인 호족 연합 체제에 의거하여 성립된 정권으로서, 왜 왕은 열도 각지의 지역 수장들이 자신들의 재지 사회의 재생산 구조 유지를 위해 필요한 철 자원 및 위신재 등 각종 선진 문물을 한반도 남부 등지로부터 들여와 이들에게 배분하면서, 한편으로는 군사적 지도자로서 이들에 대하여 구심력과 통솔력을 유지해가는, 말하자면 일종의 '수장연합정권首長聯合政權'으로서의 성격이 강하였다는 것이다. 이러한 정권 구조 하에서의 왜왕들은 자체적인 내정內政 기반을 충분히 갖추지 못하고 있었기 때문에 오히려 외정外政의 결과 여부에 따라서는 왕가王家

의 교체도 일어날 수 있는 허약성을 내포하고 있었다.

과거 한반도에 출병하였을 당시의 왜군의 편성도 이러한 체제에 의거하여 여러 지역 호족 층의 주도 하에 동원되었을 것으로 추정되는 만큼 야마토 지역만의 군대가 아닌 일종의 지역연합군地域聯合軍의 성격이었던 것으로 생각된다. 따라서 왜인 사회 내부에서는 고구려 군대와 수차례에 걸친 교전의 경험과 기억이 일정 부분 공유되고 있었다고 생각된다. 이 기억에 부응하여 왜 왕이 반고구려 노선의 맹주임을 자처하는 것은 적어도 왜인 사회 내부에서는 왕권의 권위를 드높이는 것으로 기능할 수 있었던 것으로 생각된다. 왜 왕은 그러한 성격의 자칭 칭호를 사용함으로서 자신의 존재감 내지 무게감을 호소하고 있었던 것이다. 그리고 이런 관점에서 보면 고구려에 대한 정벌의 당위성을 강조하는 것도 왜인 사회에서는 나름대로 의미 있는 정치적 행동이었다는 것이 금방 이해될 수 있을 것이다.

전국적 수장 연합 체제의 정점에 서있었던 왜 왕은 대고구려 전쟁의 경험을 계기로 이러한 지배 체제의 결속을 도모하고 강화하기 위해서라도 반고구려 노선의 맹주임을 자처하는 편이 정치적으로 매우 유리하였으며, 또한 결과적으로 왜 왕의 권위가 높아지는 효과도 있었다. 그런 점에서 필자는 왜 왕의 주장은 '국내용'이었다고 평가할 수 있지 않을까 한다.

하지만 일본열도를 벗어난 세계는 왜 왕의 기대와는 별개였다. 한반도의 여러 국가 사이에서 왜국이 대고구려 대항 전선의 맹주로 인식되고 있었다는 증거는 없고, 또한 송이 평가한 왜 왕의 국제적 지위도 고구려 왕이나 백제 왕보다 아래였다. 왜 왕의 주도성이란 국제사회에서는 인정받지 못하였던 것이다.

한편, 6세기 이후 한반도와 일본열도에는 많은 상황의 변화가 일어났다. 한반도의 경우 가장 두드러진 현상은 신라의 급속한 대두와 백제의 자신감 회복이라고 할 수 있다. 지증왕－법흥왕－진흥왕으로 이어지는 6세기의 신라는 신흥 강국으로서 그 면모를 새롭게 하고 있었다. 그리고 백제의 경우도 무령왕이 대중국 외교 무대에서 스스로 강국 선언을 천명할 정도로 대고구려 관계에서 자신감을 회복하고 있었다.

왜국에서는 478년 왜 왕 무의 대송 외교를 마지막으로 이후 왜국과 중국 왕조의 외교 관계는 581년 수나라의 건국 이후 외교 관계가 다시 재개되기까지는 더 이상 나타나지 않았다. 그리고 왜의 오왕 시대의 주역인 5세기의 대왕가大王家는 6세기에 들어오면서 몰락하게 되고, 그를 대신하여 케이타이繼體천황을 중심으로 한 새로운 대왕가가 등장하였다. 소위 케이타이신왕조繼體新王朝의 성립이 그것이다. 이후 왜국에서는 과거와 같은 '전국적 수장 연합 체제'에서 벗어나 야마토 지역의 우위성을 전제로 한 전국적 지배 체제가 본격적으로 마련되기 시작하였다.

이러한 상황 변화와 함께 왜국 내에서 적어도 과거처럼 왜국이 적극적으로 고구려 정토 운운하는 행위는 소멸되어 갔다. 그리고 6세기 중반에는 고구려와 처음으로 공식 수교하는 관계로까지 나아가게 된다.

———————— 참고문헌 ————————

김현구, 『大和政權の對外關係研究』, 吉川弘文館, 1985.

이재석, 「5세기 백제와 倭國의 관계」, 「百濟研究」 39, 2004.

이재석, 「5세기 倭王의 대남조외교와 통교 단절의 요인」 『일본역사연구』 13, 2001.

이재석, 「宋書 倭國傳에 보이는 倭王(武) 上表文에 대한 검토」 『신라문화』 24, 2004.

鈴木英夫, 「倭の五王時代の內外の危機と渡來系集團の進出 – 高句麗征討計劃の意義 – 」 『古代の倭國と朝鮮諸國』, 靑木書店, 1996.

仁藤敦史, 「ヤマト政權の成立」 『日本史講座 第一卷 東アジアにおける國家の形成』, 東京大學出版會, 2004.

일본 국보 1호는 누가 만들었나?

정 효 운(동의대학교)

○ 쌍둥이 반가사유상의 수수께끼

일본 교토의 우즈마사太秦에 있는 고류사廣隆寺라는 절에는 나무로 만든 2구의 불상이 안치되어 있다. 침울하면서 우는 듯한 모습을 하고 있기 때문에 '우는 불상'으로 불리는 한 구의 미륵반가상이 있고, 이와는 달리 소박하면서도 단순한 모양을 하고 있지만 한일 고대 불교미술사에서 많은 논쟁을 불러일으키고 있는 또 한 구의 미륵반가상이 있다. 이 불상은 1960년대의 어느 날 그 아름다움에 반한 한 학생이 불상의 오른쪽 새끼손가락을 깨물어 잘라버린 사건이 발생하면서 일반인의 관심을 끌게 되었고 이 불상을 수리해야 한다는 여론이 거세지면서 더욱 유명해졌다.

1897년(메이지 30)에 일본의 국보 1호로 지정된 이 불상은 여러 가지 이름으로 불리고 있다. 머리에 쓴 관 때문에 보관寶冠이란 명칭이 붙었고, 오른발을 왼쪽 무릎 위에 올려놓고 둥근 의자에 걸

△ 우리나라 국보 83호인
금동미륵반가사유상

터앉아 있는 형식을 취하고 있기 때문에 반가상半跏像으로, 오른쪽 손을 들어서 손끝에 턱을 살며시 대고 깊은 생각에 잠겨 있는 모습을 하고 있기에 사유상思惟像이라고도 불린다. 또한 이 불상을 미륵보살로 추정하고 있기 때문에 정식으로는 보관미륵보살반가사유상寶冠彌勒菩薩半跏思惟像으로 불러야 하지만 일반적으로는 고류사 반가사유상, 보관미륵, 보관반가사유상 등으로 불린다.

그런데 이 반가사유상에 대한 연구가 일본 학자들에 의해 지금까지 약 100여 년에 걸쳐 논의되어온 것은 한국의 국립중앙박물관에 소장된 국보 83호인 금동미륵반가사유상과 외관상 너무 닮았기 때문이다. 다시 말해 이 두 반가사유상은 만든 재료가 일본 것은 나무이고 한국 것은 금동이라는 재질의 차이가 있을 뿐, 양식이나 형식적인 면에서 그리고 조형적인 감각에서도 매우 닮았기 때문에 삼국시대 한국에서 전래되었을 것이라는 견해가 아직도 제기되고 있는 것이다.

현재의 모습을 보면 상체는 벗은 상태로 하반신은 치마를 두르고, 오른쪽 다리를 들어 왼쪽 무릎 위에 올려놓았으며, 오른손을 얼굴에 댄 채 사유하는 반가좌의 자세로 의자에 앉아 있다. 그러나 이 상은 여러 차례 수리를 하면서 원래의 모습과 상당히 다르게 변형되었다고 한다. 에도시대에는 새롭게 장신구를 붙이는 수리를 하다. 1904년(메이지 37)에는 흉하게 바랜 건칠乾漆 부분을 제거하여 지금과 같은 나무결이 보이는 상태가 되었다고 한다. 따라서 수리하기 전에는 호류사法隆寺의 백제관음상과 같이 건칠 채색을 했을 것으로 추측된다. 또한 수리할 당시 몸체의 일부에 금박

이 남아 있었던 점으로 미루어 보아 원래는 금분이 칠해졌을 것으로 보인다. 얼굴 부분도 보수할 때 떠놓은 보살 머리의 석고 원형으로 미루어 볼 때 지금의 갸름한 모습과 달리 둥근 얼굴을 하고 있었다고 추정되기에 오른쪽 손가락 끝이 뺨에 닿아 있었을 가능성이 상당히 높다고 한다.

이 불상은 좌고坐高가 83.3cm이고 재료는 대좌를 포함한 전체가 한국에서 많이 자생하는 적송赤松으로 되어 있다. 이 점은 현존하는 일본의 아스카飛鳥 (5~6세기)·하쿠호白鳳(7세기) 시대의 목조불이 모두 녹나무樟木로 만들어져 있기 때문에 한국 전래설을 뒷받침하는 증거로 이용되기도 한다.

그러나 현재 한국에는 삼국시대의 목조불이 남아있지 않기 때문에 재료의 특이성만으로 제작지가 한국이라고 단정하기에는 어려움이 있다. 만약 삼국시

△ 일본 국보 1호인 고류사 반가사유상

대 한국에서 제작된 것으로 본다면 유일한 목조불木造佛의 예가 되는 것이고, 일본에서 제작되었다는 주장이 타당성을 가진다면 예외적인 목조불이 되는 셈이다.

또한 제작 기법 면에 있어서도 당시의 일본 불상이 대부분 본체를 여러 조각으로 나누어 붙이는 형식으로 제작되었던 점에 비해, 이 불상은 머리 위에서부터 대좌에 이르기까지 통나무를 파고 들어가는 기법을 사용하고 있다. 일본 초기의 목조반가상은 조각이 일반적으로 나무의 바깥 부분부터 안쪽으로 조각하여 들어가는 방법을 취하고 있다고 한다. 그러나 이 불상은 이것과 달리 나무가 건조되어 갈라지는 것을 방지하기 위해 나무의 중심 부분에서 조각을 시작하여 속을 많이 파내는 방법을 사용하였던 것이다. 이와 같이 고류사 반가사유상은 제작과 기법에 있어 일본의 아스카시대 조각과 다른 특징을 보이고 있기 때문에 제작지를 둘러싸고 많은 논란을 불러일으켜 왔다.

◦ 일본인가 한국인가

그러면 고류사 반가사유상을 둘러싼 연구와 그 문제점은 무엇일까? 이 상에 대한 연구 성과는 문헌적 고증 연구와 미술사적 양식론에 의한 연구로 살펴볼 수 있고 시기적으로는 해방(1945)을 기준으로 그 이전과 이후로 구분하여 살펴볼 수 있다. 이 상에 대한 연구는 1830년대부터 시작되었으나 초기의 연구는 단편적이며 불상에 관한 기록을 통해 연대를 고증하는 성격에 머물렀다. 양식론에 입각한 연구에서는 고류사에 안치된 또 하나의 보계머리를 한 반가사유상과의 비교를 통해 이들 불상이 백제에서 전래된 불상이란 설과 고대 한국 기술의 영향 하에 일본 국내에서 만들어졌다는 설, 한국의 금동반가사유상을 제작한 동일 인물에 의해 만들어졌다고 보는 설 등이 제기되었다.

하지만 문헌 고증적 연구든 양식론에 의한 연구든 논쟁의 핵심은 제작지와 제작 시기의 추정에 있다. 전기 연구의 경향은 스이코推古천황 시대를 전후한 시기에 제작되었다고 보는 데에는 이론이 없으나 제작지에 대해서는 한국 전래설보다 일본 국내 제작설이 우세하며, 이 불상이 아스카 양식에서 어떠한 위치를 차지하는가에 중점을 두었다. 이는 연구자의 대부분이 일본인이고 이 불상이 일본의 국보라는 점도 어느 정도 영향을 미친 듯하다.

한편, 1950년대에 이르러 고하라 지로小原二郎 씨가 이들 불상의 재료를 치밀하게 분석한 결과 보관반가사유상이 한국과 일본에 널리 분포하는 적송으로 만들어졌고, 고류사에 함께 안치되어 있는 보계寶髻반가사유상은 한국에서는 자생하지 않는 녹나무로 제작되었다는 논문을 발표하면서 전자는 한국에서 전래된 불상으로, 후자는 일본에서 제작된 불상으로 이해하기에 이르렀다. 이후 한국 연구자의 저변이 확대되고 새로운 반가상들이 발견됨에 따라 한국 학자들도 이 불상에 대해 연구하기 시작하였다. 이들 연구에 의해 제작지를 백제, 신라, 통일신라 등으로 보는 설과 더불어 한국의 금동반가사유상의 모작이라는 설까지 제기되기에 이르렀다.

이처럼 보관반가사유상에 대한 연구는 초기에는 일본 제작설이 우세하였으나 그 재질과 기법상의 연구가 진척되면서 한국 제작설과 일본 제작설이 반반 정도 차지하다가 한국 학자들의 참여가 활발해지면서 지금은 한국 제작설을 지지하는 논문이 많이 나오고 있는 실정이다. 그러나 한국 제작설을 지지하는 학자들 사이에서도 신라에서 만들어졌는지 혹은 백제에서 만들어졌는지 하는 문제에 대해서는 아직 정설이 없는 듯하다.

◦ 신라인가 백제인가

그럼 왜 이 불상이 고대 한국에서 만들어졌다고 보는 것일까? 또한 그렇게 주장하는 근거는 어디에 있을까? 720년에 완성된 일본의 역사서인 『일본서기』에 이 불상과 관계 있다고 추정되는 기록이 보이고 있는데 이를 인용하면 다음과 같다.

> 11월 1일에 황태자(쇼토쿠 태자를 말함)가 모든 대부大夫에게 일러 말하기를 "나는 귀중한 불상을 가지고 있다. 이것을 받아 공손하게 배례할 자가 없는가"라고 물었다. 하타노미야츠 가와카츠秦造河勝가 나아가 "신臣이 배례하겠습니다"라고 하였다. 불상을 받아서 하치오카사蜂岡寺를 만들었다[스이코천황 11년(603) 기사].

> 가을 7월에 신라가 대사 나말지세미奈末智洗彌를, 임나가 달솔 나말지達率奈末智를 보내어 함께 조공하여 왔다. 그리고 불상 한 점과 금탑, 사리를 바쳤다. 또 큰 관정觀頂 깃발 하나와 작은 깃발 12조를 바쳤다. 불상은 가도노葛野의 우즈마사사秦寺에 두고 나머지 사리, 금탑, 관정 깃발 등은 모두 시텐노사四天王寺에 안치하였다[스이코천황 31년(623) 기사].

첫 번째 기사는 603년에 신라가 불상을 보내오자 쇼토쿠 태자가 하타노 가와카쓰에게 하사하였고, 그는 하사받은 불상을 안치하기 위하여 하치오카사를 만들었다는 기록이다. 그런데 623년의 기사를 참고로 하면 하치오카사라는 절이 우즈마사사라는 절과 관련이 있으며, 문제의 반가사유상이 안치되어 있는 고류사가 그 절인 것이다. 따라서 이들 기사를 종합해 보면 지금의 고류사는 603년에서 623년 사이에 만들어졌다는 점과, 불상은 쇼토쿠 태자가 하사한 것과 신라에서 가져온 것의 2구가 안치되었다는 사실을 알 수 있다.

한편, 고류사에는 보관미륵寶冠彌勒이라고도 불리는 국보 1호 보관반가사유상 외에 보계미륵이라 일컬어지는 또 하나의 불상이 안치되어 있다. 이 보계미륵상의 경우 상투 모양의 머리를 하고 그 재료도 한국에서는 자생하지 않은 녹나무라는 점을 들어 일본 하쿠호白鳳 시기의 작품이라고 보는 설과, 얼굴이 그 시대의 다른 상에 비해 침울하고 이국적이며 어깨에 걸친 천의를 소가죽으로 만드는 독특한 수법을 하고 있기 때문에 한국에서 건너온 불상이라는 주장도 제기되고 있다. 이와 같은 상반된 주장이 일본 고대 불교 조각 연구의 논쟁점으로 부각될 수 있었던 것은 스이코천황 시기에 신라로부터 전해진 불상의 형상에 대해 구체적인 설명이 없기 때문이다.

1499년(메이오明應 8)의 무로마치室町 시대에 편찬된 『야마시로주 가도노군 풍야대언향 광륭사 내유기山城州葛野郡楓野大堰鄕廣隆寺來由記』에 의하면 다음과 같이 기록되어 있다.

금동미륵보살상의 좌상 높이는 2척 8촌이고, 스이코천황 11년 계해 백제국이 쇼토쿠태자에게 바쳤다. 태자가 오하리다궁小墾田宮에서 하타노 가와카츠秦川勝에게 하사하였다. 이 상은 영험하고 불가사의하여 공경하고 존숭하는 사람에게 원하는 바가 이루어졌다.

이 사료에 의하면 쇼토쿠태자가 스이코천황 11년(603)에 하타노

가와카쓰에게 하사한 2척 8촌의 금동미륵보살이 고류사의 반가사
유상과 동일한 것이라면 신라의 것이 아니라 백제의 것이라는 이
야기가 된다. 참고로 고류사 반가사유상의 크기가 2척 7촌 6분(높
이 125cm, 좌고 83.3cm)으로 사료에 보이는 수치와 거의 비슷하다.
따라서 지금까지 고류사의 반가사유상이 신라에서 유입되었다는
설과 백제에서 유입되었다는 설이 제기될 수 있었던 것은 이들
사서에 근거를 두고 있는 것이다.

◦ 앞으로 풀어야 할 문제들

이상에서 살펴보았듯이 일본 국보 1호인 고류사의 보관반가사
유상을 둘러싸고 제작 연대와 제작지 등에 관해 여러 가지 주장
이 제기될 수 있었던 것은 한국 국보 83호인 금동반가사유상과
유사하다는 점과 문헌상의 기록 때문이다. 선행 연구와 문헌을 참
고로 하여 생각할 수 있는 것은 보관반가사유상이 신라에서 제작
되었을 가능성이 크지만, 양식적인 측면에서는 백제에서 제작되
었을 가능성도 배제할 수 없다는 점이다. 또한 모작설 등이 제기
되고 있듯이 일본에서의 제작도 연구사적으로 볼 때 전혀 불가능
한 설은 아니다.

그러므로 이들 문제점들을 해결하기 위해서는 우선 『일본서기』
를 비롯한 문헌을 더욱 철저히 검토할 필요가 있다. 문헌상의 기
록들이 고류사에 안치된 현존하는 보관반가사유상과 같은 것인지
아닌지 하는 점을 분명히 밝혀야 할 것이다. 둘째로 이 불상이 한
국에서 전래된 것이라면, 한국에서 출토되고 있는 다른 반가사유

상들을 좀 더 세밀히 비교 분석하여 신라에서 만들어진 것인지 백제에서 만들어진 것인지 하는 점 등을 밝혀야 할 것으로 생각한다.

───────────── 참고문헌 ─────────────

김정학, 「일본 광륭사 미륵반가사유상의 출자」(일문) 『백제와 왜국』, 육홍출판, 1981

이와사키 카즈코(岩崎和子), 「광륭사 보관미륵에 관한 2, 3의 고찰」(일문), 『반가사유상의 연구』, 길천홍문관, 1985.

임남수, 「광륭사 보관미륵에 관한 문제」(일문) 『동양미술사논총』, 웅산각출판, 1999.

홍순창, 「반가사유상과 성덕태자신앙(田村圓澄 저)」 『한일관계연구소기요』, 영남대학교 한일관계연구소, 1974.

황수영, 「백제 반가사유석상 소고」 『역사학보』 13, 서울: 역사학회, 1960.

일본 천황가는 한국계인가

정 효 운(동의대학교)

◦ 고대 한국인은 어떻게 일본에 건너갔을까

한일관계사란 관점에서 한국과 일본의 양국 교섭관계를 개관해
보면, 고대의 적극적 교류, 중세의 소극적 접촉, 근세의 상호교린,
근대 이후의 갈등과 마찰로 요약할 수 있을 것이다. 이러한 양국
관계 때문에 고대란 시기를 한정하여 교섭관계를 고찰할 때에는
그 역사적 사실성보다 양국의 역사적 경험과 주관적 인식의 차이
가 주제에 대한 올바른 이해를 방해하는 요인으로 작용하는 경우
가 많다고 생각한다. 이 글에서는 이러한 사실을 염두에 두면서
가능한 한 객관적 사실을 바탕으로 고대 일본의 천황가가 한국과
어떠한 연관성을 가지는가에 대해 살펴보고자 한다.

지정학적으로 볼 때, 한국과 일본은 인접해 있기 때문에 고대로
부터 인적·물적 교류의 교통이 빈번하게 이루어졌다. 그러나 한
반도와 일본열도는 바다라는 자연적 조건에 의해 격리되어 있어

고대의 경우, 그 교통로는 전적으로 배에 의존할 수밖에 없었기 때문에 조류와 해류, 계절풍 등의 자연조건에 직접적인 영향을 받아왔다. 그러므로 해상교통로는 일정한 시기에 일정한 장소로 한정된 형태로 움직일 수밖에 없었고, 그에 따라 출발지와 도착지가 어느 정도 제약을 받아왔다고 생각한다.

한반도에서 일본열도로 가는 해로를 살펴보면, 첫째, 부산이나 거제도 부근의 남해안에서 대마도와 이키 섬壹岐島을 거쳐 큐슈의 북쪽 해안에 도착하는 루트로서 가장 빠르고 안전한 해로가 있다. 이 해로에 관해서는 3세기 말 중국의 진수陳壽가 편찬한 『삼국지』 「위서」 왜인전에 기록이 남아 있다. 부산에서 대마 섬까지의 최단 거리가 50km 가량이고 대마도의 남단에서 이키 섬까지가 53km, 이키 섬에서 큐슈까지의 거리가 약 20km인 점을 감안하면 항해하면서 관측이 가능하고 유사시에는 피항避港할 수 있는 지형적 이점을 제공하였을 것이다.

둘째, 전라도 지역의 영산강 하구나 섬진강 하구 등의 한반도 서안에서 출발하여 대마 섬을 거쳐 큐슈의 북쪽 해안에 상륙하거나, 남해안의 다도해를 빠져나와 먼 바다로 나가 오른쪽에 제주도를 바라보면서 항해하여 고토五島열도에 도착하거나, 큐슈의 서쪽 해안에 상륙하는 항로도 자주 이용하였을 것이다.

셋째, 울산이나 포항지방의 동해안에서 출발하여 일본 혼슈本州의 시마네현島根縣이나 후쿠이현福井縣 지역에 도착하는 해로를 생각할 수 있을 것이다.

이러한 다양한 해로를 통해 선사시대로부터 한반도에서 일본열도로 많은 이주민이 건너가 고대 일본의 쌀농사 문화인 야요이 문화를 형성하였고 이 문화가 모체가 되어 일본의 고대국가가 만들어졌다. 이 야요이 문화는 기타큐슈北九州에서 시작하여 점차 동쪽으로 퍼져 지금의 오사카, 나라지방을 거쳐 도호쿠東北지방으로 전파되었다. 문화의 전파와 더불어 사람의 교류도 활발하게 이루어졌으며 바다를 건너간 한반도계 사람들과 토착 일본인들은 갈등과 융합을 반복하면서 발전해 갔다.

◦ 일본에서 주요 정치세력으로 성장한 한국계 도래인

이상과 같은 과정을 거치면서 일본열도 내에서는 일정 영역을 지배하는 소국들이 발생하게 되었고, 이들 소국들이 형성과 소멸을 반복하면서 통일국가가 만들어졌던 것이다. 국가의 형성은 그 나라를 통치하는 왕을 만들어내고 왕을 중심으로 한 지배층을 발생시켰기 때문에 일본 천황가의 원류도 이와 같은 상황을 배경으로 만들어졌다고 생각한다. 한국에서 전파된 문화가 고대 일본국가의 저변을 형성하고 그 가운데서 소국이 만들어지면서 천황가가 이루어졌던 것이다. 그러므로 고대 일본 천황가의 형성에 한국계가 영향을 주었다고 보는 것은 무리한 억측은 아닌 것이다. 그러나 일본 고대국가가 기마민족의 정복에 의해 형성되었다는 가설이 설득력을 얻지 못하듯이 대세론적인 설명만으로 일본 천황가가 한국계라고 단정하는 것은 논리적 비약이라고 생각한다.

한편, 일본열도 내의 소국들이 형성되기 이전에 한반도 지역에서도 많은 소국들이 흡수 통합을 거듭하면서 고구려, 백제, 신라, 가야 등의 고대국가가 등장하게 되었다. 한반도 내의 고대국가가 형성됨으로써 각국의 정치적 세력이 해상교통로를 장악하고 시기적·지역적·정치적 요인에 따라 이용을 제한하였다고 보인다.

즉, 고대 한국은 고구려, 백제, 신라, 가야라는 정치적 세력에 의해 나뉘어 있었기 때문에 그 출발지와 도착지는 어느 정도 각국의 정치적 영향을 받을 수밖에 없었을 것이다. 그러나 한반도에서 고대국가가 정립된 이후에도 한국계 이주민이 계속하여 바다를 건너 일본열도로 진출하였다. 이들이 일본 지배층의 유력한 씨족으로 자리를 잡아 나갔던 사실은 9세기 초에 편찬된 『신찬성씨록』의 성씨 가운데 고구려, 백제, 신라의 이주계가 30% 가량을 차지하고 있었던 점에서도 확인할 수 있을 것이다.

이들 한국계의 이주 사실을 『일본서기』를 참고로 하여 살펴보면, 4세기 후반에서 5세기 초에 걸쳐 이주한 대표적인 씨족으로 가와치노후미西文씨, 하타秦씨, 야마토노아야東漢씨가 있는데, 이들은 문자를 사용할 줄 알았기 때문에 주로 기록과 재정, 외교 분야를 담당하였다고 한다. 그 후 5세기 후반부터 중국의 선진 문물을 습득한 백제계, 가야계, 고구려계 등으로 불리는 도래계 이주민들이 건너와 일본의 중앙집권적인 국가제도의 진전과 최초의 귀족문화인 아스카飛鳥문화를 이루는 데 크게 이바지하였다. 또한 일본 고대국가의 사상적 기초를 이루었던 불교를 받아들이고 담당하였던 주역도 이들이었다.

7세기 후반 백제와 고구려가 멸망하자 상류 귀족과 지식인을 비롯한 많은 사람들이 일본으로 망명하여 일본 고대국가 형성에 지대한 영향을 미쳤으며, 이들 후손들도 나라시대를 거쳐 헤이안시대에 이르기까지 일본 고대문화를 완성하는 데 크게 기여하였다. 이런 점에서 볼 때 고대 한국계 이주민들은 일본 내에서 정치적으로 상당한 영향력을 미칠 수가 있었으며 천황가와 밀접한 관계를 유지할 수 있는 위치에 있었다고 할 수 있다.

◦ 일본 천황에게 딸을 시집보낸 한국계 씨족

현재 일본의 천황은 125대 이어지고 있다고 한다. 이는 일본 천황가는 만세일계萬世一系라는 관념 하에서 만들어진 후대의 인식에 의한 것이다. 하지만 앞서 살핀 바와 같이 일본 천황가와 한국계가 관련을 가질 수 있는 시기는 고대라는 시대에 한정된다고 할 수 있다. 따라서 여기서는 종래 고대 일본 천황가와 혈연관계를 유지하였다고 주장되고 있는 유력 씨족인 소가蘇我씨와 구다라노코키시百濟王씨에 대해 살펴보기로 한다.

〈표 1〉 소가씨 가계와 일본 천황가

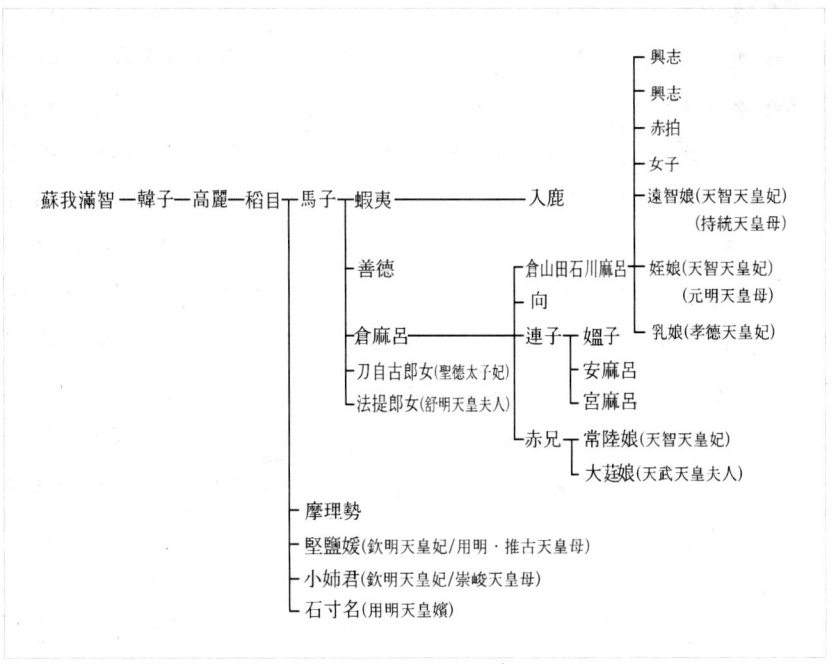

우선 소가씨는 6세기부터 7세기에 걸쳐 중앙정계에서 최대의 권력을 가진 귀족으로 일본 천황가의 외척 세력으로 활약하였던 씨족이다. <표 1>에서 알 수 있듯이 소가씨는 소가만치蘇我滿智를 시조로 하고 있다. 이나메稻目 대에 이르러 장녀인 기타시히메堅鹽媛와 차녀인 오아네노키미小姉君를 29대 긴메이천황에게 시집을 보내어 31대 요메이천황과 33대 스이코천황, 32대 스준천황을 각각 낳음으로써 천황의 외척으로 권력을 장악하였다. 또한 그의 후손인 구라야마다노이시카와마로倉山田石川麻呂도 자신의 딸인 오치노이라쓰메遠智娘와 메이노이라쓰메姪娘를 38대 덴치천황에게 시집을 보내어 41대 지토천황과 겐메이천황을 낳게 하여 역시 천황의 외척으로서 많은 정치적인 영향을 미칠 수 있었던 것이다.

그런데 이 소가씨에 대해서는 한국 이주계란 설과 토착계란 설이 대립하고 있다. 초기에는 이주계 설이 유력하였으나 근래에는 토착계 설도 많은 지지를 받고 있는 듯하다. 이주계 설은 소가야치를 백제의 권신權臣인 목만치木滿致와 동일인으로 생각하고, 또한 그의 아들인 가라코韓子와 손자인 고마高麗가 한국과 밀접한 관계를 가지는 이름을 가지고 있다는 점을 근거로 삼고 있다. 토착계 설에 따르면 이 계보는 후대에 만들어진 것이기 때문에 신빙성이 없다고 하며, 소가씨의 조상이 한국계 이름을 가진 것은 한국 경략에 참가하였던 씨족이었기 때문으로 보고 있다. 그러나 후자의 경우 소가씨가 한국 경략에 참가하였던 사실에 대한 근거가 부족하므로 소가씨를 한국계로 보는 전자가 오히려 설득력이 있다고 생각한다. 그러므로 소가씨가 백제에서 도래한 한국계라는 사실이 틀림없고 계보가 조작되지 않았다면 6·7세기의 일본 천황가에는 한국계의 혈통이 섞였을 가능성이 매우 크다고 할 수 있다.

구다라노코키시의 경우는 계보상 백제의 마지막 왕인 의자왕義

慈王을 선조로 하며, 5대 손인 경복敬福 대에 이르러 그의 딸인 교인教仁을 간무桓武천황의 후궁으로 보냈으며, 그의 아들인 이백理伯도 딸인 명신녀明信女, 혜신녀惠信女, 명본녀明本女를 각각 간무천황의 후궁으로 보내었고 이백의 손자이자 준철俊哲의 아들인 총철聰哲과 교덕教德도 자신의 딸인 진선녀眞善女와 정향녀貞香女를 각각 간무천황의 후궁으로 보내었다(<표 2> 참조). 또한 준철의 또 다른 아들인 교준教俊도 자신의 딸인 경명녀慶明女를 사가嵯峨천황의 후궁으로, 영경녀永慶女를 사가 천황의 아들인 닌묘仁明천황의 후궁으로 보냄으로써 구다라노코키시 씨족의 번영을 꾀하기도 하였다.

한편, 한국계 특히 백제계의 여성을 많은 후궁으로 받아들인 간무천황의 경우, 그가 스스로 "백제 왕족은 짐의 외척이니라"라고 말한 사실로 보아 그의 생모도 백제계의 한국계 여성이었다고 추정하는 설이 있다. 즉, 간무천황은 49대 고닌光仁천황과 백제 무령왕의 후손이라고 전해지는 신립희新笠姬란 여성 사이에서 태어났다는 것이다(<표 3> 참조). 그러나 신립희의 출신에 대해서는 한국계가 아니라는 설도 있기 때문에 향후 많은 연구가 뒤따라야 할 것으로 본다. 아무튼 신립희가 백제계라 한다면 간무천황은 한국계 혈통을 가지고 태어났을 것이며, 이후 그의 아들인 사가천황과 손자인 닌묘천황, 그리고 그 후손도 한국계 혈통과 무관하지 않을 것이다. 따라서 8세기와 9세기의 일본 천황가에는 한국계 혈통이 섞였을 가능성을 부정하기 어렵다고 생각한다.

〈표 2〉 구다라노코키시(百濟王)씨 가계와 일본 천황가

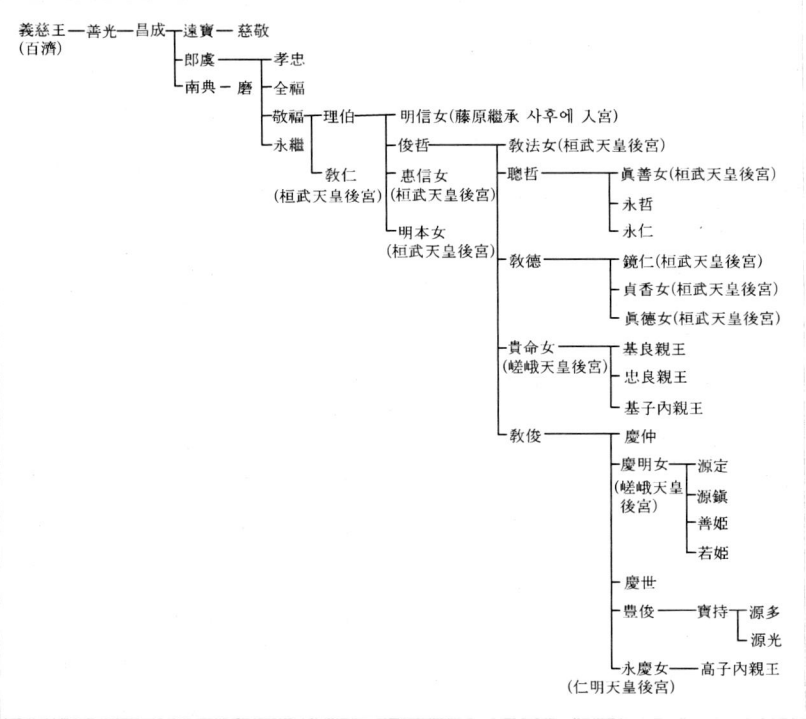

〈표 3〉 간무천황의 계보

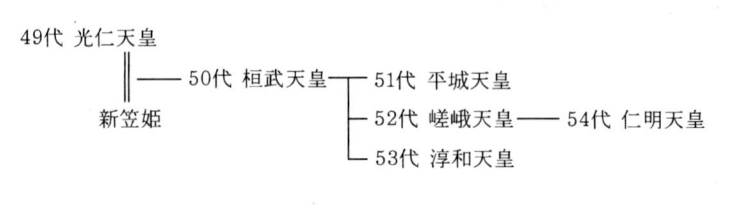

◦ 가능성으로서의 역사

이상에서 고대 한국과 일본 사이의 교류와 관계를 살펴보면서 일본의 천황가에 한국계가 어떻게 관여하였는가에 대해 알아보았다. 야요이 시대 이후 집단적 혹은 개별적으로 한반도에서 이주민들이 해로를 따라 일본열도로 이주하였고, 이주한 도래인들은 각각 일본의 토착민과 미찰과 융합을 거듭하면서 일본 고대국가와 문화를 이루어나갔을 것이다. 이러한 과정에서 한국계와 일본계의 혈연적 결합도 가능하였다고 생각되지만 그들이 일본 천황가와 어떠한 관계를 맺었는가에 대해서는 정확히 알 수 없다.

그러나 기록에 따르면 6세기에서 9세기에 걸친 시기에 한국계인 소가씨와 구다라노코키시씨가 천황가와 혈연관계를 맺으며 발전해왔을 가능성은 매우 크다고 생각한다. 하지만 일본 천황가에 한국계가 포함되어 있었다고 하더라도 그것은 지나간 역사적 사실 이상도 이하도 아니다. 이것을 현대인의 민족적 국가주의 관점에서 아전인수격으로 받아들여 일본인의 경우 무조건 부정하고, 한국인의 경우 이를 과대평가한다면, 역사적 사실은 또 다시 왜곡과 은폐 속에 묻혀버릴 것이다.

──────────────── 참고문헌 ────────────────

이근우, 「환무천황 모계는 무령왕의 후손인가」『한국고대사연구』 26,
    2002.
今井啓一, 「백제왕 경복과 그의 주연」『속일본기연구』 4-10, 1957.
石渡信一郎 저·안희탁 역, 『백제에서 건너간 일본천황』, 지식여행,
    2002.
임동권, 『일본에 살아 있는 백제 문화』, 주류성, 2004.
전영래, 「일본사료, 백제왕가의 후영」『백제논총』 7, 2003.

다카마츠 고분에 묻힌 사람은 고구려계인가

연 민 수(바른역사기획단)

○ 일본 최초의 벽화 고분 발견

1972년 3월 21일 아스카明日香촌의 히노쿠마檜前에서 일본 전역을 흥분의 도가니로 몰아넣은 대사건이 터졌다. 다카마츠츠카高松塚라고 불리우는 한 고분에서 종전에 볼 수 없었던 일본 최초의 벽화고분이 부장품과 함께 발견된 것이다. 이 고분은 직경 약 18m, 높이 약 5m의 원분으로 내부는 응회암의 절석을 짜 만든 횡구식 석곽으로 되어 있다. 석곽의 규모는 폭 1.03m, 길이 2.66m, 높이 1.13m이다. 이 고분은 에도시대에는 몬무文武천황(697~707)릉이 아닌가 추정되어 왔지만 구릉에 위치해 있고 쉽게 눈에 띄지도 않아 일부의 연구자를 제외하고는 그다지 세인의 관심을 끌지 못했다.

발굴 조사에 의해 드러난 주요 특징을 보면, 벽면에 회칠을 한 채화로서 천정 중앙부에 천극오성, 사보사성과 28수의 성진星辰,

동벽에는 일상日像과 청룡, 남녀 각 4인의 인물군상, 서벽에는 월
상月像과 백호, 남녀 각 4인의 인물군상, 북벽의 중앙에 현무의 벽
화가 그려져 있다. 이와같이 석곽 내에 인물도·사신도·일월
도·성수도 등을 표현한 고분은 일본에서는 최초이다. 그리고 부
장품으로서는 해수포도문경이라는 거울 1개와 대도금구, 옥류, 성
년남자의 인골 등이 출토되었다.

발견 당시 벽화를 둘러싸고 고고학, 역사학을 비롯하여 미술사,
천문학에 이르기까지 여러 분야의 사람들이 관심과 의견을 개진
했다. 고분의 석실 벽면 등에 회화를 그려 넣는 풍습은 일찍부터
고대 동아시아제국에서 행해지고 있었고, 일본에서도 6세기 이후
에는 이른바 장식裝飾고분이라 불리우는 벽화고분이 북큐슈를 중
심으로 발달하였다. 북큐슈에서 성행했던 장식고분은 이 지역에
서 독자로 자생된 문화현상이라기보다 벽화고분이 발달했던 한반
도 제국과의 관계에서 찾아야 할 것으로 생각된다. 이 경우 고구
려와 신라의 영향인가 혹은 백제인가의 문제는 있지만, 어느 것을
취하든 북큐슈의 사람들이 풍부한 경제력을 바탕으로 해서 한반도
제국과의 문화적 접촉을 통해 유입된 결과로 보인다. 그리고 이때
의 문화 유입은 국가와 국가 간의 공적인 루트를 통한 것이 아니
라 호족층의 민간 루트에 의했던 것으로 보는 것이 자연스럽다.

그런데 다카마츠 고분의 경우는 북큐슈의 장식고분과 그 성격
을 달리한다. 석실 내부에 그려진 세련되고 수준 높은 회화와 거
기에 담겨진 사상성 등은 종전의 일본에서 발견된 장식고분과 뚜
렷히 구분되기 때문이다. 연대적으로는 해수포도문경과 대도금구
의 편년과 횡구식 석곽이라는 구조·규모를 통해 7세기 후반에서
8세기 전반, 그것도 7세기 말에 가까운 종말기 고분으로 추정하고
있고, 지역적으로는 일본 고대 왕권의 중심지역인 기나이畿內에

한정된 유일한 예이다.

이 벽화고분의 조사에서 가장 관심을 끌었던 것은 과연 다카마츠 고분에 묻혀 있는 사람은 누구인가 하는 것이다. 조사 결과 확실히 알 수 있는 것은 출토된 인골이 피장자가 40~60세 정도의 성인남자라는 사실과, 고분의 출토유물이나 특징으로 보아 고귀한 신분의 인물이라는 정도이다. 그러나 이 고분의 석실에 묘사된 네 종류의 회화는 고구려의 벽화고분을 연상케 할 만큼 양자의 유사성이 지적되고 있다. 따라서 발굴 직후부터 여러 연구자들에 의해 고구려계 인물이 아닌가 하는 추측을 불러 일으켰다.

◦ 묻힌 사람은 한국인인가 일본인인가

고분의 피장자가 한반도계일 것이라는 추정은 분묘가 조영된 입지조건으로 이곳의 역사적 환경 때문이다. 『속일본기』 호키 3년(772)의 사카노우에노 가리다마로坂上刈田麻呂의 상표문에 의하면 히노쿠마이키미檜前忌寸의 선조 아치노오미阿知使主는 오진應神조에 17현의 인민을 데리고 귀화해서 다케치군高市郡 히노쿠마촌에 살고, 타케치군은 그 자손과 17현의 인민으로 넘쳐 타성他姓은 1~2할에 불과하다고 한다. 또한 『일본서기』 오진기 22년조에도 야마토노아야노아타이東漢直의 선조 아치노오미가 그 아들인 츠카노오미都加使主 및 17현의 집단을 이끌고 왔다고 한다. 히노쿠마씨는 야마토노아야씨에 속하는 씨족으로서 일본 고대사에서 저명한 한반도계 씨족이다. 야마토노아야씨 이후 5세기 후반에서 6세기 전반에 도래한 이마키노아야新來漢인들도 이 지역에 거주하여 야마토노아야씨의 휘하에 들어가게 된다. 이와같이 히노쿠마 지역은 야마토노아야씨를 중심으로 이후 새로이 정착한 한반도계 도래인의 세력이 융성했던 곳으로 생각된다.

한반도로부터 도래인의 파동이 가장 활발했던 시기는 신라가 삼국을 통일하는 7세기 후반이었다. 이때 신라에 의해 멸망당한 고구려, 백제는 대량의 유민이 발생하자 야마토노아야씨와 같이 17현을 이끌고 바다를 건너는 집단적 망명도 이루어지고 있었다. 이에 따라 일본의 각지에는 한반도계의 집단적 거주지가 형성되었고, 한편으로는 일본의 중앙 정권에서는 이들의 신지식과 기술을 적극적으로 활용하기도 했다. 이러한 이유에서 다카마츠 고분에 묻힌 사람은 망명 집단의 장, 혹시 고구려 망명 왕족이 아닌가 하는 추측도 제기되었다. 물론 이것은 추측에 불과할 뿐 묻힌 사람의 신원을 확증하는 것은 아니다.

한편, 히노쿠마라는 지역이 한반도 도래인만의 특별구역이 아니라는 지적도 있다. 요컨대 일본 왕족과의 관련성을 주장하는 견해이다. 긴메이의 능을 비롯하여 고쿄쿠, 고토쿠 천황의 모母인 키비 히메노오키미吉備姫王, 덴무·지토 천황의 합장릉, 그리고 몬무 천황릉이 히노쿠마의 지역에 존재하고, 더욱이 다카마츠 고분은 당시 왕도였던 후지와라경藤原京의 중앙을 남북으로 가르는 주작대로를 남쪽으로 연장한 선에 가까이 위치한다는 것이다. 이런 면에서 다카마츠 고분의 피장자는 후지하라경 시대에 사망한 사람이고 그 중에서도 덴무·지토·몬무천황의 근친자, 즉 황자일 가능성이 크다는 것이다. 그리고 벽화에 묘사된 인물의 복장이 일본 조정의 태극전 앞에서 정월 원단에 행해지던 의례의 참석자의 그것과 일치한다는 것이 지적되었다. 이는 벽화 속의 인물상이 단지 외국으로부터의 도래자를 묘사한 것이 아니라 당시 실제로 일본

의 조정에서 행해지고 있던 의례에 기초해서 그린 것을 의미한다
는 것이다.

또 사신도는 고구려 벽화고분 등에서 자주 보이는 것이지만 일
본에서도 680년에 덴무천황이 황후의 쾌유를 기원하기 위해 세웠
다는 야쿠시藥師寺의 본존대좌에 사신이 조각된 예도 들고 있다.
그리고『속일본기』다이호 원년(701)조에 의하면, 천황이 태극전
에 서 신년축하를 받는 의식의 때에 정문에 조형당鳥形幢을 세우고
좌측에 일상日像과 청룡·주작의 깃발, 우측에 월상月像·현무·백
호의 깃발을 세우고 외국 사신이 좌우로 나열했다고 한다. 뿐만
아니라 고분의 천정에 그려진 북극성을 포함한 28수의 성수도에
대해서도 덴무 4년(675)에 이미 천문을 다루는 관청인 음양료陰陽
寮의 존재가 확인되고 있고, 음양사·음양박사도 덴무·지토조에
걸쳐 산견되고 있어 고분의 성수도는 덴무조 이래의 음양료를 중
심으로 축적된 지식에 기초한 것으로 본다.

한편, 이 고분벽화에는 중국적인 요소도 반영되어 있다는 지적
도 있다. 벽화의 주요 구성을 이루는 인물도가 그것이다. 4인의
남자 혹은 여자로 구성되어 있는 인물도의 화풍은 고구려적인 것
이 아니라 오히려 중국 산시성에서 발견된 당의 영태공주 벽화묘
의 그것과 대단히 유사하고, 이러한 화풍은 북위의 조각 혹은 벽
화에 자주 사용되었다고 한다. 그리고 다카마츠 고분은 고구려가
멸망하고 나서 수십 년이 지나 시간적 차가 있으므로 중국과의
직접적인 관계를 구한다. 또 사신도, 일월·성진도도 고구려 특유
의 것이 아니라 고대중국의 오랜 전통 하에서 발달했다는 것이다.

고분의 주인공이 한반도계냐 순수한 일본인이냐 하는 문제는
간단이 확정짓기는 곤란하다. 백제의 무령왕릉에서 출토된 지석誌
石이나 혹은 묘비와 같은 피장자의 신원을 알려주는 자료가 나오

지 않는 한 의견의 대립은 지속될 수밖에 없다. 다만 그간의 연구를 통해서 확인할 수 있는 것은 북극성을 포함한 28수의 성좌는 우주를 상징하는 것이고 여기에 일월·사신을 묘실에 장식하는 일은 일반인에게는 허락되지 않는다는 것이다. 또한 이것은 일본에서는 천황에 어울리는 그림이고, 피장자가 한반도계라면 당연 고구려·백제가 멸망한 이후 일본으로 망명해 온 왕족 혹은 귀족임에 틀림없다는 것 정도이다.

◦ 일본에서 활약한 고구려계 화공들

그럼 양자의 의견을 접근시킬 방법은 없을까. 여기서 우리는 고분의 벽화를 그린 사람이 누군가 하는 것으로부터 출발해 보자. 고대 일본에서 활약한 고구려계 화공畵工은 의외로 많다. 스이코 18년(610)에 도일한 고구려승 담징은 채색·지묵제조법 등의 기술을 전해주었다. 담징에 의해 전해진 채색 기술은 일본 회화 발전의 전기를 이룬다. 아스카시대의 불교회화로 유명한 추구사中宮寺의 천수국만다라수장天壽國曼多羅繡帳는 쇼토쿠 태자가 사망한 후 태자가 천수국에 왕생한 모습을 그린 것인데, 이것의 밑그림을 그린 화공은 고마노 가세이高麗加書溢·야마토노아야노 만켄東漢末賢·쿠라베노하타노 구마椋部秦久麻이다. 이 중 고마노 가세이는 고구려계 도래 씨족의 자손이고, 그밖에 2인도 각각 백제계, 신라계 도래인으로 알려져 있다. 여기서 주목되는 것은 천수국만다라수장에 보이는 인물의 복장은 다카마츠 고분에 선행하는 것이고, 더욱이 묘사된 건물과 풍속의 모습은 한국적인 것으로서 지적되고 있다는 사실이다.

일본에서 화공 집단을 두었던 것은 스이코 12년(604)에 기부미에가키黃書畵師・야마시로노에가키山背畵師를 두었다는 기록이 최초이다. 이들 집단은 한반도 도래계인의 통솔 하에 있었는데, 이 중에서 기부미黃書・黃文씨는 일본 고대의 성씨록인 『신찬성씨록』(815년 편찬)에 의하면 고구려계이다. 이 씨족은 덴무 12년(683)에 무라지連성을 하사받고 8세기 이후에도 화공사畵工司에 소속되어 화업畵業에 종사했다. 다카마츠 고분의 조영 시기에 해당하는 7세기후반에서 8세기 초에 활약한 기부미계 씨족 중 기부미무라지혼지츠黃文連本實라는 인물이 있다. 이 인물은 669년에 견당사의 일원으로서 중국에 건너가 보광사의 불족석기佛足石記를 모사해 온 적이 있고 다이호 2년(702) 정월에는 빈궁사殯宮司에 임명되어 장송사무葬送事務와 의례집행 등에 종사하였다. 이러한 연유로 해서 기부미계 집단의 수장격인 그는 휘하의 화공들을 동원하여 다카마츠 고분의 벽화를 그린 장본인으로 추정되어지고 있다.

스이코조에 고구려승 담징을 비롯하여 쇼토쿠 태자의 스승으로 유명한 혜자慧慈, 일본 불교계의 수장인 승정의 지위에 오른 혜관惠灌 등 고구려의 지식인 그룹인 승려들은 일찍부터 도래하여 일본 조정에서 주요 임무에 맡고 있었다. 이와 더불어 기부미씨와 같은 기술 집단도 도래하여 궁중화공으로서 큰 족적을 남겼던 것이다. 7세기 후반에서 8세기에 걸쳐 일본 궁중 화단의 주류는 고구려계였음에 틀림없고 다카마츠 고분벽화를 그린 주체는 기부미무라지黃文連 바로 그 인물이었을 것이다. 다카마츠 고분의 벽화를 기부미무라지라고 하는 고구려계 인물이 그렸다고 하는 것이 확실하다면 이 벽화에 고구려적 요소가 반영되어 있음은 지극히 자연스러운 일이다.

◦ 묻힌 사람을 고구려계라고 보는 이유

고분벽화를 그린 자가 고구려계라는 것은 이제 사실에 가까워졌다. 문제는 고분벽화에 나타나 있는 문화적 요소이다. 고구려적 요소뿐만 아니라 중국적, 일본적인 것도 포함되어 있어 복합적이고 다양하다. 따라서 특정의 요소가 보인다고 해서 이를 일괄해서 한 계통으로 특징짓기는 어렵다. 중요한 것은 문화 수입의 주체가 누구이든 그것은 일본이라는 지역적 풍토와 환경, 관습에 의해 새롭게 일본적으로 변화해간다는 것이다. 인도에서 발생한 불교가 중국을 거쳐 한반도와 일본에 전해졌지만, 불상과 불화와 같은 불교문화는 서로 현격한 차이를 보이고 있고, 조선의 도공이 일본에 건너와 만든 작품이 시간이 흐름에 따라 본국의 것과 다른 모습을 띄고 있는 것은 좋은 예이다. 다카마츠 고분의 석실의 규모가 고구려의 그것에 비해 현격히 작아지는 것도 그러한 현상의 하나라고 생각된다. 따라서 다카마츠 고분의 벽화에 중국적 혹은 일본적인 요소가 있다고 해서 피장자의 신원을 직접적으로 중국이나 일본에서 구하려고 한다면 잘못이다.

다카마츠 고분의 벽화 제작에 관여했을 기부미씨는 이미 견당사의 일원으로서 중국에 파견되어 중국적인 사상과 지식을 습득하고 있었다. 일본의 중국 문화의 수입은 한반도계 도래인의 지식과 기능을 매개로 하였고 그들은 모국의 법제, 문화를 기반으로 하여 당의 문명을 섭취할 수가 있었다. 즉, 벽화고분의 제작에 한반도계 도래인을 도외시하고는 설명할 수 없는 것이다.

그럼 고분벽화의 제작자가 고구려계라고 해서 피장자도 고구려계의 인물로 단정할 수 있는가. 우선 벽화 제작에 직접 참여한 인물이 고구려계의 화공이기 때문에 그 양식은 고구려 벽화고분이 직접적인 모델이 될 수밖에 없다. 고대 여성 생활사의 전문가인 히구치 기요유키樋口淸之에 의하면 벽화고분에 그려진 여인들의 복장은 중국계가 아닌 한반도계로서, 중국·당의 여성의 치마는 저고리의 위에 붙어 있지만 한반도의 여성의 그것은 다카마츠 고분의 벽화처럼 치마 위로 저고리를 내는 이른바 오버－불라우스의 형태라고 한다. 또 미술사가인 하세가와 마고토長谷川誠도 그 복장 스타일은 한반도 특유의 것이고, 앞쪽을 올려 뒤로 묶는 헤어스타일은 한반도, 특히 고구려의 풍습과 같은 것이라 한다. 실제로 고구려 수산리고분에 그려진 여인의 의상은 다카마츠 고분의 동과 서벽의 여인상과 거의 일치한다.

피장자가 이러한 분묘사상을 지니지 않았다면 그렇게도 닮은 고구려의 벽화고분의 모습이 재현되기 어렵다고 보인다. 매장의 풍습은 고유성이 강해 간단히 변하지 않는 속성을 지니고 있다. 고구려의 풍습과 문화적 전통, 분묘사상 등의 지식을 갖고 있는 인물이 아니면 묘사되기 힘든 요소들이다. 특히 고분벽화에 나타난 정신세계는 간단히 모방하기 어려운 것이다. 즉, 피장자와 고분벽화의 제작자는 고구려계라고 하는 동족의식, 출자관념出自觀念을 유대로 하는 강한 족적 결합을 맺고 있었다고 보여진다. 『신찬성씨록』에 출신지를 고구려라고 주장하는 씨족이 수없이 존재하는 것도 고구려가 멸망한 지 150여 년이 지난 시점에서도 그들의 민족적 의식이 건재하고 있었다는 것을 보여주는 증거이다. 이는 당시까지 도래인들이 일본열도에서 우대받고 있던 현실을 반영하는 것이기도 하다.

다만 이후 동일 계통의 벽화고분이 다수 출현하여 일정한 보편성을 띠게 된다면 이 고분의 성격도 재조명될 수 있겠다. 이 고분

은 일본의 종말기 고분에 나타나는 특수한 벽화고분임에 거의 틀
림없다고 보여지며 피장자는 고구려계의 왕족이거나 귀족일 가능
성이 높다. 이 경우 고구려의 멸망과 더불어 그 일족 내지 집단을
이끌고 망명해 와서 일본 조정에 관료화한 고구려계 일본인, 요컨
대 고구려적인 것이 아직 탈화脫化되지 않은 망명 1세대의 묘일
것으로 생각된다.

　이 벽화고분이 발견된 지도 벌써 사반세기가 지났다. 다양한 분
야의 연구자들에 의해 많은 연구 성과가 나왔음에도 불구하고 피
장자에 대한 논의는 아직도 결착을 보지 못하고 있다. 그러나 피
장자가 한반도계인가 혹은 일본인가 하는 출신지에 대한 논의
도 중요하지만 동아시아의 문화교류사라는 국제적인 시야에서 접
근해야 한다. 그것은 하나의 역사적 교류와 사건의 결과이기 때문
이다. 그리고 우리의 어떤 문화가 이웃나라에 전해졌는가 하는 문
제뿐만 아니라 상대가 그것을 어떤 식으로 계승, 발전시켰는가를
이해하는 것도 중요하다. 그것은 오늘의 한일관계를 위에서도 필
요한 일이기 때문이다.

참고문헌

秋山光和,「高松塚古墳の壁畵」, 井上光貞・末永雅雄編 『高松塚古墳と
　　　　飛鳥』, 中央公論社, 1972.
直木孝次郎,「高松塚古墳の被葬者」, 上同書.
義江彰夫,「壁畵人物像からみた高松塚古墳の被葬者」, 上同書.
熊田忠亮,「高松塚古墳の天井星宿」, 上同書.
齋藤忠,「日本の裝飾古墳」, 上同書.
有光敎一,「高句麗壁畵古墳の四神圖」, 上同書.

일본서기는 어떤 책인가

이 근 우(부경대학교)

○ 일본 최초의 정사 일본서기

일본서기는 720년에 편찬된 일본 최초의 관찬官撰 사서이며, 천지의 생성 및 일본 건국신화를 담고 있는 신대神代에서 시작하여, 지토천황의 사망년도(697)까지의 역사를 편년체로 정리한 통사通史이다. 7세기 이전의 일본 역사를 기록한 사서이므로, 『고사기古事記』와 더불어 일본 고대사 연구의 핵심적인 사료라고 할 수 있다.

그러나 『일본서기』에 대한 우리나라 학계의 인식은 단지 그것이 일본의 역사를 기록하고 있는 사서라는 것으로 끝나지 않는다. 그 이유는 『일본서기』에 많은 한반도 관계 기사가 기록되어 있으며, 그 기록의 내용이 이른바 '임나일본부설'을 구성하는 내용이기도 하기 때문이다. 즉, 야마토 왕권이 4세기 중반부터 6세기 중반까지 한반도 남부를 지배하였다고 하는 일본 학계의 해묵은 주장이 바로 이 사서의 내용을 근거로 성립된 것이다. 그런 까닭에 일각에서는 『일본서기』를 후대에 조작된 사서로 비판하기도 하였고, 터무니없는 내용을 담고 있는 이야기책으로 간주하기도 하였다. 동시에 『일본서기』 자체에 대한 연구는 물론이고, 그 속에 인용되어 있는 한반도 관계 기사에 대한 연구도 극히 한정되어 있었다.

◦ 성왕은 어떻게 죽었을까?

흔히 우리가 생각하는 것처럼 과연 『일본서기』는 황당무계한 사서일까? 몇 가지 예를 통해서 『일본서기』의 사료적인 성격을 짐작해 보고자 한다. 『삼국사기』 신라본기 진흥왕 15년조(554)에는 다음과 같은 기사가 있다.

> 가을 7월에 명활성을 수리하여 쌓았다. 백제왕 명농明襛(성왕)이 가량加良과 함께 관산성(현재의 옥천)을 공격해 왔다. 군주 각간 우덕과 이찬 탐지 등이 맞서 싸웠으나 전세가 불리하였다. 신주 군주 김무력이 주의 군사를 이끌고 나아가 교전함에, 비장 삼년산군의 고간 도도가 급히 쳐서 백제 왕을 죽였다. 이에 모든 군사가 승세를 타고 크게 이겨, 좌평 네 명과 군사 2만9천6백 명의 목을 베니, 한 마리 말도 돌아가지 못했다

이 기사와 대응하여, 『삼국사기』「백제본기」에는 다음과 같이 기록하고 있다.

> 가을 7월에 왕은 신라를 습격하고자 하여 친히 보병과 기병 50명을 거느리고 밤에 구천에 이르렀다. 신라의 복병이 일어나자 더불어 싸웠

으나 난병에게 해침을 당하여 죽었다. 시호를 성聖이라고 하였다.

이 두 기사의 내용은 같은 해의 일이며 동시에 성왕의 죽음을 이야기하고 있지만, 구체적인 스토리에서는 차이가 있다. 그 차이점을 정리해 보자. 아래 표에서 볼 수 있는 것처럼, 「신라본기」의 내용과 「백제본기」의 내용은 적지 않은 차이를 보이고 있다. 「신라본기」에서는 백제군과 가라군이 합세하여 관산성을 공격하여 관산성에 주둔하고 있던 신라군이 위기에 빠졌으며, 이를 구원하기 위하여 당시 신주의 군주이자 우리가 잘 아는 김유신 장군의 조부인 김무력까지 관산성 전투에 참여하는 등, 오히려 신라의 위기 상황을 선명하게 보여준다.

그런데 「백제본기」의 내용을 사뭇 다르다. 신라를 습격하기 위하여 성왕이 동원한 병력은 불과 보병과 기병을 합해서 불과 50명이었다고 한다. 아무리 무예가 출중하다고 하더라도 50명의 병력으로 관산성을 위기에 빠트릴 수 있었을까? 또 50명의 병력으로 신라를 습격하고자 한 성왕은 제정신이라고 할 수 있을까? 신라본기와 백제본기의 기사를 비교해보면, 성왕의 죽음이 공통적인 내용으로 들어있기는 하지만 이 두 기사가 같은 사건을 말하고 있는 것으로 보기는 어렵다.

	「신라본기」	「백제본기」	비교
연대(554)	진흥왕 15년	성왕 32년	일치
병력	백제군 + 가라군	보기步騎 50명	불일치
장소	관산성(옥천)	구천狗川	불일치
전세	신라불리	복병을 만남	불일치
성왕의 죽음	고우도도高于都刀	난병	불일치
결과	좌평 4명, 3만 명 전사	성왕의 죽음만 기록	불일치

◦ 성왕은 전쟁을 하러 간 것이 아니었다

그런데 서로 모순되어 보이는 기사를 이해할 수 있는 단서를 제공하는 것은 다름 아닌 『일본서기』이다. 우연찮게도 『일본서기』에서도 성왕의 죽음에 대해서 자세히 기록하고 있다.

> 『일본서기』 긴메이欽明 15년(554) 겨울 12월조에 의하면, (전략) 여창餘昌이 신라를 치고자 꾀하였다. 기로耆老들이 간하기를, "화가 미칠까 두렵습니다"라고 하였다. 여창이 말하기를, "늙었도다. 어찌 겁이 많은가? 나는 대국大國을 섬기고 있으니, 무슨 두려움이 있겠는가?"라고 하고 드디어 신라국에 들어가 구타모라 요새를 세웠다. 그 아버지 명왕은 여창이 오랫동안 진영에서 고생하고 또 오래토록 잠과 음식을 폐하고 있을 것을 우려하였고, 아버지의 자애는 성글기 쉽고, 자식의 효성은 이루어지기 힘들다고 생각하였다. 이에 스스로 가서 위로하고자 하였다.
>
> 신라는 명왕이 친히 온다는 것을 듣고, 나라 안의 병사를 모두 내어 길을 끊고 쳤다. 이때 신라는 좌지촌 사마노飼馬奴 고도苦都에 말하기를, "너는 천한 노예다. 명왕은 유명한 군주이다. 이제 천한 노예로 하여금 유명한 군주를 죽이게 하고 그 사실을 후세에 전하여 사람들의 기억에서 잊혀지지 않도록 하겠다"라고 하였다. 드디어 고도는 명왕을 붙잡고, 두 번 절하고 말하기를 "청컨대 왕의 목을 치겠습니다"고 하였다. 명왕이 대답하여 말하기를, "왕의 머리는 노예의 손으로 자를 수 없다"라고 하였다. 고도는 말하기를, "우리나라의 법에 의하면 맹서한 바를 어기면 비록 국왕이라도 하더라도, 마땅히 노예의 손으로 죽일 수 있다"라고 하였다. (하략)"

이 기사의 전후에도 관산성 전투에 대한 내용이 연결되어 있어서, 당시 전투의 정황을 소상히 알 수 있다. 즉, 관산성전투를 주도한 것은 성왕이 아니라 성왕의 태자인 여창이었다. 여창이 3만 명에 이르는 백제군과 가라군 심지어는 왜의 병력까지도 참여한

것으로 보인다. 관산성전투는 순조롭게 진행되어 김무력까지 원
군을 이끌고 와야 하는 상황에 이르렀다.

그런데 이러한 상황을 결정적으로 뒤바꾸어 놓은 것은 어처구
니없게도 성왕의 부성애였다. 오랫동안 전쟁터에서 고생하고 있
는 아들을 위로하기 위하여 50명이라는 소수의 호위병만을 거느
리고 아들이 있는 관산성을 향해 출발한 것이다.

관산성전투의 형국을 반전시키고자 신경을 곤두세우고 있던 신
라군으로서는 최소한의 호위병만을 거느린 성왕의 출현이야말로
다시없는 기회로 생각했을 것이다. 성왕은 신라의 매복에 걸려 신
라의 천한 노예의 손에 목이 잘려 죽었다. 『삼국사기』의 고우도도
와 『일본서기』의 고도가 바로 성왕의 목을 자른 사람의 이름이다.
과연 그의 이름은 오늘날 우리에게 전해지게 되었다.

『일본서기』의 기사가 있음으로 해서 비로소 「신라본기」와 「백
제본기」 사이에서 나타나는 불일치, 어색함이 일거에 해소될 수
있다. 이처럼 백제사, 가야사에 관한 『일본서기』의 기술은 일본
중심적인 윤색을 담고 있기는 하지만, 개별적인 사실 특히 백제나
가야 여러 나라에 대한 기록은 대단히 자세하다는 사실을 인정하
지 않을 수 없다. 그렇다고 해서 『일본서기』의 기록이 모두 사실
인 것은 아니다. 백제와 관련된 기사의 경우에도 그러하다.

◦ 왕인은 논어와 천자문을 전하였는가?

왕인이 일본열도에 논어와 천자문을 전하였다는 이야기는 잘
알려져 있다. 그러나 이러한 내용은 우리나라의 사서에 기록되어

있는 것이 아니라, 다름 아닌 『일본서기』와 『고사기』라고 일본측
사료에만 보인다. 그런데 『일본서기』에 왕인에 대한 기록이 있다
고 해서, 그것은 의문의 여지없는 역사적인 사실이라고 할 수 있
을까? 왕인에 대한 기록이 다른 확정되어 있는 사실들과 정합적
인 관계에 있는지 확인한 연후라야, 비로소 역사적 사실로 인정할
수 있다. 왕인에 대한 기록은 다음과 같다.

> 『일본서기』 오진 15년(404) 가을 8월 임술삭 정묘에 백제왕이 아직
> 기阿直岐를 보내 양마 2필을 바쳤다. 그것을 카루輕의 사카노우에坂上
> 에 있는 마굿간에서 기르게 하였다. 아직기로 하여금 사육을 관장케
> 하였다. 그 말을 기른 곳을 우마야사카廐坂이라고 한다. 아직기는 또한
> 능히 경서를 읽었다. 그래서 태자 우지노와카이라츠코菟道稚郎子의 스
> 승으로 삼았다. 천황은 아직기에게 "그대보다 나은 박사가 또 있는가"
> 라고 물었다. 대답하여 말하기를 "왕인王仁이라는 자가 있는데, 이 사
> 람이 뛰어납니다"라고 하였다. 이때 카미츠노케누노키미上毛野君의 조
> 상인 아라타와케荒田別과 칸나키와케巫別을 백제에 보내어 왕인을 불
> 렀다. 아직기阿直岐는 아직기사阿直岐史의 시조이다.
>
> 16년(405) 봄 2월, 왕인이 왔다. 태자 우치노와카이라츠코의 스승으
> 로 삼았다. 여러 전적을 왕인에게서 배웠다. 통달하지 않은 책이 없었
> 다. 왕인은 후미노오비토書首 등의 시조이다.

저명한 왕인에 관한 기사다. 그런데 이 기사에 대해서는 또 다
른 전승이 있다. 바로 『고사기』의 기록이다. 『고사기』는 『일본서
기』보다 8년 앞서 완성된 문헌이며 왜 왕실의 계보와 설화를 중
심으로 정리된 책이다. 이 또한 인용해 보기로 하자.

> 『고사기』 중권 오진에 대해서 기록한 대목
> 또한 백제국주 조고왕照古王(근초고왕이다)이 수말 한 마리와 암말
> 한 마리를 아지키시阿知吉師에게 붙여 공상貢上하였다. 또한 횡도橫刀
> 와 대경大鏡을 보냈다. 〈이 아지키시라는 자는 아치노후비토阿直史 등

의 시조이다.〉 또한 백제국에 명령을 내려 만약 현인賢人이 있으면 공
상하라고 하였다. 그러므로 명을 받아 사람을 공상하였는데, 이름이
와니키시和邇吉師라고 하였다. 『논어』 10권, 『천자문』 1권 아울러 11권
을 이 사람에 붙여 바쳤다(이 와니키시라는 사람이 후미노오비토文首
등의 시조이다).

이상의 두 사료를 비교해보면, 먼저 『고사기』에서는 아지키시을
얻은 뒤에 백제에 더 나은 인물을 바치라고 하여 와니키시를 얻게
되었다고 서술하고 있다. 이에 대하여 『일본서기』에서는 아직기에
게 물어 왕인을 알게 되었다고 한다. 가장 중요한 차이는 『고사기』
에서는 『논어』 10권과 『천자문』 1권 도합 11권이라고 명시하고
있는 점이다. 이에 대해서 『일본서기』에서는 왕인이 태자의 스승
이 되었으며 경전에 통달하지 않은 바가 없다고만 하여 『논어』와
『천자문』에 대해서는 전혀 언급하고 있지 않다.

그리고 또 한 가지 주목해야 할 것은 『논어』와 『천자문』은 왕
인 개인이 전한 것이 아니라, 백제왕의 의지가 개재되어 있다고
읽을 수 있다는 점이다. 아지키시의 경우에도 백제 왕이 말 두 필
을 보낸 것처럼, 『논어』와 『천자문』을 보낸 것은 백제국 혹은 백
제 왕이라는 사실이다. 다음으로 『고사기』에서는 아지키시나 와
니키시가 태자의 스승이 되었다는 내용은 전하지 않는다는 점이
다. 그 내용은 『일본서기』에서 새롭게 부가된 것으로 보인다.

이처럼 두 사료를 구체적으로 비교해 보면, 『고사기』와 『일본서
기』의 내용이 실제로는 적지 않은 차이를 드러낸다는 사실을 확인
할 수 있는데, 이러한 상이점을 어떻게 이해할 것인가가 문제가 된
다. 먼저 사료의 성립 연대를 보면 『고사기』는 712년이고, 『일본서
기』는 720년이다. 그리고 『고사기』는 당시 왜 왕실의 사인이었던
히에다노아레稗田阿禮의 암송을 바탕으로 한 것이고 문체도 일본어

와 한문 혼용체라고 할 수 있다. 한편,『일본서기』는 그보다 다소 늦게 성립되었으며 순한문체로 중국계 인물이 최종적인 윤문 과정에서 깊이 개입하였을 것이라는 주장이 최근 제기되었다.

흔히 우리나라에서 왕인의 행적을 이야기할 때『논어』와『천자문』을 전하고 동시에 태자의 스승이 되었다고 하지만, 그것은『고사기』와『일본서기』의 내용을 무비판적으로 종합한 것일 뿐, 두 가지 전승이 반드시 사실이라고 볼 수는 없다. 또한 사료 비판에 있어서는 단순히 종합하는 게 아니라, 특히 서로 다른 내용을 전하는 사료가 있으면 어느 쪽이 옳은지 혹은 왜 서로 다른 내용을 전하는 것인지를 확인하는 것이 순서다. 서로 다른 소전을 양쪽 다 무조건 옳은 것이라고 생각하고 이를 종합해서 왕인의 사적으로 인정하는 것은, 일단 의심하는 자리에서 출발해야 한다고 하는 사료 비판의 기본을 무시하는 태도이다.

◦『천자문』은 언제 만들어졌나?

왕인과 관련하여 문제가 되는『천자문』에 대해서 좀 더 알아보도록 하자. 중국 사서 속에서는 여러 가지『천자문』을 찾을 수 있다. 그러나 당대까지 대표적인 것으로는 주흥사의『천자문』과 소자범蕭子範의『천자문』을 들 수 있다. 만약 주흥사의『천자문』이 최초의『천자문』이고 그것이 현재까지 전한다는 사실을 인정할 수 있다면, 왕인이 전래한『천자문』도 남조 양 무제(502~549년 재위) 때 만들어진 주흥사의『천자문』이라고 생각할 수밖에 없다. 그런데 주흥사의 생몰연대(470~521)를 생각하면『천자문』의 찬술은 521년 이전에 이루어졌을 것이다.

그런데 『일본서기』에서 왕인이 천자문을 전래하였다는 4세기 말에서 5세기 초에 걸친 시기로 『천자문』이 만들어진 시기와 무려 100년 이상 차이가 난다. 그렇다면 왕인은 아직 만들어지지도 않은 『천자문』을 일본에 전래했다는 이야기가 된다.

한편, 왕인은 『논어』 10권도 전하였다고 한다. 『논어』 10권은 현재 전하는 『논어』의 권 수보다 많으므로 이는 『논어』 본문만이 아니라, 주석을 포함한 내용임을 알 수 있다. 그러한 주석서 중에서 저명한 것으로는 하안何晏(?193~249)의 『논어집해』와 황간皇侃(488~545)의 『논어의소』 등을 들 수 있다.

『논어의소』는 위魏나라 때 하안이 쓴 주석서인 『논어집해』를 대상으로, 다시 남조 양의 황간이 소疏를 붙인 주석서이다. 이 책은 남송南宋 때 중국에서는 없어져 버렸는데, 어느 시기엔가 일본으로 전래된 초본抄本이 청淸나라 때에 중국으로 역유입逆流入된 책으로 『논어』 연구의 귀중한 자료이다. 또 송宋나라 때 형병邢昺이 왕명을 받고 지은 역저 『논어정의論語正義』에 중요한 참고서가 되었다는 평을 받고 있다.

이처럼 『논어』 텍스트와 그 주석에 있어서는 정현의 논어 텍스트, 이를 바탕으로 한 하안의 『논어집해』, 다시 『논어집해』를 바탕으로 한 중국 양梁나라 학자 황간의 『논어의소』. 그리고 다시 이를 바탕으로 한 『논어정의』로 큰 흐름을 정리할 수 있다. 중국에서는 산일되었으나, 일본에 하안의 『논어집해』, 황간의 『논어의소』가 전해졌던 점을 중시한다면, 왕인이 전한 것으로 볼 수 있는 『논어』의 주석서로는 『논어집해』와 『논어의소』가 유력하다. 그런데 하안의 『논어집해』는, 일본 측의 사료에 나타나는 왕인의 활동시기로 따져도 이미 100년 이전에 만들어진 주석서였으므로, 왕인이 전래하였다는 것이 특별한 의미를 갖기 어려운 상황이었다.

이에 대해서 황간의 『논어의소』는 하안의 『논어집해』를 더욱 보강한 것으로, 편찬 직후부터 널리 보급된 것으로 기록되어 있다. 그리고 그 완성시기가 주홍사의 『천자문』이 편찬된 시기와 근접하고 있는 점에 주목하고자 한다. 양무제가 다스린 기간은 남북조의 혼란한 상황 속에서도 이채를 발하는 시기이다. 소명태자의 『문선』, 주홍사의 『천자문』, 황간의 『논어의소』 등 후대까지 널리 읽혀진 문헌들이 다수 편찬되었다. 양 무제 스스로가 각종 전적에 해박하였으며, 신하들의 학문적인 의문에 답할 정도로 학식을 갖춘 군주였다.

이런 시기에 만들어진 두 문헌이 편찬된 지 얼마 되지 않은 시기에 중국의 새로운 문화적인 성과로서 왕인에 의해서 함께 전래되었다고 보는 편이, 왕인이 『논어』과 『천자문』을 전래하였다는 전승의 의미를 적극적으로 해석하는 것이다. 결국 황간의 『논어의소』와 주홍사의 『천자문』은 일본에 전래되기 직전에 중국에서 편찬되었으며, 편찬된 직후 곧 일본열도에 전해졌다고 할 때 왕인이 수행한 역할이 극대화될 수 있는 것이다. 우연찮게도 두 문헌은 모두 양 무제 때, 즉 6세기 전반에 완성된 것이다.

그렇다면 『천자문』 1권과 『논어』 10권을 전래한 박사 왕인은, 그는 결코 4세기 말이나 5세기의 초의 인물이 아니라, 6세기 전반에 활동하였다고 보아야 할 것이다. 『고사기』의 기록대로 왕인이 『논어』와 『천자문』을 전래한 것은 사실이지만, 왕인의 후손들이 자신들의 조상이 일찍부터 활약하였음을 주장하기 위하여 왕인의 활동시기를 100년 이상 앞으로 끌어올린 것이다. 그런데 『일본서기』를 편찬하는 단계에 『천자문』에 대해서 잘 아는 중국인들이 관여하면서, 왕인이 『천자문』에 전래했다는 내용에 이의를 제기

함으로써, 『일본서기』 단계에서는 왕인의 활동 연대는 그대로 두
는 대신 오히려 역사적 사실이라고 할 수 있는 논어와 천자문을
전래하였다는 내용은 없애 버리고, 그냥 경전에 능했다고만 기록
한 것으로 보인다.

결국 『일본서기』라는 사료도 그 자체로서 완전한 위서이거나
반대로 완전한 사료도 아니다. 다른 사서의 기록과 정밀하게 비교
함으로써 그 속에서 역사적인 사실을 추출해야 할 일반적인 성격
의 사료 중 하나일 뿐이다. 일본을 중심으로 인식의 편향이 심한
것은 사실이지만, 다른 나라의 사서들 또한 그런 결점으로부터 자
유로울 수 없는 것이다.

『일본서기』에는 그밖에도 백제의 성왕이 불교를 전래한 사실,
단양이 등의 오경박사를 파견한 이야기, 절을 짓는 기술자들을 백
제가 파견한 이야기 등 우리나라의 사서에 기록되어 있지 않은
귀중한 전승들이 많이 들어 있다. 『일본서기』의 편향성을 주의하
면서 한반도에 관련된 기사들을 검토한다면, 절대적으로 부족한
우리의 고대사 연구에 필요한 사료로 활용할 수 있을 것이다.

──────────── 참고문헌 ────────────

전용신, 『완역일본서기』, 일지사, 1989.
야마다 히데오 저, 이근우 역, 『일본서기입문』, 민족문화사, 1988.

동아시아의 거상 장보고의 대일 교역

이 병 로(계명대학교)

◦ 출생과 도당渡唐 그리고 귀국

최근 KBS에서 인기리에 방영된 드라마 '해신海神'의 주인공이 바로 장보고였다. 1980년대 초까지만 해도, 장보고는 섬사람海島人 출신으로 신라 조정의 왕위 계승전에 개입하여 승리를 거두었지만 후에 딸의 '납비納妃문제'로 신라 조정에 반기를 든 '반역자'란 역사적 평가가 대세였다. 그러다가 1990년대에 들어 장보고에 대한 재평가가 이루어지면서 '무역왕 장보고'로 바뀌었으나, 21세기에 들어선 최근에 마침내 바다의 신인 '해신'의 경지에까지 도달했다.

장보고가 섬사람 출신의 반역자에서 일약 해신으로 자리매김한 것은 시대에 따라 달라지는 역사의 아이러니이기도 하나, 한편으론 그만큼 그가 파란만장한 삶을 살아왔다는 것을 단적으로 말해주는 것으로 볼 수 있다.

장보고의 원래 이름은 궁복弓福, 활 잘 쏘는 사람이라는 의미이다. 당시 신라 관습상 평민은 성姓을 갖지 못하였으므로, 그는 신분상 평민 이하의 출신임을 알 수 있다. 그러나 중국 측 기록에는 장보고張保皐로, 일본에서는 장보고張寶高로 기록되어 있다. 그렇기 때문에 장보고가 중국에 있을 때 궁복의 '궁'자와 비슷한 장씨라는 성을 갖게 된 것이고, 보고라는 이름은 '복'의 음을 그대로 따라 지은 것으로 추측된다. 한편, 당시 일본 측 기록에 장보고張寶高라고 적고 있는 것은, 그가 무역을 통해 거액의 이윤을 얻었기 때문에 붙여진 이름으로 보인다. 즉, 오늘날로 따지면 재벌 정도의 의미에 해당한다고나 할까.

장보고에 대한 최초의 평가는 『번천문집樊川文集』의 저자 당나라 사람 두목杜牧에 의해 이루어졌다. 이 기록은 장보고 당대에 이루어졌기 때문에 가장 사실에 근접한 평가이다. 두목은 장보고를 안록산의 난 때에 활약한 곽분양郭汾陽에 비유했다. 또한 장보고를 명철한 두뇌를 가진 사람으로서 동방의 나라에서 가장 성공한 사람이라고 평가하고 있는데, 이는 신라인 장보고가 당시 중국에 널리 알려져 존경받는 인물이었음을 알려준다.

이렇듯이 9세기 동아시아에 이름을 떨쳤던 장보고지만, 정작 그의 출생지와 부모에 대해서는 기록이 남아 있지 않아 정확한 사실을 알 수 없다. 그렇지만 장보고의 고향은 청해진이 설치되었던 오늘날의 완도인 것으로 보인다. 왜냐하면 『삼국유사』에 그가 미천 출신이라는 기록이 있고, 『삼국사기』 권11, 문성왕 7년조 기록을 보면, 장보고의 딸을 문성왕의 차비로 맞이하려 할 때 조정 신하들이 그가 섬사람海島人이라는 점을 들어 반대하고 있기 때문이다.

또한 장보고의 동향 후배인 정년鄭年이 당나라 사주泗州에서 굶

주림과 추위에 허덕이다가 고향으로 돌아갈 결심을 하면서 "굶주림과 추위로 죽는 것보다 싸워 죽는 편이 나은데, 하물며 고향에서 죽으니 바랄 것이 없노라"라고 하면서 청해진으로 돌아오는 기록으로 미루어 보아도 장보고의 고향은 청해진, 즉 완도일 가능성이 가장 크다고 하겠다.

이곳에서 유년시절을 보낸 장보고가 동향의 10년 후배인 정년과 언제, 어떤 경로를 통해 당나라에 건너갔는가에 대한 사실도 정확히 알 수 없다. 그렇지만 후에 장보고와 정년이 속하게 되는 무령군武寧軍이란 군단 명칭이 805년에 처음으로 불려졌다는 데 주목할 필요가 있다. 다시 말해 장보고가 무령군의 소장직에 오른 시기는 아무리 빨라도 805년 이전이 될 수가 없다. 그렇다면 그가 당에 건너간 시기는 805년 전후인 8세기 말에서 9세기 초로 추정해볼 수 있다.

신라 하대에 속하는 8세기 말에서 9세기 초에는 많은 지식인들이 당나라에 유학했다. 당시 당나라도 신분제 사회였지만, 신라처럼 지배층 사이에서의 차별은 없었기 때문에 실력이 뛰어나면 이민족이라도 요직에 발탁될 수 있었다. 또 과거시험을 통해 자신의 능력에 따라 정치적으로 성장할 수 있는 사회였기 때문에 많은 신라사람이 당나라로 유학의 길을 떠났다.

이러한 시대적 상황에서 장보고는 아마도 20대 후반에 중국으로 건너가 30세 남짓에 서주徐州의 무령군 군중소장軍中小將이 되었다. 섬사람 출신으로 알려진 장보고는 신라 신분제 사회에서 그다지 높은 계층은 아니었으나 무술이 뛰어나 곧 실력을 인정받아 무령군의 소장이 될 정도로 출세를 하고 그 이름을 날리게 되었다.

당시 장보고가 속한 무령군의 주요 임무는 당 조정에 반기를 든 평로군의 이사도李師道를 소탕하는 데 선봉에 서는 일이었다.

당시 산동반도의 대부분을 지배하던 이사도는 고구려의 후손이 며, 그의 조부 이정기로부터 3대 약 반세기에 걸쳐 하나의 '소왕 국'을 이루어 군림하였다. 이처럼 짧은 기간 동안에 이정기 일가 가 당 왕조를 위협하는 막강한 세력으로 성장할 수 있었던 것은, 당 왕조로부터 발해와 신라와의 해상교역을 관장하는 '해운압신 라발해양변사海運押新羅渤海兩邊使'의 임무를 위임받아 막대한 부를 축적할 수 있었기 때문이었다. 여기에 산동반도를 중심으로 널리 해운의 요충지에 집단 거주하면서 막강한 경제력을 발휘하고 있 던 재당 신라인들의 적극적인 후원도 이정기 일가가 급부상하는 데 일조했을 것이다.

일본 승려 엔닌이 쓴 일기인 『입당구법순례행기入唐求法巡禮行記』 에 의하면, 재당 신라인의 집단 거주지가 중국 동해안에 광범위하 게 분포하고 있었고, 그들은 선박 제조 및 수리업, 해운, 목탄 제조 및 유통업, 칼 제조업, 소금생산업 등 다양한 생업에 종사하 면서 막강한 경제력과 조직망을 갖추고 있었던 것으로 소개되어 있다. 아마도 그들은 이국 땅에서 일군 땀의 결실들을 정치적으로 보호받기 위해 고구려 유민인 이정기 일가의 권력기반을 뒷받침 해주었을 것이다. 그러나 819년에 이정기의 손자인 이사도가 당 나라 중앙 정부에 의해 토벌됨으로써, 산동 지역에서 이정기 가문 의 영향력은 소멸되었다. 산동반도 지역에서의 이러한 상황은 장 보고의 등장에 좋은 기회로 작용했다.

장보고는 당나라에서 무장으로 출세한 것에 만족하지 않았다. 그는 당 정부가 821년부터 강력하게 추진한 소병銷兵정책, 즉 경비 절감과 군사력 축소를 위해 산동반도의 유력 번들에게 병력을 감 축하는 정책을 실시할 때, 아마 무령군을 떠났다고 생각된다. 이 때부터 장보고는 산동반도에 기반을 두고 일본 큐슈지방 그리고 청해진까지 그 무역 근거지를 마련하고 동아시아 일대의 해상교역을 주도하기 위한 사전 준비를 시작했을 것으로 보인다. 왜냐하면 장보고가 828년 흥덕왕에게 청해진을 설치하려고 원하여 아뢸 때 "중국을 두루 다녀보니遍中國"란 문구를 음미하면 이미 군대를 떠나 상업 활동을 위하여 중국 해안 각지를 돌아다닌 것으로 생각되기 때문이다. 군인으로서 '두루' 다닌다기보다 상인으로서 두루 돌아다닌다는 것이 더 자연스럽다. 또한 일본 승려 엔닌의 일기에 의하면, 장보고는 대사大使라는 직위로 824년(흥덕왕 16)에 큐슈의 지쿠젠국筑前國에 다녀오기도 했다. 아마도 일본과 교역을 원활화하기 위해 그곳에 거주하는 재일 신라인, 나아가 관리들과 교류를 하였다고 생각된다.

중국에 있는 동안 그의 활동은 적산赤山 법화원法華院이 있는 지금의 산동반도를 중심으로 이루어졌다. 법화원은 일찍이 장보고가 세운 사찰로, 군대에서 물러나 해상 교역을 시작한 장보고가 본래의 연고지인 그 지역을 중심으로 해상 활동을 시작했던 것이다.

이와 같이 장보고는 재당 시절부터 이미 최고의 국제 해상무역가로 성장해 있었다. 이는 다음 세 가지 조건을 갖춤으로써 가능했을 것이다. 첫째는 재당 신라사회를 결집시켜 이를 하나의 네트워크로 엮어냈다는 점. 둘째는 자기 고향인 신라 서남해안 지방의 해상 세력을 규합해 낼 수 있었다는 점. 그리고 셋째는 일본 큐슈 일대에 거주하는 재일 신라인을 결집시키고, 이 지역의 관인이나 상인들과 친분관계를 형성했다는 점 등이 그것이다.

한편, 장보고가 동아시아의 해상교역을 원활히 하기 위해서는 당시 이 지역에 출몰하는 해적 퇴치가 무엇보다 우선되어야 했다. 이정기 가문이 몰락할 즈음 산동반도를 둘러싼 황해 일대의 해상교역은 중국 동해안이나 한반도 서남 해안 지역에 근거를 둔 해적들의 출몰로 많은 어려움을 겪고 있었다. 강력한 통제 세력이 없는 틈을 이용하여 여러 해적 집단들이 등장했던 것이다. 이 해적들은 교역선에 대한 재물 약탈에 그치지 않고, 많은 사람들을 납치하여 노비로 팔아 넘겼다.

해적 집단에 가장 많은 피해를 보고 있는 것은 신라인이었다. 신라인들은 뛰어난 조선술과 항해술을 바탕으로 황해 일대에서 해상 교통과 교류의 중심을 이루고 있었다. 일본 사신이나 승려들이 중국으로 가고자 할 때에도 이들의 도움을 받아야 할 정도였다. 그렇기 때문에 신라인들이 해적의 약탈로 인한 피해를 가장 많이 받게 되었던 것이다. 동시에 사무역을 중심으로 하여 다양한 생업에 종사하고 있던 재당 신라인들 역시 이러한 해적의 피해에서 예외가 될 수 없었을 것임은 분명하다. 더욱이 그간 자신들을 지켜주던 이정기 일가의 동족 정권마저 무너지면서 재당 신라인들은 해적들의 약탈에 무방비 상태로 노출되어 생업에 심대한 위협을 느끼게 되었을 것이다. 이러한 상황에서 장보고는 해적들의 약탈 행위로 인한 피해와 그러한 피해를 방지해야 할 필요성을 누구보다 심각하게 느꼈을 것이다.

장보고가 820년대에 귀국하여 신라 흥덕왕에게 청해진 설치를 건의하면서 가장 큰 명문으로 내세웠던 것이 바로 해적들의 신라인 약탈행위를 막겠다는 것이었다. 흥덕왕은 장보고의 요청을 받아들여, 그에게 대사의 직함과 함께 군사 1만 명을 주면서 청해진을 지키도록 했다. 이것이야말로 장보고가 재당 시절부터 해적 퇴치에 관심을 가지고 실질적으로 관여하였음을 암시하는 대목이라 할 것이다.

828년 청해진이 설치된 이후, 한반도 서남해안에 출몰하던 해적들은 곧바로 소멸되었다는 사실을 당시의 신라 상황을 기록해 놓은『신당서』신라전에서 엿볼 수 있다. 이것은 중국의 동해안이나 신라의 서남해안에 근거를 두고 교역 행위를 하거나 해적 행위를 하던 여러 집단들을 장보고가 청해진을 중심으로 철저히 통제, 소멸시켰기 때문에 가능해진 것이다.

이와 함께 이 시기 이후에는 신라 사람들이 중국, 일본 등으로 유망流亡하거나 표류하는 사례도 거의 보이지 않는다. 장보고의 청해진 설치 이전인 9세기 초에는 거의 매년 일본열도로 표류해 가는 신라 사람들이 있었다. 그러나 이러한 사례가 정해진 설치 이후에는 거의 보이지 않는다. 이것은 청해진 설치가 단순한 해적 소탕과 그를 통한 백성의 보호에 그치지 않고, 고기잡이를 비롯한 민간인들의 어업, 항해까지도 지도, 보해했음을 입증해주는 것이다. 즉, 청해진의 설치는 신라에 의한 동북아시아 해상의 안정을 의미하는 것이다.

그러나 장보고는 이와 같은 청해진의 설치의 목적이나 성과에 안주하지 않았다. 장보고가 청해진을 설치한 본래의 목적은 이와 같은 것에 머무는 것이 아니었다. 앞에서 언급한대로 장보고는 군사력을 바탕으로 동아시아 일대의 해상을 안정시킨 후, 그 여세를 몰아 신라, 당, 일본을 연결하는 해상교역을 독점하여 동아시아 무역의 왕으로 등장하고자 하였다.

∘ '환중국해무역권'을 통한 대일교역

8세기에 들어서면서 신라를 비롯한 당, 일본(나라시대)의 동아시아 국가는 국가권력이 전성기를 맞이하던 때라 무역도 공적인 사신을 통한 공무역이 주류를 이루었다. 그러나 8세기 후반에 이르러 동아시아 삼국의 국가권력이 점차 쇠퇴해지면서 사신들의 왕래도 줄어들게 되어 삼국간의 무역은 공무역에서 사무역으로 바뀌기 시작하였다. 이 시기에 등장한 사람이 바로 장보고이다. 그는 당의 산동반도에 위치한 이사도 등의 절도사들이 해외교역을 통해 부를 축적하는 모습을 직접 눈으로 확인하고 청해진에 귀국하여 삼국 간의 무역에 종사하게 된다.

8세기 중반을 고비로 신라와 일본 간의 국교는 사실상 단절되었다. 공무역의 길이 막히자 양국 간에는 사무역에 대한 욕구가 크게 증대했다. 당시 일본의 귀족들과 호족들은 당물唐物에 대한 욕구가 매우 컸는데, 주로 신라 상인들의 중개 무역에 의해서 충족되고 있었다. 신라는 지리적 조건에서 신라, 당, 일본 삼국 간의 무역에 유리했고, 특히 조선술과 항해술에서 일본을 능가하고 있었다.

한편, 일본에도 중국처럼 신라인 사회가 존재하고 있었다. 신라인은 7세기 이전부터 일본에 집단적으로 거주하고 있었다. 일본 측 자료에 의하면, 신라인은 끊임없이 일본의 각 지역에 이주했다. 일본에서 신라인 사회를 형성하는 데 주도적 역할을 한 사람은 신라의 승려나 관리들, 민간교역업자들이었다.

재일 신라인들도 재당 신라인들처럼 주로 무역에 관련된 일에 종사했다. 재일 신라인들은 일본 정부가 필요로 하는 각종 고급 인력을 제공해주었다. 엔닌의 일기에 나타난 통역가, 선원, 승려, 노 젓는 사람 등은 모두 재일 신라인들이었다. 이 외에도 재일 신라인들은 귀국할 일본 조공사선의 준비, 항해의 지휘, 재일 신라인 사회 주변의 일본인에 대한 기술지도 등을 했다.

청해진이 설치된 후, 장보고의 대일 무역은 본격화되었다. 그가 당시 일본에 보낸 무역 사절단은 회역사廻易使라 했는데, 이들의 무역은 다자이후大宰府뿐만 아니라 일본 정부의 묵인 하에 이루어졌다. 장보고의 죽음으로 신라와 일본 간에 분쟁이 발생한 것은 대일 무역의 번성함을 반증하는 일례이다.

장보고가 824년 대사大使라는 직위로 직접 일본 큐슈지방의 지쿠젠국에 건너오면서부터 이 지역의 관인과 상인들과의 교류 내지는 교역이 본격화되기 시작했다고 추정된다. 이때 장보고는 이곳에서 8년이나 거주하고 있던 제일 신리인 이신혜를 데리고 갔다. 일본어가 능통한 그를 데리고 법화원에 머물게 한 것도 교역을 위해 일본인과 교섭케 하기 위함일 것이다. 그 당시 지쿠젠국의 태수가 바로 스이노미야須井宮이었다. 태수가 이신혜 등을 잘 돌보아 주었다는 사실에서 당연히 장보고와 태수는 이후 친분관계로 발전되었으며, 이후의 후임자도 마찬가지로 장보고와 교류가 있었을 것으로 보인다.

그것은 바로 엔닌이 당나라에 유학하기 위해 당시 지쿠젠국의 태수인 오노小野末嗣의 소개장을 지참하고 있는 것을 봐도 알 수 있다. 지쿠젠국의 태수로 근무하던 오노 수에츠그는 일본에 건너오는 장보고 휘하의 상인들과 자연스럽게 교류를 가지게 되었고, 이를 바탕으로 하여 장보고와도 친분을 가졌다고 보여진다. 엔닌의 일기에 의하면, 그는 이러한 교분을 이용하여 당시 당나라에 유학을 가는 엔닌의 배편과 여행의 편의 등을 장보고에게 부탁하는 편지를 엔닌 편으로 보냈다. 그러나 엔닌은 거친 파도를 만나 태수의 편지를 잃어버려 매우 비통해 하며, 장보고에게 귀국의 배편을 마련해 달라며 정중하게 요청하고 있다. 장보고는 다자이후를 비롯한 지쿠젠국의 관리들과 깊은 교류를 가지고 있었다.

장보고가 일본 큐슈의 관인들과 빈번하게 교역을 행한 사실은 당시 지쿠젠국의 가미＊였던 훈야文室宮田麻呂를 통해서도 잘 알 수 있다.

훈야는 840년 4월에 지쿠젠국의 가미에 임명되었으나, 841년 정월에 해임을 당해, 그의 재임기간은 겨우 9개월에 지나지 않았다. 당시 지방관의 임기가 4년임에 비추어 볼 때, 왜 그는 임기를 일년도 채우지 못하고 해임되었는가. 아마도 장보고가 가지고 온 신라의 교역물을 둘러싼 갈등 때문일 것이다.

당연히 미야타마로도 큐슈의 다른 관인과 마찬가지로 장보고의 해상 세력과 친분관계를 가졌을 것이다. 이러한 관계를 이용하여 그가 장보고와 교역을 행했다는 사실이 『속일본후기』에 상세히 기술되어 있다. 즉, 미야타마로는 당물을 사기 위해 장보고에게 선불금으로 비단을 지불하였다. 그러나 갑자기 841년 11월 장보고가 염장에게 암살을 당하는 뜻하지 않은 사건이 발생하여 당물을 받을 수 없었다. 이에 미야타마로는 장보고의 부하인 이충이 가져온 물건을 압류했다. 미야타마로가 취한 행동은 당연하다고 하겠으나, 일본 정부는 당물의 루트가 훼손될까봐 오히려 미야타마로가 압수한 물건을 이충에게 돌려주도록 명령을 내렸다.

여기서 미야타마로가 장보고에게 당물의 선불금으로 비단을 지불했다는 것은 매우 중요한 의미를 가지고 있다. 그것은 바로 그와 장보고와의 거래방식이 현재와 같이 신용을 바탕으로 한 고도의 상행위이었다는 점이다. 만약 장보고 휘하의 해상 세력이 신용이 없거나, 일본에 부정기적으로 입항하여 일본에 건너오는 일정이 보장되지 않는다면 미야타마로가 위험을 무릅쓰고 선불금을 미리 지불할 리 없을 것이다.

다시 말해 청해진과 일본 큐슈의 정기적인 항로나 교역 루트가 개설되어 있지 않았다면 미야타마로를 비롯한 큐슈의 관인이나 상인들이 장보고에게 선불금을 지불하지 않을 것이다. 당시의 일정은 다음과 같다. 대개 일본열도의 고토열도에서 상해 쪽으로 항해하는 데 일주일 정도 소요된다. 그러나 대개의 경우 장보고의 근거지인 청해진에 들렀다가, 황해를 건너 적산원으로 가는데 한 달 정도는 소요될 것으로 추정된다. 아니면 청해진에 당물을 쌓아두고 주문량에 따라 당나라에 가지 않고 그곳에서 직접 일본의 다자이후로 가져오는 경우는 훨씬 시간이 단축될 것이다. 게다가 당물의 구입 등을 고려해도 장보고 휘하의 신라 상인들은 일년에 대 여섯 차례 정도는 일본에 건너왔다고 봐도 틀리지 않을 것이다. 아니 그보다 훨씬 빈번하게 왕래했을 가능성이 높다.

당에서 직접 왕래하는 경우도 있겠으나 청해진이라는 중계지가 있었기 때문에 훨씬 빈번한 왕래가 있었다고 예상된다. 이러한 정기적인 항로와 이를 이용하는 상인들의 왕래가 있었기 때문에 미야타마로를 비롯한 다른 구매자들도 안심하고 선불금을 맡겼던 것이다.

그러나 장보고가 841년 11월 김양의 사주를 받은 염장에게 암살을 당하면서 그가 구축해 놓은 동중국해 무역권은 소멸되어 갔다. 장보고 암살 직후에는 재당 신라인이 교역의 일익을 담당했으나, 구심점을 잃게 되어 그리 오래 가지 못하였다. 대신 860년대부터 당상인이 일본열도에 건너오게 된다.

장보고가 암살을 당하자 한반도 서남해의 군소 해상 세력들이 독자적으로 대중국, 대일본 무역을 전개했다. 그러나 무역이 원활히 이루어지지 못했을 경우, 분쟁으로 이어지는 경우도 종종 발생하였다. 870년 이후 일본 사료에 종종 등장하는 신라인 해적 문제가 바로 이것을 말해주는 것이라 할 수 있다.

결국 장보고의 암살로 그가 남긴 '해양의 시대'는 후손들에게 제대로 계승되지 못한 채 '해금의 시대'로 접어들게 되어 한반도의 역사는 세계사로부터 멀어져 갔다. 이제 1200여 년이 지난 지금 우리는 다시 한 번 장보고가 구축한 해양의 시대를 재현하여 세계 속으로 비상해야 할 것이다. 거기에 우리의 미래가 달려 있다.

―――――――――――――― 참고문헌 ――――――――――――

강봉룡, 『장보고』, 한얼미디어, 2004.
권덕영, 「신라 하대 서남해 해적과 장보고의 해상활동」『대외문물교류연구』, (재)해상왕장보고기념사업회, 2002.
김문경, 『청해진의 장보고와 동아세아』, 사단법인 향토문화진흥원, 1998.
이병로, 「장보고와 훈야노 미야다마로와의 교역에 관한 연구」『대구사학』, 대구사학회, 2005.
완도군문화원 엮음, 『장보고 신연구』, 샘물, 2000.
최광식 외 3인, 『해상왕 장보고』, 청아출판사, 2003.

가키노모토노 히토마로는 백제계 가인인가

윤 영 수(경기대학교)

○ 수수께끼의 가성 히토마로

"일본인의 마음의 고향"이라 일컬어지는 최고 최대의 가집歌集인 『만엽집萬葉集』의 대표시인이자 수수께끼의 가성歌聖인 가키노모토노 히토마로栯本人麻呂(이하 '히토마로')의 경력이나 전기는 천년의 연구사를 자랑하고 있지만, 아직 이렇다할 정설이 없다. 그 이유는 히토마로를 직접적으로 말해주는 자료가 『만엽집』 내의 그의 노래밖에 없고, 그 이외에는 히토마로의 생애의 이력을 밝혀줄 만한 근거가 없다고 하는 데에 의거하고 있다.

그러나 필자가 『만엽집』 내의 그의 노래와 히토마로를 간접적으로 엿볼 수 있는 자료를 통해 고찰해 볼 때, 히토마로는 다름아닌 백제계 가인歌人이 아닐까 판단된다. 히토마로가 백제계 가인일 가능성을 보여주는 논거는 다음과 같다.

◦ 가키노모토榊本 씨족

히토마로가 백제계 가인임을 암시해 주는 근거로서는, 먼저 가키노모토榊本 씨족의 기원과 유래를 들 수 있다. 히토마로의 출생설 중에서 야마토 출생설의 유력한 근거로 되어있는『신찬성씨록』(815년)의「대화국황별大和國皇別」을 보면, 가키노모토 씨족에 대하여, 비다츠敏達천황 시대(572~585년)에 집대문家門에 감나무榊樹가 있었기 때문에 가키노모토榊本씨로 삼았다고 기록되어 있다. 이 씨족 기원설은 중요하다. 왜냐하면『일본서기』비다츠천황 원년(572) 4월조 "궁궐이 백제대점百濟大井에 있다"라고 기록되어 있고, 이 곳은 가와치지방河內國 니시키베군錦部郡 구다라百濟 마을[현재의 오사카 가와치 나가노시 오이] 혹은 야마토지방 히로세군 구다라[현재의 나라현 기타가츠라기군 고료초 구다라百濟]의 지역을 가리키고 있고, '백제'라는 이름이 들어있는 지명인 이상, 그곳에는 백제인이 많이 거주하고 있었으리라고 판단되기 때문이다. 더욱이『신찬성씨록』에는 오하라노 마비토大原眞人가 비다츠천황의 자손인 백제 왕으로부터 나왔다고 기록되어 있는데, 비다츠천황의 아들과 비다츠천황 자신, 비다츠 천황의 아버지나 조부도 모두 백제인이라는 결론이 자연적으로 도출된다. 따라서 백제계 천황인 비다츠천황 시대에 집대문에 감나무가 있었기 때문에, 기키노모토씨로 불려지게 되었다는『신찬성씨록』의 가키노모토씨의 기원설이야말로, 가키노모토 씨족과 백제, 그리고 비다츠천황과의 관계를 직접적으로 말해주고 있지는 않지만, 가키노모토노 히토마로와 백제인의 관련성을 어느 정도 암시해 주는 것이라 볼 수 있다. 다시 말하면, 백제계 천황의 궁정이 있었고, 백제계인들이 많이 거주하던 지역에서 가키노모토 씨족이 유래했다는 사실은 히토마로가 백제계 가인일 가능성을 보여주는 1차적인 근거자료로 판단할 수 있는 것이다.

◦ 히토마로人麻呂의 출생지

히토마로의 출생지에 관한 문제도 히토마로가 백제계 가인일 것이라는 추정을 불러일으킨다. 종래 히토마로의 출생지로 거론된 야마토·오미近江·이와미石見 중에서 『신찬성씨록』의 가키노모토 씨족에 관한 기술, 『만엽집』 중의 히토마로가집가人麻呂歌集歌 중에 등장하는 마키무쿠卷向산·미무로三室산 등의 야마토 지방에 관련된 노래, 『일본서기』나 『속일본기』 등의 역사서에 나오는 가키노모토의 성씨를 가진 사람들이 모두 야마토 지방 근처에 살았을 것이라는 점과, 특히 가키노모토 씨족의 기원설을 전하는 백제계 천황인 비다츠천황의 궁정이 야마토 내에 있었다는 점에서 히토마로의 출생지는 야마토 내에서 구하는 것이 합리적이고 유력하다. 따라서 히토마로는 백제인이 많이 거주했던 지역에서 태어났을 가능성이 짙다고 볼 수 있다.

◦ 마로麻呂의 어원과 고대한국

히토마로의 인명어미가 "마로麻呂"인 점도 백제계일 가능성을 시사해 주고 있다. 즉, 고대 일본인의 인명 중에는 "다나베로 사키마

로田辺福麻呂" "다카하시노 무시마로高橋虫麻呂" "이미베로 구로마로
忌部黑麻呂" 등과 같이, 인명의 어미가 "마로(maro 또는 maru)"로 발
음되는 인명이 많음을 알 수 있다. 이 "마로"의 어원은 "麻里・麻
利・麻立(mari)"와 마찬가지로 고대 한국에서 비롯되었으며, 삼국
시대의 왕호・관직명・인명의 어미로 쓰였던 것이다. 한자음에
있어서도 일본의 상대 문헌인 "추고조유문推古朝遺文"을 비롯하여
『고사기』『일본서기』『만엽집』등에서의 인명 및 지명의 표기자
료에서 많이 차용된 음가나音仮名로서의 "마"는 일본에서는 소위
'관습음慣習音'으로서 오음吳音인 "me"와 한음漢音인 "ba"와는 궤도
를 달리한 백제계 동음百濟系東音이다. 특히 『일본서기』에 보이는
"마"의 대부분이 백제의 인명・지명의 표기이고, 『일본서기』에
인용된 백제의 고문헌인 『백제기』『백제본기』『백제신찬』에 쓰
인 "마"의 가나仮名를 고찰해 볼 때, "마"는 오래 전부터 백제에서
사용되고 있었던 자음字音이었던 것이다. 이러한 사실은 삼국시대
상류 지배계층의 인명에 흔히 쓰였던 "mari"와 "maro" "maru"가 당
시 고대 한국에서 건너간 사람들을 통해 일본열도로 동시 상륙하
였다가, 현재에는 일본인 인명에 "maro" 또는 "maru"만이 잔존한
것이라 볼 수 있다. 또한 실제로 일본의 고문헌에 등장하는 "maro"
"maru"의 인명어미를 가진 사람들 중에는 한국에서 건너간 도래
인들이 많다는 사실이 확인되고 있고, 백제와의 관련성이 가장 밀
접하게 나타나고 있다. 따라서 "마로"의 인명어미를 가진 히토마
로 자신도 백제계일 가능성을 짐작해 볼 수 있다. 다만, "히토마로
人麻呂"의 "히토人"에 대해서는 좀 더 신중한 고찰을 요하는 문제
임을 부연해 둔다.

○ 히토마로의 처, 요사미노 오토메依羅娘子

다음으로 히토마로의 처인 요사미노 오토메依羅娘子와의 관계를
파악해 보더라도 히토마로가 백제계 가인일 것이라는 심증을 더
해준다. 히토마로의 처가 몇 명이었는가 하는 점에 대해서도 종래

△ 가키노모토노, 교토국립박물관 소장

2인설·3인설·4인설이 있다. 그들 중에서 『만엽집』에 히토마로의 처라고 분명히 이름까지 밝히면서 히토마로와의 상별가相別歌한 수(140번가)와 히토마로가 죽었을 때에 두 수의 노래(224～225번가)를 남기고 있는 요사미노 오토메만은 누가 뭐라 해도 히토마로의 버젓한 아내임에 틀림없다. 요사미노 오토메가 요사미依羅 씨족 출신의 여성인가, 아니면 요사미 지방에 거주하는 여성을 가리키는가 하는 문제는 『만엽집』 속에 「츠쿠시노 오토메」 「히타치노 오토메」 「하리마노 오토메」 등의 용례가 있고, 고대인의 성씨가 지명에서 유래하는 경우가 많은 점으로 보아, 요사미를 현주소로 하는 성씨 미상의 여성일 가능성이 높다고 볼 수 있다. 일본의 고문헌에 나타난 요사미씨依羅氏가 이즈모出雲·이와미石見·이나바因幡 등에는 하나도 없는 반면에, 거의 가와치河內·셋츠攝津·이즈미和泉의 세 지방에 집중하고 있고, 『왜명유취초倭名類聚鈔』에 나와있는 지명으로서의 요사미도 인명과 거의 마찬가지로 야마토에 가까운 가와치·셋츠·미카와參河 등에만 보이고, 이와미 지방에는 전혀 보이지 않고 있다. 게다가 『일본서기』에 보이는 지명의 요사미依網도 모두 가와치의 요사미라는 사실을 확인할 수 있다. 따라서 이러한 요사미 씨족 및 요사미라는 지명의 분포 상황으로 볼 때, 요사미씨는 요사미라는 지역에 거주했던 씨족명에서 유래했으며, 그 중심지 내지 본거지는 가와치지방河內國 다지히군丹比郡 내의 요사미 고을依羅鄕 혹은 셋츠지방攝津國 스미요시군住吉郡의 오요사미大依羅라고 추정된다. 그리고 요사미노 오토메도 『신찬성씨록』 「하내국제번河內國諸蕃」에도 백제인의 후손으로 기록되어 있다. 이와 같이 히토마로의 처도 다름아닌 백제계 여성이라는 사실로 미루어 볼 때, 히토마로도 야마토지방 출신의 백제계 후손일 가능성이 높다.

○ 오미황도가近江荒都歌 속에 흐르는 히토마로의 서정

『만엽집』내의 히토마로의 대표작인「오미황도가近江荒都歌」(29～
31번가) 속에 흐르는 서정을 통해서도 히토마로와 백제의 관련성
을 엿볼 수 있다. 즉, 히토마로의 생의 비밀이나 경력에 관한 문제
와도 밀접히 관련되어 있다고 판단되는「오미황도가」속에는 히
토마로의 개인적·주체적 서정이 강하게 나타나 있는데, 그 서정
이란 백제의 망명 지식인들의 적극적인 참여로 인해 문화와 정치
가 화려하게 꽃피었던 오츠궁大津宮이 임신의 난(672)이라는 전란
에 의해 폐허로 변해버린 참담한 현실을 안타까워하면서 과거 오
미조近江朝(667～672) 시절의 잃어버린 것을 강하게 추구해 마지않
는 감동이라 말할 수 있다. 다시 말하면, 황도荒都의 참담한 현실
에 직면한 히토마로가 이러한 현실을 못내 의심하면서도 한편으
로는 잃어버린 과거의 번영과 시간들을 강하게 추구해 마지않는
심정 내지는 사랑하는 사람들을 한없이 그리워하는 서정이며, 멸
망과 폐허로부터 느끼는 비애의 정은 물론, 이와 같은 비참한 현
실과 역사의 무거운 짐을 지고 살아가야만 하는, 자신의 애절하고
안타까운 심정을 표출하고 있는 것이다. 더욱이「오미황도가」에
있어서의 히토마로의 이러한 서정은 임신의 난에 패배한 오미 조
정 측의 많은 문무백관과 여러 씨족의 영락零落 및 유리流離의 상相
을 시인 특유의 감수성으로 예민하게 감지하고 있는 작품(264번
가)이나, 비와호수가 있는 가라사키韓崎에서 눈물을 글썽이며 오미
조의 멸망을 침통한 심정으로 노래하고 있는 작품(266번가)에도
나타나 있다. 따라서 이러한 히토마로의 작품들은 모두 고대 일본
최대의 정치적·역사적 사건이었던 임신의 난과, 그로 인해 철저

히 멸망해버린 오미조에 대한 각별한 인상과 감동을 주체적으로 노래하고 있는데, 이러한 작품을 통해 오미조에 대한 히토마로의 인상이나 의식의 문제, 나아가서는 그의 생의 비밀까지도 엿볼 수 있다. 다시 말해서, 히토마로가 백제계 가인이 아니었더라면 백제 망명인들을 크게 우대했던 텐지천황의 오미조가 임신의 난으로 참담히 멸망해 버린 현실과 그로 인해 뿔뿔이 흩어지고 헤어진 망명인들의 슬픔을 자신의 감정 속에 이입시켜 개인적·주체적으로 노래하지는 않았을 것이라 생각된다.

이상과 같이, 히토마로에 관한 역사의 기록이나 직접적인 자료는 아직 발견되지 않았지만, 히토마로를 간접적으로 엿볼 수 있는 자료나 작품을 통해 파악해 볼 때, 히토마로가 백제계 가인일 가능성은 충분히 있다고 하겠다.

참고문헌

尹永水, 『日本의 古代歌聖 柿本人麻呂硏究』, 景仁文化社, 2001.

尹永水, 「近江荒都歌小論」 『國學院大學 大學院紀要』 25, 1994.

尹永水, 「日本의 古代歌聖, 柿本人麻呂는 百濟系인가?」 『東아시아古代學』 1, 2000.

李鍾徹, 「日本古代地名 및 人名에 借用된 <麻>에 대하여」 『冠嶽語文硏究』 3, 1978.

李鍾徹, 「古代日本人名表寫에서 본 <maro>와 <mari>에 대하여」 『蘭汀南廣祐博士華甲紀念論叢』, 一潮閣, 1980.

佐伯有淸, 『新撰姓氏錄の硏究(本文篇)』, 東京, 吉川弘文館, 1962.

靑木生子, 「人麻呂の歌の原点」 『國語と國文學』 50-12, 1973.

神田秀夫, 『人麻呂歌集と人麻呂伝』, 東京, 塙書房, 1965.

橋本達雄, 『謎の歌聖 柿本人麻呂』, 東京, 新典社, 1992.

후백제 견훤은 일본에 왜 사절을 보냈는가

이 병 로(계명대학교)

◦ 920년대 후백제의 국내외 정세

동북아시아는 9세기 후반부터 10세기 전반에 걸쳐 큰 전환기를 맞이하게 된다. 이 시기에 동아시아는 왕조의 교체가 이뤄지면서 국내외적으로 큰 소용돌이를 일으켰기 때문이다. 대표적인 예로 중국대륙에서의 당의 멸망과 한반도에서의 신라와 발해의 멸망을 들 수 있을 것이다.

고대 동아시아에 군림하던 당 왕조는 8세기 중반 안사의 난을 계기로 점차 국력이 기울기 시작하여, 9세기 후반 전국적으로 확대된 황소의 난에 의해 재기불능 상태에 빠졌다가 결국 907년에 멸망하고 만다.

한편, 한반도에서도 통일신라는 9세기 후반에 이르러 총체적인 혼란에 빠졌다. 중앙에서는 진골 귀족들 간의 왕위쟁탈전이 벌어지고 지방에서는 천재와 기근 등으로 농민들의 끊임없는 반란이

일어났다. 지방의 통제력을 상실한 틈을 타서 각 지역을 기반으로
하는 지역권력 가운데 후백제의 견훤, 궁예의 뒤를 이은 고려 왕
건 등이 실력을 갖추어 '후삼국시대'에 돌입하게 되었다. 중국대
륙과 한반도에는 그야말로 실력만이 모든 것을 말해 주는 춘추전
국시대가 도래한 셈이다.

이런 상황이 전개되면 각 나라들은 각자 자국의 이해관계에 따
라 이웃나라와 동맹과 적대적인 외교관계를 거듭하게 마련이다.
여기에 자국 내의 정치 상황도 외교와 불가분의 관계를 가지고
있다. 내정을 도외시한 외교, 외교와 무관한 내정은 있을 수가 없
기 때문이다. 따라서 920년대에 견훤이 일본에 두 차례나 사절을
파견하고, 중국대륙의 후당, 거란, 오월 등과 외교관계를 맺으려
한 이면에는 이러한 후백제의 내정과 당시의 후삼국 간의 역학관
계와 깊은 관련이 있을 것이다. 이 부분을 잘 살펴보아야 견훤의
대일본 외교의 본질을 보다 정확하게 파악할 수 있을 것이다.

후삼국 중에서 가장 먼저 두각을 나타내기 시작한 나라는 후백
제이다. 후백제의 견훤은 900년에 지금의 전주를 수도로 정하고
정치조직을 새로 제정하여 후백제 왕이라 칭했다. 이 당시 견훤이
후백제 왕을 자칭했으나, 신라를 비롯해 어느 나라도 그것을 공식
적으로 인정하지 않았다. 이에 견훤은 자신을 지지해줄 나라를 찾
기 위해 지리적으로 가장 가까운 관계에 있는 오월에 조공 사신
을 파견하였다. 이해가 바로 900년이었다.

이에 오월 왕은 답례 사신을 보내어 견훤에게 검교태보檢校太保
의 관직을 더해주었다. 견훤이 오월 왕에게 후백제 왕을 공인받고
관직을 더해 받는 일은 국내외적으로 후백제의 위상을 높이는 데
큰 힘이 되었으며, 자신의 위치를 공고히 하였음이 분명하다. 이
후 오월과 지리적으로도 가까운 관계로 자주 사신을 파견하여 양

국 간의 외교관계를 더욱 돈독히 하였다.

승승장구하던 후백제에게 점차 어두운 그림자가 드리워지기 시작했다. 920년대에 들어서면서 후백제 견훤에게 점차 불리한 사건들이 불거지기 시작했기 때문이다. 먼저 후삼국 간의 역학구도가 깨지게 된 것이다. 그 이전까지 신라는 비록 국력이 쇠약하였으나 고려와 후백제에 맞서 독자적인 노선을 걷고 있었다. 그런데 경명왕 4년(920) 봄에 이르러 신라는 고려에 처음으로 사신을 보내어 교빙을 맺게 된다. 이것은 신라기 견훤과 왕건의 패권 나둠을 예의주시하다가 왕건의 세력이 점차 강해지자 고려와 동맹관계를 맺었다는 것을 의미한다. 이 사건이 견훤에게 준 충격은 매우 컸을 것으로 짐작된다. 곧바로 견훤이 그해 10월 1만 명의 군사를 거느리고 대야성을 함락시키고 진례성으로 진격하는 것을 보아 알 수 있다. 후백제의 공격을 받은 신라는 고려에 원병을 요청하였고, 이에 고려 왕건은 군대를 보내 신라를 구원하자 후백제군은 마침내 물러났다. 이 일로 인하여 고려 건국을 전후한 시기부터 비교적 우호관계를 유지하던 후백제와 고려 사이는 틈이 생겼다.

경명왕을 이은 경애왕은 고려와 관계를 더욱 돈독히 하였고, 그러한 대외정책의 기조는 신라가 망할 때까지 지속되었다. 신라와 고려의 협력체제는 후백제에 있어서 군사적으로 크게 불리하였음은 말할 필요도 없다. 따라서 920년대 초 후백제로서는 고려에 접근하는 신라를 견제할 새로운 세력을 필요로 하였다. 그게 바로 후당, 오월 등의 중국대륙의 나라들과 일본 등 외국의 세력이었다.

위와 같이 920년대에 들어와 신라와 고려가 급속히 가까워져 후백제는 두 나라를 동시에 대적해야만 하는 어려운 상황에 처하였다. 설상가상으로 후백제는 내정에서도 어려움에 봉착하게 된

다. 즉, 920년대에 들어서면서 견훤의 지배 하에 있거나 중립을
지키던 많은 지방의 호족들이 왕건에게 투항하는 사건이 연이어
발생하였다. 당시 후백제 지역의 해상교역을 대표하는 곳은 바로
나주와 강주(현재의 진주)였다. 그런데 강주장군 윤웅이 920년 갑
자기 고려에 '귀부歸附'해 버린 것이다. 당시 나주는 이미 고려측
에 귀속해 있었으며, 또다시 강주마저 고려에 귀속해 버린다면 견
훤의 해상 활동이 극단적으로 위축될 것은 자명한 이치였다. 뿐만
아니라 921년에는 백제인 궁창과 명권이 고려에 귀순하였으며,
922년에는 하지성 장군 원봉, 명주 장군 순식, 진보성주 홍술 등
이 고려에 투항하였다.

　일본과 외교교섭이 실패로 끝난 다음 해인 923년에는 명지성
장군 성달이 그의 아우 이달과 함께 귀순하였으며, 벽진군 장군
양문이 규환을 보내 고려에 항복하였다. 그리고 925년에는 매조
성 장군 능현, 고울부 장군 능문이 역시 고려에 귀부하였다. 이처
럼 몇 년 동안에 주위의 수많은 호족들이 왕건에게 귀부하자, 견
훤은 장차 있을지도 모를 여타 호족들의 이탈을 막기 위하여 보
다 강력한 권위가 필요했을 것이다.

　그 방법 가운데 하나로 견훤은 중국 중원의 정통왕조인 후당에
사신을 보내 책봉을 요청했던 것이다. 『삼국사기』(권50) 견훤 열
전에 의하면, 견훤이 925년 12월 사신을 후당에 보내 스스로 번국
藩國이라 칭하니 후당에서 견훤에게 검교태위檢校太尉의 관작을 책
봉하고, 백제왕의 칭호를 사용토록 하였다고 한다. 결국 후백제의
견훤은 신라와 고려를 외교적으로 견제하기 위해 후당에 사신을
보내 스스로 낮추어 번국이라 하고 책봉을 요청했을 것이다. 나아
가 후백제는 후당으로부터 자신의 정통성을 인정받음으로써 자신
의 정치체제를 공고히 하여 강력한 권위를 가지려는 의도가 있었

을 것이다. 이렇게 함으로써 속속 왕건 쪽으로 이탈해 가는 지방
호족들의 동요를 막아보려는 의도가 있었을 것으로 보인다.

◦ 견훤의 대일외교

후백제는 중국대륙의 오월과 후당과 외교관계를 맺어 고려와
신라의 연합관계를 견제하였다. 후백제는 나아가 중국 대륙뿐만
아니라 일본에도 두 차례 사신을 보내 외교 교섭을 시도하였다. 첫
번째는 922년 6월에 후백제의 사신 휘암輝嵒 등이 첩장牒狀과 예물
을 가지고 대마도에 가서 일본과의 통교를 요청하였다. 그러나 일
본 조정에서는 남의 나라 신하된 자와 사사로이 외교관계를 맺을
수 없다고 하여 휘암 일행을 돌려보냈다. 그 후 7년이 지나 견훤이
다시 일본에 사신을 보내 통교를 요청하였다. 『후쇼략키扶桑略記』(권
24)에 의하면, 엔초延長 7(929)년 5월 7일에 견훤이 보낸 사신 장언
징張彦澄 등 20여 명이 대마도에 도착하여 지난 정월에 대마도에
표착한 본국 백성을 송환해준 것에 사례하고, 다자이후로 가서 일
본의 중앙정부와 통교할 수 있도록 해줄 것을 요청했다고 한다.
그러나 이번에도 역시 휘암의 경우와 마찬가지로 견훤을 신라의
신하로 간주하고 후백제와의 외교관계를 거절하였다.

후백제가 두 차례에 걸쳐 일본에 사신을 파견한 것에 대한 일
본측 견해는 다분히 자국중심주의이다. 즉, 견훤이 백제의 선례를
따라 일본과의 조공관계를 복원하려는 의도였다거나, 혹은 신라
와 일본의 접촉을 차단하여 후방의 경비를 단단히 하고, 한반도에
서 일어나고 있는 후백제 시대의 분쟁에 말려들지 않으려는 의도

였다는 것이 바로 그것이다. 그러나 이러한 일본의 주장은 당시 한반도에서 벌어지고 있는 삼국간의 외교 관계를 도외시한 일본 중심주의의 역사인식에 근거를 둔 것이라 하지 않을 수 없다.

그러면 후백제는 왜 그토록 일본과의 통교를 희망하였을까. 다시 말하면 후백제의 견훤은 어떤 목적을 가지고 일본과 교섭하고자 하였을까가 의문이다. 우선 상정할 수 있는 것은, 후백제가 일본과의 정식 통교를 통하여 옛 백제의 국통國統을 잇고자 하지 않았을까 생각된다. 922년에 견훤이 보낸 첩문의 편린이 『혼초몬즈이本朝文粹』(12)에 실려 있다. 즉, 스가와라菅原淳茂의 '답신라반첩答新羅返牒'에서, "일천 년의 맹약이 틀어졌다가 삼백 년 만에 생민이 이곳에 도착했다"고 한 다음 "첩문에서와 같이 견훤은 안으로 국난을 다스리고 밖으로는 주맹의 관계를 지키려 하니, 그 훈적과 어짊을 들으면 어느 누가 존경하고 칭찬하지 않겠는가"라고 하였다. 이 말은 곧 후백제가 옛 백제와 일본의 관계를 회복하겠다는 의도를 견훤이 첩문에서 진술하였음을 암시하고 있다. 그리고 929년에 일본에 간 후백제 사신 장언징이 말하기를, '옛날'과 같이 조공을 바치고자 하니 다자이후로 갈 수 있도록 해 달라고 요청하였다. 여기서 말하는 옛날은 곧 삼국시대의 백제를 의미하는 것임에 틀림없다. 이처럼 견훤은 일본과 국교를 열기 위하여 옛 백제와 일본의 관계를 거론하였다.

견훤이 일본과 교섭을 시도하며 옛 백제를 들먹인 것은 일견 외교적 수단으로 볼 수도 있다. 그러나 당시 후백제의 사정을 보면 일본에 대한 태도를 단순한 수단으로 보아 넘기기에는 뭔가 미심쩍다. 앞에서 언급했듯이, 920년대에 들어와 삼국 접경지대의 여러 호족들이 대거 이탈하여 고려에 귀부하였다. 심지어 후백제인 궁창과 명권 등도 고려에 투항하였다. 그 동안 정세를 관망하던 호족과 후백제인들이 줄줄이 고려에 투항한 것은 곧 주위의 민심이 견훤에게서 떠나고 있다는 사실을 말해준다. 견훤은 이러한 난국을 후백제의 정체성 확립을 통하여 타개하려고 하지 않았을까. 다시 말하면 후백제가 옛 백제의 관행을 이어받아 일본과 통교하는 모습을 국내외에 보임으로써 후백제의 정체성을 확립하고, 나아가 이를 명분으로 삼아 옛 백제 땅의 민심을 모으려고 했음직하다. 이에 견훤은 9세기 후반부터 신라에 대하여 강한 적개심을 가지고 있던 일본을 후삼국 쟁패전에 끌어들여 신라를 견제하려고 했을법하다. 그러한 구상을 실천에 옮긴 것이 바로 922년에 사신을 일본에 보내 일본과 교섭을 시도한 일이었다. 그러나 당시 일본은 8세기와 같이 이웃나라에 간섭하는 것보다 일본에 건너오는 상인을 통제하에 두면서 당물만을 손에 넣는, 말하자면 철저한 '실리주의 정책'을 펴왔다. 그 결과 일본과 외교 관계를 맺어 고려와 신라를 배후에서 압박하려는 후백제의 1차 시도는 실패하고 말았다.

견훤은 한 차례 실패한 일본과의 외교 교섭에 포기하지 않고 929년에 다시 한 번 일본에 외교 사신을 파견한다. 그 경위는 『후쇼랴키扶桑略記』 연장延長 7(929)년 5월 17일 조·21일 조에 상세히 기록되어 있다.

그 내용을 살펴보면, 929년 정월 제주도와 해초를 교역하는 '신라선'이 대마도에 표류해 왔으나, 대마도 도주인 사카가미坂上經國는 통역通事인 나가미네長峯望通와 도케비이시島檢非違使인 하타秦滋景 등을 파견하여 표착민을 전주로 보냈다. 이로 미루어 보아 이 표착민은 '신라인'이 아니라 '후백제 주민'이었음을 알 수 있다. 이들은 한반도의 서남해 지역을 중심으로 활약하는 해상 세력이었을 가능성이 크다고 추측된다. 또한 대마도의 사자가 일부러 후백

제의 수도인 전주까지 방문하여 표착민을 송환한 것은 당시 대마
도와 후백제 사이에도 역시 일정한 인적 교류가 있었음을 나타내
는 것으로 흥미 깊다고 하겠다.

아울러 대마도의 사신들이 어느 항구로 백제의 표착민을 송환
하였는지는 알 수 없으나, 대마도가 직접 후백제에게 사신을 파견
하는 것으로 미루어 보아 서로 간에 교섭을 직접 행하는 항구가
견훤의 세력 하에 존재한 것은 사실일 것이다.

위의 사실만을 놓고 본다면 그것은 단순한 민간 차원의 움직임
으로 이해할 수 있으나, 결코 거기에만 머무르지 않았다. 이때 견
훤은 전주에 온 대마도의 사자에 대하여 다시 일본에 조공사절을
파견할 뜻을 전하며 나가미네를 붙잡아 두고 하타만을 귀국시켰
다. 그리고 그 후 곧바로 실제로 그의 사절인 장언징 등 20여 명
이 다자이후 및 대마도 수령인 사카가미에게 보내는 '서장書狀'과
'방물方物'을 지참하여 대마도에 도착하였다. 장언징 일행은 구백
제와 같이 조공을 바친다며 다자이후에 갈 수 있도록 허가해 달
라고 요청하였으나, 다자이후 수령은 장언징 일행을 구류한 채로
그 사실을 다자이후를 통하여 태정관太政官에 보고하였다. 다자이
후의 보고가 태정관에 도착한 것이 5월 17일이며, 태정관이 대재
부에 '관부官符'를 내린 때가 동월 21일이었다.

이 견훤의 사절에 대한 태정관의 조치는 지난번의 경우와 같이
장언징 일행을 추방하도록 명하였으며, 문장박사들로 하여금 다
자이후 및 대마도의 수령에게 '반첩返牒'의 '안문案文'을 작성하게
하는 것이었다. 그것에 의하면 일본 정부는 지난번 휘암이 귀국할
때 조공 거부의 뜻을 전했음에도 불구하고 후백제가 다시 장언징
을 파견한 것을 책망하고 있다. 또한 대마도에 내려진 첩에는 표
착한 인민을 구조한 것은 인도상의 조치이며, '이웃과의 외교'를

구하기 위해서가 아니라고 기록되어 있어 일본 정부는 일관되게 외교관계를 맺는 것을 거주하고 있다.

그러나 925년의 단계에서 견훤은 후당으로부터 이미 '백제 왕'의 인정을 받고 있으며, 신라 왕과 고려 왕과 동격의 자립된 왕의 지위를 확보하고 있었다. 따라서 일본 측이 견훤의 조공을 마지막까지 인정하지 않았던 것은 '신하에겐 외국과의 외교권은 없다'는 방침에 근거하여 견훤을 어디까지나 신라의 신하로 인정하여 추방할 수밖에 없었다고 생각된다. 이러한 논리를 여전히 취할 수밖에 없다는데 당시 일본 정부의 외교정책의 궁색함을 엿볼 수 있다고 하겠다.

위와 같이 920년대의 견훤이 두 번이나 일본에 사절을 파견해 온 배경에는 한반도의 삼국 간에 벌어진 치열한 권력투쟁이 원인이란 사실을 부정할 수 없다. 그러나 그것만으로 모든 것을 설명할 수는 없을 것이다. 원래 견훤은 앞서 대마도에 표착한 한반도의 서남해에 거주하는 어민이나 해상세력 내지는 해적 등을 지배 하에 두고 있었기 때문에 일찍부터 일본에 대하여도 상세히 알고 있었지 않았을까. 특히 이 두 번째의 사절 파견은 그가 고려와 신라에 대하여 총공세로 나선 시기와 일치하는 점도 흥미롭다. 즉, 견훤은 925년에 후당으로부터 책봉을 받아 외교적으로도 독립된 백제왕으로 군림하였다. 그는 927년에 신라 왕도에까지 침입하여 경애왕을 자살시키고, 왕의 동생인 김부(경순왕)를 세웠다. 그리고 신라 원조에 나선 고려군을 공산에서 요격하여 격파하는 등 후삼국 간의 쟁탈전에서 주도권을 장악하고 있었다. 이전까지 고려·신라와의 연합전선에다 경계지역의 백제 관리들이 고려로 이탈해 감으로써 고전하던 견훤은 반전의 기회를 잡은 것이다.

그러나 927년 11월에 오월왕이 견훤에게 사신을 파견하여 고려와 화친하도록 종용하였다. 이것은 아마도 고려가 당시의 세력 만회를 위해 오월국에 외교적 공세를 펼친 결과가 아닌가 생각된다. 하지만 오월왕의 요청은 전술한대로 당시 한반도의 정세가 견훤에게 유리하게 전개되고 있는 시점에서 나온 것이라 견훤은 견디기 힘든 것이었다. 왜냐하면 그것은 견훤이 일시적으로는 고려와 화친하나, 다음 해에 그가 적극적으로 고려 원정 길을 떠나는 것으로 보아 짐작할 수 있다. 따라서 견훤은 외교적인 열세를 만회하기 위해서도 마지막으로 남은 일본에 외교 공세를 가할 수밖에 길이 없었다고 생각된다. 그것은 그가 대마도에서 온 사절에게 한 말에서도 엿볼 수가 있다. 『후쇼랴키』엔초 7년(929) 5월 17일 조의 뒷부분을 살펴보면,

> 그런데 3월 25일 전주에 도착한 하타秦滋景는 혼자 귀국하여 다음과 같이 보고하였다. "전주 왕인 견훤은 수십 주州를 차지하여 대왕이라 칭하고 있다. 나가미네長峯望通 등이 전주에 이르렀을 때 견훤이 자리를 마련하여 은근하게 말하기를, 견훤은 전부터 숙심宿心이 있어 일본국을 섬기고자 하여 922년 조공을 진상하였으나 배신背信의 조공이라는 이유로 반각返却되었다. 하루 빨리 과신寡臣임을 자처하고자 하며 또 본의를 받들고자 배를 꾸며 특별히 조공 준비를 하고 있는 동안 마침 다행히 너희들이 온 것이다." 그래서 나가미네를 머물게 하여 하타를 귀국시킨 것이다. 사카가미가 처음 표류민을 돌아가게 하였을 때 첩을 전주에 보냈는데, 전주는 뒷일을 장언징에게 맡겨 반첩을 돌려보내 은정恩情을 진사陳謝한 것이다. 이와 더불어 조공 의사를 나타내 더욱이 답례의 사절로서 이영 등을 출발시킬 것을 첨가했다고 한다. 그러나 이영은 일본에 끝내 건너오지 않았다.

라는 기사를 볼 수 있다. 여기에서 이 당시의 견훤이 그야말로 '오래 오래 전부터 간절한 마음[宿心]'으로 일본과 협력관계를 맺고 싶어 하는 의욕을 엿볼 수 있다. 이렇게 본다면 견훤은 중국의 북

쪽에 있는 후당, 또는 남쪽에 있는 오월과 조공관계를 맺고, 나아가 일본과도 외교관계를 맺어 이것을 유력한 외교적인 압력 수단으로 하여 고려와 신라의 연합관계에 대항하려는 그야말로 고도로 계산된 정치적 시도였음을 알 수 있을 것이다.

다시 말해서 견훤의 대일 외교의 진정한 목적은, 920년대에 들어와 각지의 호족들이 대거 후백제를 이탈해 가자 그는 후백제가 옛 백제의 진정한 계승국이라는 정체성을 확립하여 그 위기를 수습하려고 하였다. 그런데 후백제의 정체성을 확인해줄 수 있던 나라가 바로 옛 백제와 친밀했던 일본이었다. 그리고 같은 시기 신라와 고려가 급속하게 가까워지고 있는 상황에서, 후백제는 일본의 신라에 대한 적대감을 이용하여 군사적으로 신라를 견제하고자 하였다.

그러나 후백제의 일본에 대한 해외 교섭은 결국 실패로 돌아갔다. 백제의 후계국이라는 명분을 얻으려 하였으나, 일본은 후백제를 백제의 계승국으로 인정하지 않고, 오히려 신라의 신하국으로 받아들임으로써 실패하고 말았다. 그리고 일본의 신라 적대감을 후삼국 쟁패전에 이용하려던 계산 역시 당시 일본 국내의 불안정한 상황과 이웃 나라에 간섭하지 않으려는 일본 귀족 층의 소극적인 자세로 실현되지 못하였다.

10세기 초에 삼국 가운데 가장 강성했던 후백제가 930년대부터 점차 기울어지기 시작하여 936년에 마침내 고려에 의해 망하였다. 그러한 데는 지배층의 분열과 같은 국내적인 요인이 직접적인 원인이겠으나, 후백제의 일본을 비롯한 해외교섭 활동이 총체적으로 실패한 것도 하나의 요인이 되지 않았을까 한다.

─────────────── 참고문헌 ───────────────

권덕영,「후백제의 해외교섭 활동」『후백제와 견훤』, 충남대학교 백제연구소, 발표문, 2000.

전북전통문화연구소,『후백제 견훤정권과 전주』, 도서출판주류성, 2001.

이병로,「일본측 사료로 본 10세기의 한일관계」『대구사학』57집, 대구사학회, 1999.

山埼雅稔,「견훤정권과 일본의 교섭」『한국고대사연구』35집, 한국고대사 학회, 2004.

浜田耕策,「후백제왕 견훤의 대일 외교 의의」『후백제의 대외교류』, 전북전통문화연구소, 후백제국제학술회의 발표문, 2002.

간무천황의 어머니는 무령왕의 태자 순타의 후손인가

이 근 우(부경대학교)

◦ 간무천황 생모의 혈통문제

일본의 천황가의 기원이 한반도에 있다는 이야기는 여러 방면에서 논의되어 왔다. 그러나 양쪽의 혈연관계를 입증할 만한 구체적인 증거들은 많지 않다. 그 중에서 가장 신뢰할 만한 것으로 간무桓武의 어머니인 다카노 니카사高野新笠, 원래는 야마토노후히토 니카사和史新笠이 백제 무령왕의 후손이라고 한『속일본기』의 기록을 들 수 있다. 실제로 이 기록을 근거로 현재의 일본 천황인 아키히토가 "간무(재위 781~806)라는 천황의 생모가 백제 무령왕의 후손이라고『속일본기』에 적혀 있어 한국과의 연緣을 느낀다"는 발언이 화제가 되었다. 그러나 그 발언을 계기로 일본의 천황가가 백제 왕실에 뿌리를 두고 있다는 사실이 확인되었다는 식으로 논의하는 것은 지나친 일이라는 생각이 든다.

특히 일본서기에 보이는 순타태자와 법사군法斯君을 동일시하는 점, 왜군倭君과 야마토노후히토라는 가문을 동일시하는 점에 문제가 있다. 나아가서 야마토노후히토에 대한 이러한 이해가 의문스러운 데도 불구하고, 그러한 사실들이 당시 조정에서 혹은 간무천황에게 받아들여졌다고 한다면, 그 배경이 무엇인지를 탐색해 볼 필요가 있다.

◦ 무령왕의 아들 순타태자과 왜군倭君

먼저 『일본서기』에 보이는 왜군이라는 씨성氏姓을 니카사新笠의 부계인 야마토노후히토와 연결시키기 위해서는 두 가지 과정을 거쳐야 한다. 우선은 『일본서기』 게이타이繼體 7년 8월조에 보이는 백제 태자 순타淳陀가 죽었다는 기사 속의 순타(『속일본기』 등에서는 순타純陀)와 왜군의 시조 전승이라고 할 수 있는 사아군斯我君과 법사군法斯君의 전승 속의 두 인물 중 어느 한 사람을 동일인물로 간주해야 한다. 그리고 나서 가령 '순타=사아군'이라는 전제 위에서 다시 '왜군=화사'라고 이해해야만 야마토노후히토 니카사는 무령왕의 후손이 될 수 있다.

우선 순타가 사아군일 수 있는가하는 문제부터 검토해 보기로 하자. 우선 이 두 사람의 이름 사이에는 공통점을 발견할 수가 없다. 이름뿐만 아니라, 사아군이 순타태자라고 볼 수 있는 근거들이 부족하다고 할 수 있다. 만약 순타가 왜군의 시조였다고 한다면 왜 태자라는 사실을 구체적으로 명기하지 않고 그냥 군君이라고 했을까 하는 의문도 든다. 시조 전승인 경우에는 없는 사실로

부풀리는 경우가 적지 않은데, 백제의 태자임이 명백하다면 그렇게 밝히지 않고 골족骨族이라고만 하였을 가능성은 희박하다.

실제로 군君이라고 한 경우에는 태자가 아닌 일반 왕자를 지칭하는 용어로 생각되는 사례들이 있다. 예를 들어 주군酒君의 경우에도 백제왕의 일족이라고만 하였으므로, 태자였다고는 생각하기 어렵다. 또 부여풍장夫餘豊璋을 백제군百濟君이라고 한 것에 알 수 있듯이, 군君은 백제의 왕자라는 뜻으로 사용되고 있다. 그러나 이때 풍장은 백제의 태자는 아니었다.

두 번째로 과연 순타태자의 훙거 기사를 사아군斯我君의 죽음으로 해석할 수 있느냐 하는 문제를 제기할 수 있다. 사아군에 관한 기사는 이른바 『일본서기』의 시조 전승으로 일본 측에 남아있던 자료 혹은 씨족이 진상한 본기本記와 같은 사료를 근거로 한 것일 가능성이 크다. 그러나 순타태자에 관한 기사는 '훙薨'이라는 용어로 미루어 볼 때, 백제계 자료인 「백제본기百濟本記」를 출전으로 하고 있는 것처럼 보인다.

일반적으로 천자의 죽음을 붕崩, 제후의 죽음을 훙이라고 하였을 때, 일본 측의 기록이라면 백제의 태자를 제후로 인정하여 훙이라고 할 수가 없다. 실제로 훙은 백제 왕의 죽음을 표현하는 용어로 여러 차례 사용되고 있다. 그런데 백제에서는 왕의 죽음을 붕으로 표현하였다는 사실은 무령왕 묘지석을 통해서 확인할 수 있다. 백제가 왕의 죽음을 붕이라고 하였다면, 태자의 죽음은 훙에 해당한다. 아마도 「백제본기」의 원자료에서는 왕의 죽음을 붕, 태자의 죽음을 훙이라고 하였을 것이지만, 그것이 『일본서기』에 실리는 단계에서 붕을 훙으로 개서하였을 것이다. 그러나 원래 훙이라고 되어있던 순타태자의 죽음에 대해서는 훙이라는 표현을 그대로 두었다고 한다면, 순타태자의 죽음에 대한 기사는 백제 측 사료, 최종적으로는 「백제본기」를 통한 것이라고 할 수 있다.

또 추측에 불과하지만, 야마토노아손 이에마로和朝臣家麻呂의 훙전에서도 그 조상이 백제국인百濟國人이라고만 하고, 순타태자나 무령왕을 언급하지 않을 점에서도 야마토노후히토 집안이 과연 무령왕과 혈연적인 관계가 있었는지를 의심할 여지가 있다.

이러한 추론을 받아들일 수 있다면, 순타태자에 대한 기록과 사아군에 대한 기록은 계통을 달리하는 것인 셈이고, 순타태자의 죽음은 백제에 이루어졌을 가능성도 부정할 수 없다. 만약 순타태자가 514년에 백제에서 죽었다고 본다면 법사군法斯君이 왜에 남아 있기는 어려웠을 것이다.

사아군을 백제왕의 골족, 즉 일족一族이라고만 하고 태자라고 하지 않은 점이나, 순타태자가 백제에서 죽었을 가능성을 생각한다면, 사아군이 곧 순타태자일 가능성은 대단히 희박하다고 하지 않을 수 없다.

○ 왜군倭君과 야마토노후히토和史

고대 일본사회에서 사용된 성姓은 강한 계층성을 가지고 있었다. 성은 그 사회에서 차지하는 지위와 신분을 드러내는 지표였다. 그런 계층성을 염두에 두었을 때, 법사군을 시조로 하는 왜군倭君과 야마토노후히토和史가 과연 동일한 가문이라고 할 수 있는지 살펴보고자 한다. 왜倭와 화和는 양쪽 다 '야마토'라고 읽히므로 글자의 차이가 있을 뿐 뜻으로는 다르지 않다고 하겠다. 그러나 그 성姓인 카미君와 후히토史 사이에는 적지 않은 격차가 존재한다.

키미君, 공公, 히코彥 등은 원래 해당 지역의 집단의 장을 부르는 호칭, 경칭에서 발전한 가장 시원적인 성姓의 하나이다. 처음에는 상하존비의 의미는 없었으나, 야마토 정권의 통일 이후, 씨氏(우지)에 따른 직업의 세습과 조정 내의 질서를 확립하기 위하여 성姓(카바네)으로 서열을 정하게 된다. 즉, 야마토 정권의 수장이 씨성氏姓의 여탈권을 장악하고, 조정 내에서 씨의 직업 지위 가격을 나타내는 표지로서 성이 공인되고 제도화하였다. 그 중에서도 군君 혹은 공公, 신臣, 연連, 직直, 조造, 수首의 여섯 성이 대표적인 것이었다.

신臣(오미)은 제일급의 성으로 대체로 고겐孝元천황 이전에 황통皇統으로부터 나누어진 씨족에게 주어졌다고 한다. 연連(무라지)은 이른바 천신족天神族·천손족天孫族의 후예 및 게이코景行천황 이전의 황친에게 주어진 성이라고 한다.

한편, 이 글에서 문제 삼고자 하는 군君·공公(키미)는 가이카開化천황에서 요메이用明천황에 이르는 역대의 황친 계통에게 사용되었으며, 오래된 계통에는 '군', 비교적 새로운 계통에는 '공'이 사용되었다고 한다. 또 황친이 지방관으로 지방에 머무르게 된 경우에도 '군'이라고 부르는 경우가 있어서, 국조國造 계통의 지방관을 직直(아타에)라고 부른 것과 구별하였다고 한다. 그러나 물론 역대 천황과 혈연적인 관계에 있다고 한 것은 의제적인 경우가 많아서, 실제로는 전통적인 재지수장들이 천황가와 관계를 맺게 되면서 원래 친족관계에 있었던 것처럼 계보가 조작된 경우가 많았다. 이러한 내용을 표로 정리하면 다음과 같다.

〈표 1〉 성의 구분

臣	천황가에서 분기되었다고 하는 이른바 황별 씨족의 성 가즈라키, 헤구리, 소가 등의 중앙 유력 호족에게 주어졌다
連	천황가와는 조선을 달리하는 이른바 신별씨족의 성 대반, 물부, 중신 등 천황가에 특정 직장으로 봉사하는 호족들
君	천황가에서 분기된 지방 유력 호족에게 주어진 성
造	국조 및 품부, 자대, 명대의 수장에게 주어진 성
直	5~6세기에 복속한 국조에 대하여 통일적으로 주어진 성
首	지방의 반조 및 도내인의 자손 등, 지방 촌락의 수장에게 주어진 성
村主	도내인의 자손에게 주어진 성
史	도내인의 자손으로, 문필의 직능에 뛰어난 씨족에게 주어진 성

그러나 『속일본기』가 편찬되는 시기에 오면 '군'과 '사史'의 격차는 현저히 좁혀진다. 왜냐하면, 중앙정부의 관인들 중에서 내위內位를 가진 관인들을 우대하면서, 원래 지방 호족을 중심으로 사여되었던 '군'은 외위外位를 갖게 되는 경우가 많았다. 그래서 점차 그 위상이 내려앉게 되는 것으로 생각된다. 그러나 『일본서기』편찬단계에서는, '군'은 축자군반정筑紫君磐井과 같이 중앙에 반란을 일으킬 정도로 지방에서 강력한 무력을 갖추고 있었던 유력호족을 비롯하여, 신들의 계보를 통하여 천황가와 연결된다고 주장하는 천황가와 대등한 세력이었다. 또 사史와 비교해 볼 때, 군君은 군사 정벌의 장군, 외교사절 중의 사신 등 '사'가 맡을 수 없는 중책들을 담당하고 있음을 알 수 있다.

또 객관적으로도 사 → 군 → 조신朝臣이라는 서열관계가 있었음을 알 수 있다. 또 '군' 성을 가진 사람들 중에서 '조신'이 된 경우가 있으며, '군'은 '조신' 혹은 천황의 일족인 진인眞人과 같이 직광사(直廣肆, 종5위에 해당) 같은 관위를 받는 예에서 확인할 수 있어서, '진인', '조신'과 큰 격차가 없음을 확인할 수 있다.

다만 천무조에 8색 성이 제정되면서 '군' 성 중에서 유력한 자
들은 모두 '조신'을 받아 성이 상향조정되므로, 이때 '군'으로 남
아있었던 경우는 점차 지위가 격하되기에 이른다. 이후 간무 때까
지 이러한 경향은 점차 심화되었을 것이므로, '군'과 '사'의 차이
가 무시될 수 있었을 것이다.

○ 군君과 사史

'군'과 '사'는『일본서기』『속일본기』『신찬성씨록』등 많은 자
료에서 그 실례를 찾아볼 수 있다. 실제 사례는 통해서, '군'과
'사'의 차별성을 구체적으로 확인해보자. 백제에 가지고 있던 신
분이나 지위는 대체로 일본의 성에 반영되어 있다.『신찬성씨록』
을 살펴보면 백제조신百濟朝臣과 같이 비교적 가까운 시대라고 할
수 있는 혜왕惠王의 후손들은 '조신'이라는 성을 가지고 있다. 이
에 대해서 문연왕이라고 하는 백제 왕명에 없는 왕의 후손은 성
이 공公이며, 저명한 노리사치계노리사주의 후손이라고 생각되는
조련調連은 련連이다. 그밖에도 백제의 목귀공의 후손은 임련林連,
달솔 형원상의 후손은 향산련, 달솔 명진의 후손은 고규련, 신신
군의 후손은 광전련, 근초고왕의 손자 억뢰복류의 후손은 석야련,
정육위상 가수군의 후손은 신전련이다. 이에 대해서 왕족이거나
관위를 갖지 않은 또한 백제국인百濟國人 의보니왕意保尼王의 후손
은 사전사沙田史, 백제국인 모갑성가수류기毛甲姓加須流氣의 후손은
소고사주小高使主, 국본목길지國本木吉志의 후손은 비조부飛鳥部 등으
로 '사', '사주', '부' 등의 성을 가지고 있다.

또 『속일본기』에는 무대일務大壹 백저사골白猪史骨, 추대일追大壹 전변사백지田邊史百枝, 진대이進大貳 전변사수명田邊史首名 등이 대보율령을 찬정한 공로로 녹을 받은 인물들 속에 보인다. 이들의 관위는 정7위에서 대초위大初位에 해당하는 하급관인이었음을 알 수 있다. 조신朝臣 중에 가장 낮은 위계를 가진 직광삼直廣參 하모야조신고마려下毛野朝臣古麻呂의 경우는 정5위에 해당한다. 일본의 관위체계 속에서 5위 이상의 관인은 귀족이라고 불릴 수 있었으며, 5위에 오르기 위해서는 씨성을 통해서 사회적 지위가 구비되거나 특별한 공로를 세운 경우에 한정되었다.

이러한 사실을 통해서 텐무天武 시기에 제정된 팔색성八色姓은 현실적으로 관인사회의 위계질서를 구속하는 기제로 작용하고 있었음을 알 수 있다. 사史는 당연히 그 8색 성에 들어가지 못할 뿐만 아니라, 사성史姓으로서 특별히 승격된 경우에도 8색 성의 단계에서는 연성連姓이 될 수 있었을 뿐이다. '조신'이 될 수 있었던 군성군성과 비교하면 큰 차이라고 하지 않을 수 없다.

구체적으로 관위를 살펴보면 사라는 성을 가진 인물 중에서도 5위까지 오른 사람도 나타나고 있다. 그래서 국수國守 등의 지위에 오른 사람이 있었다. 그러나 대체적으로는 낮은 6~8위 정도의 낮은 관위에 머무른 사람이 대부분이다. 한편, 면천免賤해서 사성賜姓하면서 사史를 내린 사실에서도 성 중에서는 가장 낮은 것이었음을 알 수 있다.

다소 장황해졌지만, 사아군 법사군을 시조로 한다는 왜군倭君과 신립의 부계인 야마토노후히토和史가 동일한 집안이었다고는 도저히 생각하기 어렵다.

그렇다면 결국 화사를 왜군으로 연결하고 또 왜군의 시조인 사아군과 법사군을 순타태자 본인 혹은 그 후손이라고 생각하는 논의는 여러 단계의 비약이 존재하고 있음을 알 수 있다. 나아가서 순타태자의 아버지인 무령왕, 그리고 온조, 최종적으로 고구려의 시조 주몽으로 확장되어 가는 화사씨의 계보에는 작위성이 짙다고 할 수 있다. 그렇다면 왜 이처럼 무리한 계보 조작이 시도된 것일까? 그 배경에는 화사신립을 어머니로 하는 간무천황의 의도가 있었던 것으로 생각된다.

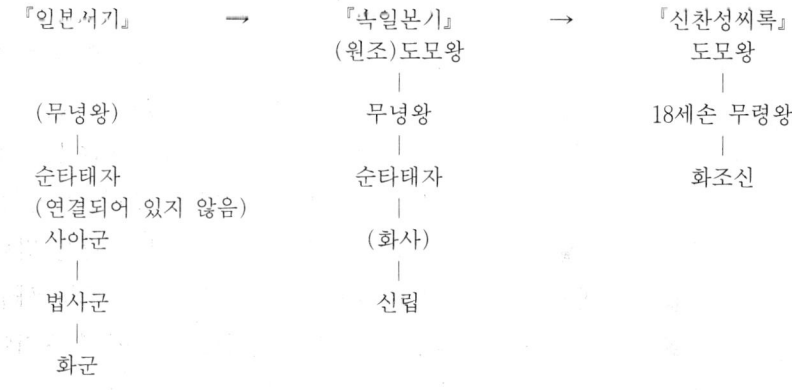

◦ 간무의 즉위와 혈통상의 결함

간무(재위 781~806)는 고닌光仁의 아들인데 이복형제로 타호황자他戶皇子가 있었다. 당시 왕위 계승 관계 속에서 고닌이 천황이 될 수 있었던 것은 적통이라고 할 수 있는 쇼무聖武의 피를 이은 타호他戶라는 아들이 있었기 때문이다. 처음에는 이복동생인 타호가 황태자로 임명되었으나, 이미 40대에 접어들어 통치자로서의 경륜을 갖춘 간무가 그 자리를 차지하게 된다. 즉, 간무는 왕위 계

승 순서에 있어서 부모가 모두 천황가의 피를 잇고 있는 타호보
다 하위에 있었던 것이다.

환무의 생모인 고다카노 니카사(?～789)는 원래 야마토노후히토
和史(야마토노후비토)라고 하는 신분이 낮은 집안 출신이었다. 간무
가 즉위함으로써 이들 가문은 비록 조신朝臣이라는 황족을 제외하
고는 최고의 가문을 뜻하는 지위를 인정받기는 하지만, 간무가 죽
고 오래지 않아 편찬된 『신찬성씨록』이라는 자료에 따르면 신분
이 낮은 집안藩別으로 분류되고 있다.

또 신립과 동족인 야마토노아손 이에마로和朝臣家麻呂가 죽었을
때 그의 평전에서 "사람됨이 어눌하고 학문이 없었으나, 천황의
외척으로서 특별히 발탁되어 승진하였다. 외국인이 재상의 반열
에 든 것은 여기에서 비롯되었다. 위계가 과분하다고 해야 할 것
이다. 귀족의 반열에 들었음에도 불구하고 전에 알던 사람을 만나
면 그 천함을 개의치 않고 손을 잡고 서로 이야기하니 보는 사람
이 거북하였다"고 하였다. 즉, 이 집안이 재상의 반열에 오르기에
는 부족하다는 사실을 노골적으로 꼬집고 있는 것이다.

이처럼 당시의 관행에 비추어 모계의 혈통이 백제계라고 하는
것은 왕이 되는 데 결코 긍정적인 요인이 아니었음을 알 수 있다.
그래서 간무는 자기 모계가 비록 일본의 천황가는 아니지만 백제
왕실의 후손이라는 사실을 강조하기 위하여, 의자왕의 직계후손
이라고 할 수 있는 백제왕씨百濟王氏를 자신의 외척이라고 하였고
또 그들을 우대하였다. 뿐만 아니라 백제왕씨 가문의 여러 여자들
과 결혼함으로써 자신의 혈통적인 콤플렉스를 극복하려고 했다.

◦ 일본열도와 한반도의 태양신

간무는 자신의 모계를 무령왕에 연결하고자 한 것 역시 이러한 맥락에 이해할 수 있다. 그 까닭은 모계인 화사씨가 천황을 배출하기에는 너무나 가격家格이 낮아서, 그 모계의 위상을 높이고 나아가서 자신의 위상도 높이려고 한 때문으로 생각된다. 비록 황족이나 천황을 배출할 정도의 전통적인 귀족 가문은 아니지만, 그 조상이 백제의 무령왕이라고 주장하고 싶었던 것이다. 또 백제의 왕실이 고구려의 주몽에서 비롯되는 신화에까지 관심이 미치면서, 간무는 무령왕과 주몽을 통해서 한반도 태양신의 혈통을 이어받고 있다고 주장하게 된다. 결국 간무는 일본열도의 태양신인 아마테라스 오가미天照大神과 한반도의 태양신을 동시에 체현하고 있는 존재로서, 이전의 다른 천황보다 더 높은 권위를 갖게 되었다고 주장하려는 의도가 간무의 모계를 무령왕으로 연결시키는 과정에서 작용한 것으로 생각된다.

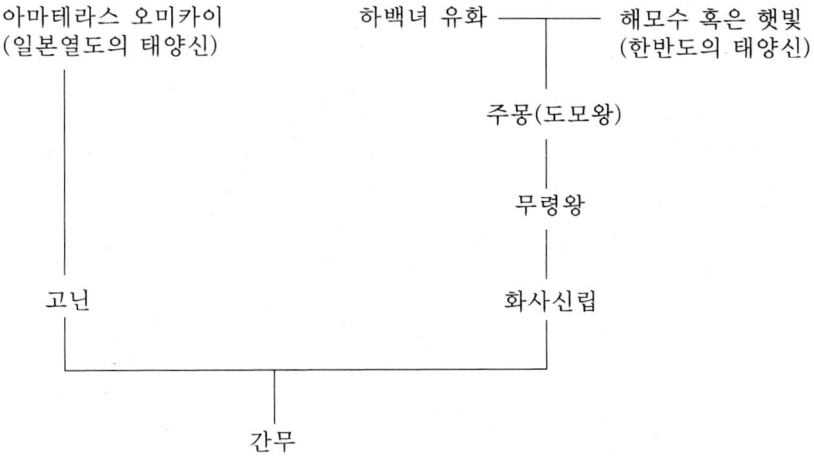

　이처럼 간무가 일본열도의 태양신과 한반도의 태양신을 동시에 구현하고 있다고 주장하게 되면서, 종래에 이세신궁에서 천황가의 조상신인 아마테라스오카미을 모시는 관행과 달리, 카타노交野라고 하는 백제왕씨百濟王氏의 거주지역에서 호천상제昊天上帝라고 하는 대륙적인 천신天神을 모시는 의례가 행해지게 되었다. 두 태양신의 계보를 잇고 있는 간무로서는 이세신궁의 천조대신만을 모시는 것으로는 부족하다고 생각하여, 대륙적인 천신을 새로이 모시게 된 것으로 생각된다. 한편, 백제왕씨를 자신의 외척으로 간주하고 또 이들과 혼인관계를 맺는 것도, 태양신의 아들인 주몽의 계보를 잇는 백제 왕실을 자신의 권위 속에 포함시키려는 의도였을 것이다.

　순타태자를 통해서 백제간 왕실과 일본 왕실이 서로 연결된다는 『속일본기』의 명확한 기록에도 불구하고, 그 원사료라고 할 수 있는 『일본서기』 기록을 통해서는 그러한 연결성을 입증하기 어렵다. 시대가 내려오면서 점점 간무와 주몽의 연관성이 구체화되는 과정도 분명히 확인할 수 있다. 사서에 기록되어 있는 내용이라고 해서 무조건 신뢰할 수 없음을 보여주는 좋은 예이다. 단단해 보이는 양파의 껍질을 벗겨 들어가면 그 속은 또 다른 껍질들이 있을 뿐이고 알맹이가 없는 것처럼, 때로 역사연구는 분명한 사실처럼 보이는 기록의 껍질을 벗겨 그 속은 텅 비어 있음을 밝히는 작업일 때도 있다.

─────────── 참고문헌 ───────────

이근우, 「환무천황의 모계는 무령왕의 후손인가」 『한국고대사연구』 26,
    2002.
오연환, 「도래인과 평안시대 – 환무천황을 중심으로」 『일어일문학연구』
    33, 1983.
上田正昭, 『歸化人』, 中央公論社, 1978.
今井啓一, 『歸化人硏究』, 綜藝社, 1969.

　지금부터 8년 전인 1998년 2월,『한국과 일본, 왜곡과 콤플렉스』
라는 제목으로 이 책의 초판본을 발간했다. 초판본은 2권으로 총
54개의 주제를 36명의 회원들이 공동집필했다. 당시 우리들은 학
회의 역할을 한일관계사에 대한 전문성의 심화와 일반인을 위한
한일관계사의 이해를 넓히는 것이라고 생각했다. 그리고 집필된
주제들이 다가오는 21세기 한일관계의 새로운 정립에 도움이 되
기를 바랐다.

　그러나 최근의 한일관계는 최악의 상황이다. 2005년부터 비롯
된 독도와 역사교과서 왜곡문제는 한일 간의 갈등을 첨예화시켰
고, 급기야는 양국정상이 서로 등을 돌리는 심각한 상태에 이르렀
다. 참으로 한심한 상황이다. 21세기 문명의 시대에 역사를 거꾸
로 가는 느낌이다. 지난 2천년 간, 한일관계의 역사를 직시한다면,
이러한 일들이 일어날 수 없을 터인데, 모두 역사에 대한 무지와
무관심에서 비롯된 상황이다. 그 많은 한일관계의 역사적 경험을
헛되이 무의미하게 생각하는 바보 같은 짓이다.

　이러한 상황 속에서 현 회장단은 초판본을 재기획하여 98개의
주제에 54명의 집필자가 참여한 3권의『한일관계 2천년』을 출간
하게 되었다. 연구자의 숫자가 늘었고, 관심분야도 확대되었다는

긍정적인 면도 있지만, 반면 갈등의 요소가 그만큼 다양화되었다는 부정적인 면도 있을 것이다.

책을 세권으로 편집하면서, 아쉬운 점도 많았다. 우선 당초 기획만큼 사진자료를 넣지 못해 아쉽다. 또 체제 통일에도 문제가 있었고, 윤문에도 심혈을 기울였지만 만족스럽지 못하다. 모두 다음 기회에는 반드시 보완해야 할 것이다.

또한 이 책에서 한일관계사의 모든 쟁점을 다루었다고 생각하지 않는다. 그러나 이 책들이 한일관계의 역사적 진실을 이해하고, 한국과 일본이 우호교린을 해야 하는 이유와 당위성을 밝히며, 문제의식을 공유하는 데 일조가 되기를 기원한다.

2006년 5월
편집위원 손승철 · 남상호 · 이상배